Brigitte Rauschenbach
Der Traum und sein Schatten

aktuelle frauenforschung

Brigitte Rauschenbach

Der Traum und sein Schatten

Frühfeministin und geistige Verbündete Montaignes:
Marie de Gournay und ihre Zeit

ULRIKE HELMER VERLAG

Die Deutsche Bibliothek – CIP-Einheitsaufnahme

Ein Titelsatz für diese Publikation ist bei der
Deutschen Bibliothek erhältlich.

Die Deutsche Bibliothek – CIP Cataloguing-in-
Publication-Data

A catalogue record for this publication is available
from Die Deutsche Bibliothek

© 2000 Copyright Ulrike Helmer Verlag, Königstein/Taunus
Alle Rechte vorbehalten
Coverabbildung: Marie de Gournay als junge Frau, Detail eines
Stichs von Jean Matheus
Gesamtherstellung: Wilfried Niederland Verlagsservice,
Königstein/Taunus
Printed in Germany
ISBN 3-89741-048-6

Gesamtverzeichnis sendet gern: Ulrike Helmer Verlag,
Altkönigstraße 6a, D-61462 Königstein/Ts.
E-mail: Ulrike.Helmer.Verlag@t-online.de
Fax: 06174 / 93 60 65

Besuchen Sie uns im Internet: www.ulrike-helmer-verlag.de

Für Irmingard Staeuble
Femme savante, Mut machend, streitbar
Zur Vollendung des sechsten Lebensjahrzehnts

Inhalt

Vorrede 9

I. Der Lauf der Zeit und die Natur der Geschlechter 15
1. Eine neue Zeit bricht an, auch für Frauen? 15
2. Der Prozess der Geschlechter im Brennpunkt
   der Transformation 28
3. Wahn mit Methode 41

II. »Wenn Sokrates eine Frau gewesen wäre ...« –
    Leben in der Möglichkeitsform 58
1. Ohne Beispiel: Der Vorbehalt des Michel de Montaigne .. 58
2. Wunscherfüllung der Marie de Gournay:
   Weiterleben und zweite Geburt 65
3. Nahtlos: Wenn Montaigne diesen Satz nicht geschrieben
   hätte 80

III. Kein Traum ohne Erwachen
     Zwischenbericht oder die andere Wahrheit
     der Marie de Gournay 91
1. *Mauvaise Fortune* oder Lügengeschichten 91
2. Auftakt zur fortgesetzten Rede: Marie de Gournays
   wiedergefundene Sprache 109
3. Nichts als Geschwätz 120

IV. C'est une femme qui parle
    Sprachbeherrschung und Geschlechterkontrolle 130
1. Diskurs, Macht und Geschlecht 130
   Querelle d'allemand oder: Wer hat das Wort? 131
   Die alte Jungfer und ihre alten Wörter 135
   Eine Probe aufs Exempel: Was man(n) halböffentlich sagt 141

2. Ein Streit um Worte oder ein Streit ums Prinzip?
   Vom Hintersinn der Geschlechter im Diskurs der
   Moderne 147
   Brauchtum, Mode, Geschlecht 147
   Welche Schule der Frauen?
   Sprachreform und die Politik der Geschlechter 155
3. Zweierlei Träume vom *Discours de la raison?* 163

V. Lange Schatten als dauerndes Vermächtnis
   Marie de Gournay im Gespräch der Zeiten 174

1. Erbschaft jener Zeit 174
2. Das zweite Leben der Marie de Gournay 184
3. Korrespondenzen im Übergang 196

Anmerkungen 209

Literaturverzeichnis 226

Personenregister 239

Zeittafel 243

Abbildungsnachweis 247

Vorrede

> »Auf jeden Fall kann man, wenn ein Gegenstand sehr umstritten ist – und jede Frage, die mit dem Geschlecht zu tun hat, ist das –, nicht darauf hoffen, die Wahrheit zu sagen. Man kann seiner Zuhörerschaft nur Gelegenheit geben, ihre eigenen Schlüsse zu ziehen, indem sie die Beschränkungen, die Vorurteile, die Idiosynkrasien des Redners wahrnimmt. Fiktion scheint in diesem Fall mehr Wahrheit zu enthalten als Fakten.«
>
> Virginia Woolf, *Ein Zimmer für sich allein*

Es gibt immer wieder historische Momente, in denen Menschen in den Strudel des Widerstreits geraten und Lebensgewohnheiten abstoßen müssen. Für die Nachwelt hat sich das Blatt der Geschichte gewendet, für die Lebenden spielt die Zeit aber verrückt. Gibt es noch etwas, woran sie sich festhalten können? Das Buch über die Frühfeministin Marie de Gournay setzt mit dieser Frage ein und präzisiert sie zugleich. Denn es versucht zu klären, was in Epochen des Umbruchs mit der Geschlechterordnung geschieht: Wankt auch sie oder wird sie zur letzten Bastion einer längst aus den Fugen geratenen Zeit?

Auf das Motiv der Untersuchung bin ich bei einer erneuten Lektüre von Texten der politischen Philosophie gestoßen. Zunächst einmal steht in Schwellenzeiten das Geschlechterverhältnis tatsächlich zur Disposition. Wir kennen das erste große Exempel aus den Zeiten der Erneuerung der attischen Demokratie, als Sokrates für die Gleichheit der Geschlechter eine Lanze bricht, und haben den Satz des französischen Historikers Jules Michelet in den Ohren, zwar hätten Männer die Bastille eingenommen, indes hätten Frauen das Königtum selbst überwunden und in die Hände der Revolution, nach Paris, gebracht. Tatsächlich agierten Frauen bei der politischen Umwälzung zur Moderne an vorderster Stelle. Dann allerdings setzte ihre Teilnahme aus, sobald sich die Verhältnisse wieder normalisierten. Von den demokratischen Errungenschaften der Republik blieben die Französinnen bis nach dem Ende des Zweiten Weltkriegs ausgeschlossen. Nunmehr hat Frankreich aufgeholt und zu Beginn des dritten Millenniums ein Gesetz vorgelegt, das die paritätische Aufstellung von Frauen und Männern bei Wahlen verlangt. Das politische Bravourstück war der Presse in Deutschland nur wenige Zeilen wert. Auch durch Nichtbeachtung stellt man den Lauf der Zeit wieder still. Eben diese Erfahrung machte schon Marie de Gournay, als sie im Jahr 1622 ihren Traktat über die Gleichheit von Frauen und Männern publizierte. Der Traum von der Gleichheit war so unerhört, dass man die Schrift ignorierte.

Noch Simone de Beauvoir hat nicht etwa Marie de Gournay, sondern Poullain de La Barre für den Wegbereiter des modernen Feminismus gehalten. Denn fünfzig Jahre nach dem Erscheinen von Marie de Gournays Gleichheitstraktat veröffentlichte der Cartesianer eine eigene Schrift über die Gleichheit mit der am Rationalismus geschulten befreienden Botschaft: *Der Geist hat kein Geschlecht.* Paradoxerweise wurden mit dieser These auch die Karten gemischt, bei denen Geschlechterfragen bequem unter den Tisch fallen können. Wenn der Geist kein Geschlecht hat, hat in akademischen Diskursen das Geschlecht nichts zu suchen. Aus demselben Grund ist das Geschlechterthema in der Wissenschaft immer irgendwie peinlich geblieben, so als habe sich die Person, die dem Geschlecht Einlass gewährt, in der Tür vertan und müsse sich dafür entschuldigen.

Dennoch war Marie de Gournay in ihrer Zeit alles andere als eine Frau im Verborgenen. Ihr Name ist den *Essais* von Montaigne eingeschrieben und daraus nicht wegzudenken. Über die kleine Passage, in der Montaigne Marie le Jars de Gournay als geistige Verbündete adelt und als *fille d'alliance* tituliert, wird in diesem Buch ausführlich die Rede sein. Auch als Herausgeberin der *Essais* ist Marie de Gournay unvergessen geblieben und im Jahrzehnt der Montaigne-Jubiläen sogar ins Zentrum der Montaigneforschung gerückt.

Heute stärken öffentliche Diskussionen über Personen ihr persönliches Renommee und ihre wissenschaftliche Reputation. Im Spiegel der höfischen Gesellschaft zu Beginn des siebzehnten Jahrhunderts brachte öffentlicher Ruhm den guten Ruf einer Dame in Misskredit. Marie de Gournay wird in den *Essais* zwar in warmen

Tönen gelobt. Andere Autoren nehmen die Ehrung zum Anlass für Spott und Hohn. Eine Frau macht sich keinen Namen. Eine Frau geht nicht an die Öffentlichkeit. Während ein Mann durch Publikationen Ruhm erwirbt, gerät Marie de Gournay als publizierende Frau in den Verruf, sie sei dem Publikum immer zu Diensten gewesen. Höchstes Lob und tiefste Demütigung liegen nicht nur dicht beieinander – das eine ist vielmehr die Kehrseite des anderen. Wer beide Seiten auseinander reißt, begreift nur die halbe Wahrheit. Die ist aber keine.

Nun ist die Forschung, die Marie de Gournay zum Gegenstand macht, in der Regel ohnehin eher an einem Typus von Wahrheit und Erkenntnis interessiert, der das Geschlechtergefüge außen vor lässt. Auch die feministische Literatur hat der Wahrheit indes keinen Gefallen getan, wenn sie den Widersprüchen im Leben der Dame Gournay aus dem Weg ging. Marie de Gournay hat ein Leben im Widerstreit mit der Zeit, aber stets auch mit sich selbst führen müssen. Hinter all den Zerrbildern und Ungereimtheiten erscheint daher am Ende kein abgerundetes wahres Gesicht. In den Augen ihrer Zeitgenossen sah die eifernde alte Jungfer hässlich aus. Der Grund ist offenkundig. Diese Frau, raunte man in der Gelehrtenwelt, verhalte sich zu sehr wie ein Mann. Indem Marie de Gournay sich weigerte, gängigen Vorstellungen zu entsprechen, wurde sie zu einer grotesken Figur im falschem Format. Weder passte sie zum traditionellen Bild von Weiblichkeit, noch übernahm sie die Moden einer auf dem Sprung in den Absolutismus und in die Modernität befindlichen neuen Ära. Ebenso wenig erfüllte das Leben in der Karikatur freilich die Wünsche und Visionen der streitbaren Intellektuellen und Moralistin. Ihr Dasein im Schatten der höfischen Gesellschaft ist allenfalls ein Abklatsch der großen Träume der *fille d'alliance*.

Marie de Gournay hat das Leben als Schatten eines Traumes tituliert und damit die Anweisung zu einer doppelbödigen Lektüre ihres Werkes geliefert. Aus heutiger Sicht waren die Visionen der Frühfeministin bescheiden. So sah es auch Marie de Gournay selbst: Ich begnüge mich mit der Gleichheit, beginnt die Schrift über die Gleichheit von Frauen und Männern. Trotz angestrengter Versuche zur Realisierung des Traums kam es doch immer wieder zu einem bösen Erwachen. Marie de Gournay empörte sich gegen die Verunstaltung ihrer Person, kämpfte und stritt auf allen Ebenen und mit allen Mitteln, die sie besaß, gegen den Geist ihrer Zeit.

Noch in hohem Alter arbeitete sie mit spitzer Feder an ihren feministischen, sozial- und sprachkritischen Schriften. Das Ausmaß an Energie ist frappierend. Denn fast nichts wurde der Autodidaktin geschenkt. Selbst die Allianz mit ihrem geistigen Vater Montaigne war ihr eigenes Werk und nicht das Geschenk des Himmels. Ihr Leben lang versuchte Marie de Gournay nicht nur die Fesseln ihres Geschlechts, sondern auch die verfluchte Armut abzuschütteln, die sie vom Schreiben abhielt. Aus kleinem Adel stammend und ohne familiäre Unterstützung hat die darbende Autorin stets deutlich gemacht, dass die Aneignung von Bildung und das Schreiben von Büchern nur mit finanzieller Unterstützung möglich ist. Auch aus diesem Grund weist die geistige Tochter Montaignes weit über ihre Zeit hinaus.

Wer sich mit dem Leben dieser Frau in der Epoche des Übergangs befasst, wird erkennen, dass Ansätze zur Geschlechtergleichstellung nicht erst im zwanzigsten Jahrhundert entstanden, sondern bis zu diesem Zeitpunkt erfolgreich blockiert worden sind. Es gibt nicht nur eine Geschichte der wiederkehrenden Empörung gegen die geschlechtliche Ungleichbehandlung, sondern eine Geschichte und einen Blickwinkel, der die Spuren der Entrüstung karikiert und verwischt und darum die Erbitterung geschichtslos und übertrieben macht. Ich habe das Buch über Marie de Gournay und ihre Zeit auch in der Absicht geschrieben, mit den Spuren der Empörung die eines möglichen anderen Weges zu sichern.

Schon die Klagen Marie de Gournays hatten indes einen theoretischen Vorlauf, der sich nicht in der Beziehung zu Montaigne erschöpft. Marie de Gournays erstes Buch, 1594 erschienen, in dem sie, noch nicht dreißigjährig, feministische Grundpositionen artikuliert, knüpft an einen Autor aus der Mitte des sechzehnten Jahrhunderts an. Wir begreifen Marie de Gournays Einsatz für die Sache der Frauen und die Vehemenz der Auseinandersetzungen im siebzehnten Jahrhundert nicht, wenn wir nicht die *Querelle* der Geschlechter im Vorfeld der klassischen Epoche zur Kenntnis nehmen. Aus diesem Grund setze ich im ersten Kapitel mit einer Darstellung der frühneuzeitlichen Querelen ein, welche die historische Grundlage des folgenden Geschlechterstreits bilden. Und ich ende im letzten Kapitel mit der Rezeptionsgeschichte von Marie de Gournays Werk, um die Kontinuitätslinien in der Auseinandersetzung und viele andauernd offene Fragen sichtbar zu machen. Das Buch über Marie de Gournay, so fern sie uns zeitlich auch stehen mag, mündet bei uns. Auch wir sind Adressatinnen und Adressaten der Botschaft von der Gleichheit von Frauen und Männern. Noch immer sind Frauen und Männer ungleich gestellt.

Institutionen und Instrumentarien, die eine Gleichstellung fördern, sind darum nach wie vor unentbehrlich. In Berlin existiert seit gut einem Jahrzehnt das Förderprogramm Frauenforschung des Senats von Berlin. Im Rahmen eines Stipendiums durch dieses Programm habe ich meine Arbeit über Marie de Gournay durchführen können. Allen, die durch ihr Engagement den Aufbau dieses Programms ermöglicht haben und aufrechterhalten, sage ich meinen besonders herzlichen Dank.

Auch bei inhaltlichen Fragen und technischen Problemen habe ich Unterstützung bekommen. Annette Keilhauer und Ilona Oestreich danke ich für die kompetente Hilfestellung bei Detailfragen zu den historischen Quellen. Den Mitarbeiterinnen und Mitarbeitern der *Bibliothèque nationale* und der *Archives nationales* von Paris danke ich für die stete Freundlichkeit, mit der sie mir sogar vergessene Ausweise, Geldbörsen und Computerteile nachtrugen oder nachschickten. Nicht zuletzt aber hat mir meine Familie geholfen. Meiner Mutter danke ich für die Übersetzung italienischer Textstellen, die mir bei der Untersuchung der Vorgeschichte des Feminismus wichtig waren. Meinem Sohn Caspar danke ich für seine Feuerwehrdienste bei den regelmäßig auftretenden Problemen am Computer und meinem Sohn Hanno für seine genaue und erfrischende Durchsicht des Manuskripts. Gerd Wehland, der mir bei all meinen Projekten seit fast drei Jahrzehnten zur Seite steht, möchte keine Dankesworte. Aber die von ihm liebevoll zubereiteten abendlichen Festmahlzeiten haben mir die Wochen meiner Arbeit in der *Bibliothèque nationale* zu einem unvergesslichen Genuss werden lassen.

Berlin, im Mai 2000

I. Der Lauf der Zeit und die Natur der Geschlechter

1. Eine neue Zeit bricht an, auch für Frauen?

Das Bewusstsein von der Epochenschwelle setzt viel später ein als die praktischen Schritte, die sie herbeiführen und noch ahnungslos überschreiten. Als nach jahrelangen Vorbereitungen und Verhandlungen der Genuese Christoph Kolumbus im Sommer 1492 von Spanien aus sich auf dem Westweg nach Indien begibt und im Herbst desselben Jahres die karibischen Inseln erreicht, ahnt er nicht, dass er wirkliches Neuland betritt. Die *neue* Welt, als die sie Amerigo Vespucci zehn Jahre später kennzeichnen wird, ist und bleibt für ihren wahren Entdecker Zeit seines Lebens eine *alte* Bekannte. Das Wagnis des *Weges* und nicht die Vision einer anderen Welt macht die Kühnheit der ersten Fernreisen aus, die Kolumbus mit planvoller Zähigkeit durchführt.

Denn von der Richtigkeit seines Unterfangens, in westlicher Richtung einen Schiffsweg nach Indien zu suchen, war der Genuese als Sohn der Renaissance und einer Zeit der Neuaneignung antiken Gedankengutes fest überzeugt. Insofern lässt sich behaupten, dass die Entdeckung der neuen Welt mit der Wiederentdeckung der alten Welt anfängt. Dabei werden Überlegungen des Aristarch von Samos wieder aufgegriffen, dass die Erdgestalt eine Kugel sei. Im selben Jahr, in dem Kolumbus seine Jungfernfahrt nach Amerika durchführt, wird auch der erste Globus entworfen. Darüber hinaus bestärken und fördern politische und ökonomische Interessen den Forscherdrang. Wenn die Erde tatsächlich rund war, was erst Jahrzehnte später praktisch bestätigt sein wird, ließ sich der Fernhandel mit Asien vom Hemmnis der Zwischenzölle befreien. Das Wissen der Alten kann Goldes wert sein. Nach anfänglichem Zögern lässt sich Königin Isabella von Kastilien vom möglichen Nutzen der Pläne des Genuesen überzeugen. Alle Beteiligten versprechen sich von dem Wagnis ihren eigenen Gewinn.

Die Realität übertrifft sämtliche Erwartungen. Ein neuer Weg wird erprobt, und en passant wird dabei ein neuer Erdteil entdeckt.

Eben diese Entdeckung lässt von nun an auch die Ordnung der alten Welt nicht mehr ruhen. Die Grenzen des Wissens und die Fixpunkte des spätmittelalterlichen Denkens verschieben sich. An der beispiellosen Produktivität, die sich zu Beginn des sechzehnten Jahrhunderts in nahezu allen Kulturbereichen entfaltet, lässt sich heute ermessen, dass für die Generation der im letzten Drittel des fünfzehnten Jahrhunderts Geborenen die Entdeckung Amerikas ein Schlüsselereignis gewesen sein muss, das beträchtliche Energien zur Ablösung von den vorhandenen Konventionen freisetzte. Im Jahr 1517 löst Martin Luther mit 95 ketzerischen Thesen die Reformation aus. Im selben Jahrzehnt, zwischen 1513 und 1516, schreibt Niccolò Machiavelli in Italien seine berühmte Abhandlung vom *Principe* (Der Fürst), die das politische Denken auf neue Bahnen bringt, verfasst Kopernikus seine Schrift *De revolutionibus orbium coelestium* (Über die Umschwünge der himmlischen Kugelschalen), die das bisherige Weltbild im Endeffekt umwälzen wird, und entwirft Baldassare Castiglione mit dem Buch vom *Cortegiano* (Der Hofmann) das Portrait des neuen »uomo universale«. Selbst das viel gerühmte und oft adaptierte Dichtwerk *Orlando Furioso (Der rasende Roland)* von Ludovico Ariosto entsteht in diesen bewegten Jahren des Aufbruchs.

Während die Erde ihre zentrale Stellung einbüßt und mit ihr auch die Menschen im Kosmos randständig werden, läutet die kopernikanische Wende doch eine Kulturrevolution ein, deren weit gespannte Diskurse sich mehr denn je um den Menschen drehen. Von Italien aus erobert der Humanismus in schnellen Schritten Europa. Franz I., der 1515 die französische Thronfolge antritt, trägt von seinen Feldzügen in Italien den Geist der Renaissance an den Hof und die Schlösser Frankreichs. In regem brieflichen und persönlichem Austausch formiert sich in kürzester Zeit in verschiedenen Ländern Europas die Avantgarde einer humanistischen Internationalen.[1] Angesichts der damaligen Schwierigkeiten bei der Kommunikation ist dies ein erstaunliches Phänomen. Der Engländer Thomas Morus veröffentlicht 1517 sein zeitkritisches Buch *Utopia*, das aus der Warte einer fiktiven Inselkultur das Muster einer aufgeklärten und glückseligen Gesellschaft entwickelt. Im Haus des Morus in London verfasst als sein Freund und wohlgelittener Gast der Niederländer Erasmus von Rotterdam zur selben Zeit eine Sammlung von so genannten vertrauten Gesprächen, die *Colloquia familiara*, die den abgewirtschafteten Lügen der überkommenen

Meinungsmacher einen parodistischen Spiegel vorhalten. Bereits 1509 bringt der Kölner Philosoph, Theologe und Arzt Heinrich Cornelius, alias Agrippa von Nettesheim, seinen Traktat *Declamatio de nobilitate et praecelentia foeminei sexus* (Von dem Vorzug und der Fürtrefflichkeit des weiblichen Geschlechts vor dem männlichen) zu Papier.

Etliche dieser Schriften werden zwar erst Jahrzehnte später gedruckt und damit dem zeitgenössischen Publikum überhaupt zugänglich gemacht. Ungehemmt vermag der Geist der Erneuerung sich noch nicht zu entfalten. Unschwer ist an den zitierten Werken dennoch erkennbar, dass sich die humanistische Vorhut in verschiedenen Ländern Europas nicht der Frage verschließt, ob der Einfall der neuen Zeit beide Geschlechter umfasst. Thomas Morus wie Erasmus von Rotterdam, Agrippa von Nettesheim wie Baldassare Castiglione nehmen Frauen von der kulturellen Erneuerung des Menschen nicht aus. Schon die bei den Humanisten beliebte szenische und erzählende Erörterung lebenspraktischer Fragen macht es nahezu unausweichlich, der Zweigeschlechtlichkeit der Menschheit Rechnung zu tragen. Daher gelangte Jakob Burckhardt in seinen bahnbrechenden Arbeiten zur Renaissancekultur zu der Auffassung, dass sich im Italien der Renaissance die Bildung der Frauen der höchsten Stände von der des Mannes nicht unterschied und dass »das Weib dem Manne gleich geachtet wurde«.[2] Von Emanzipation habe nur darum nicht die Rede sein müssen, weil sich die Sache der Emanzipation gleichsam von selbst verstand. Es wäre zu klären, welches Verständnis von Emanzipation Jakob Burckhardt als Mann des neunzehnten Jahrhunderts vertrat. Tatsächlich existieren z.B. in der Welt des *Orlando Furioso* auch weibliche Rittergestalten, so als gehöre die Geschlechtertrennung der Vergangenheit an. Handelt es sich aber um Dichtung oder Wahrheit? Wenn wir andere Schriften dieses Zeitraums genauer betrachten, wird ersichtlich, dass die Gleichheit von Mann und Frau doch nur schöner Schein ist. Die Geschlechterordnung wird in diesen bewegten Zeiten zum Thema, nicht weil sich viel, sondern weil sich kaum etwas ändert, so dass die avantgardistischen Auffassungen zur Gleichrangigkeit der Geschlechter mit der ganzen Macht einer hierarchischen Geschlechterrealität konfrontiert sind. Ein Paradebeispiel für die anhaltende Geltung der geschlechtlichen Vorbehalte gibt die polnische Übertragung des *Libro del Cortegiano,* die noch zwanzig Jahre nach der ersten Ausgabe des Buches die an der Diskussionsrunde der Originalfassung beteiligten Damen durch Männer ersetzte, weil für den Übersetzer die Vorstellung zu abwegig war, dass polnische Edelfrauen der gelehrten Konversation hätten folgen können.[3]

Aus dem Beispiel können wir auf die zeitungleiche geographische Verbreitung der europäischen Renaissancebewegung schließen. Dennoch kann es nicht allein die Rückständigkeit deutscher Verhältnisse im Unterschied zu der fortgeschritteneren Lebensart italienischer Fürstenhäuser sein, die den jungen Kölner Gelehrten und Unruhegeist Agrippa von Nettesheim dazu bewegen, einen Traktat zu schreiben, dessen Thema der Adel und die Vortrefflichkeit des weiblichen Geschlechts ist, da Agrippa trotz seiner Jugend zum Zeitpunkt der Niederschrift im Jahr 1509 schon Frankreich, Spanien und Italien bereist hatte. Der Tatbestand, dass der Deutsche Agrippa von Nettesheim, der Italiener Baldassare Castiglione, der Niederländer Erasmus von Rotterdam und der Engländer Thomas Morus sich nahezu zeitgleich mit der Frauenfrage befassen, spricht eher für Gemeinsamkeiten in der Geschlechtergrundordnung des christlichen Abendlandes, auch wenn die Autoren verschiedene Schwerpunkte setzen.

*

Agrippa zum Beispiel schließt im ersten Schritt seiner Erörterung ganz an die herrschende theologische Doktrin seiner Epoche an, deren misogyne Bibelexegese der junge Theologe mit akribischen Argumenten ins Gegenteil wendet. Wo das weibliche Geschlecht herabgesetzt wird, spricht Agrippa ihm alle Vorzüge zu. Agrippas Offensive belegt in ihrer scholastischen Machart, dass mehr als eine Eröffnung von Auslegungsspielräumen in Glaubensgrundsätzen zum damaligen Zeitpunkt kaum möglich war. Dennoch geht der Autor mit großer Radikalität an sein kritisches Werk. Ist es nicht geradezu evident, fragt die aufsässige Schrift, dass Frauen die Krone der Schöpfung sind, wo Eva doch später als Adam und aus einem edleren Stoff als dieser geschaffen wurde? Ist es nicht ebenso augenfällig, dass Gott seinem Sohn keinen leiblichen Vater vermachte, weil Männer dieser Ehre nicht würdig sind? Ist es nicht ganz und gar offensichtlich, dass das weibliche Geschlecht sowohl schöner, beredter, tugendhafter und einfühlsamer, als auch zur Erhaltung der Menschheit weitaus wichtiger als das männliche ist, da es nicht nur den Kindern das Leben schenkt, sondern sie weiterhin auch ernährt? An der Vortrefflichkeit des weiblichen Geschlechts gibt es für den verwegenen Fürsprecher keinerlei Zweifel. Umso wichtiger ist es, die Frage zu klären, warum Frauen trotz ihrer Qualitäten und in genauer Umkehrung eben dieser Qualitäten von Männern verachtet, verleumdet und schlechter gestellt werden. Agrippa sieht, dass mehrere Komponenten bei der Ungleichstellung der Geschlechter zusammenwirken. Gewalt und Rechtlosigkeit schaffen, aber erst Erziehung und Gewöhnung etablieren die Geschlechtergrundordnung auf Dauer. Schon die kleinen Mädchen werden ins Haus gesperrt und häufig noch im Erwachsenenalter wie Sklavinnen gehalten; weder haben Frauen den rechtlichen Status von Männern, noch dürfen sie Berufe und Positionen ausüben, durch die sie Befugnisse und eigene Rechte erwerben könnten. Gleichzeitig – und das ist die eigentliche Crux der Geschlechterkritik – akzeptieren Frauen ihr Los und wehren sich sogar gegen Veränderungen. Der Traktat schildert einen Teufelskreis in der Geschlechterordnung von Gewalt und Gewöhnung.

»Allein, da ietzo alle Dinge verwirret sind durch das Ansehen, welches ihnen die Männer wider alles Recht und Billigkeit nehmen, so sind die Weiber alles ihres Vorzugs beraubet, und diese Gewaltthätigkeit zu entschuldigen, so sagt man, dass die Gesetze ihnen verbieten, sich denen Männern gleich zu achten, dass alle *Privilegia*, so ihnen von den Alten zugestanden, durch die Gewohnheit, Gebrauch und Erziehung abgeschaffet seynd. So bald eine Tochter gebohren wird, so hält man sie im Hause eingesperret, man zieht sie auf in der Zärtlichkeit und Faulheit, gleich als wenn sie von Natur zu keinem wichtigen Amt geschickt wäre, man vergönnet ihr gleichsam nirgends weiter an zu dencken, als an ihren Faden und Nadel, wenn sie nun zu ihren mannbaren Jahren kommen ist, so verheyratet man sie, und untergiebt sie der Gewalt eines Mannes, welcher sie oftmahls als eine Sclavin tractiret, und läst ihr nicht mehr Freyheit, als ihm etwa seine närrische Einfälle rathen. Sie mag immerhin brummen und sich beklagen, man hört sie nicht ... Sie sind alle gleich beraubet des Rechts sich öffentliche Bedienungen anzumassen, die verständigsten und klügsten haben nicht die Freyheit einen vor Gericht anzuklagen, sie sind von aller Jurisdiction verworffen ... Sie sind von dem Kirchen-Dienst abgesondert ... Sind demnach die Weiber mit Gewalt genöthiget worden, denen Männern zu weichen, welche über selbige siegen, gleich als wären sie ihnen durch Krieges-Recht unterworffen, keineswegs durch göttliche Verordnung, nicht durch die Kraft einer geschickten Ursache, sondern durch die Gewohnheit, durch die Erziehung, durch das Looß, und durch die tyrannische Gelegenheit.«[4]

Wie die meisten Gelehrten seiner Zeit hat auch Agrippa die Schule des Neuplatonismus durchlaufen. Für eine kritische Perspektive auf das Geschlechterverhältnis hat diese intellektuelle Erfahrung eine doppelte Konsequenz. Erstens wird in der Rückbesinnung auf die sokratischen Dialoge in Platons Schriften das misogyne Erbe der aristotelischen Schule des Mittelalters entkräftet. Denn Sokrates hatte in staatsphilosophischer Absicht behauptet, Frauen und Männer seien ihrem Wesen nach gleich, nur sei der männliche Teil dem weiblichen stets überlegen. Zweitens regt gerade Platons Philosophie dazu an, Konventionen und Vorurteile in Zweifel zu ziehen. Wer mit Sokrates anfängt, philosophisch zu denken, hört auf, sich auf das zu verlassen, was andere dachten und sagten. Er löst sich aus den Fesseln der bloßen Gewohnheit, die mehr noch als rohe Gewalt den Status von Mann und Frau prägen. Darum lauert in den Fragen, die Sokrates stellte, über Jahrtausende hinweg der Impuls zum Aufruhr.

Tatsächlich führt Agrippa von Nettesheim das Leben eines wandernden Unruhegeistes. Früh hat der junge Scholar auf seinen Reisen gelernt, den herrschenden Sitten nicht blind zu vertrauen. In der Erfahrung anderer Länder und Sitten öffnet sich das geschlossene Weltbild. Der Humanismus ist eine auffallend breite europäische Bewegung. Aber die Internationale des Humanismus ist ebenso Effekt wie Bedingung der mentalen Distanzierung von der erklärten Natur des bekannten Aufbaus der Welt und der in ihr beschlossenen Geschlechterordnung. Für Aristoteles war diese Ordnung das Musterbeispiel einer naturrechtlich verbürgten Konstanten. Neue Horizonte der Welterfahrung können diese Konstante in Frage stellen. Selbst diejenigen unter den Humanisten, die nicht zu den großen Reisenden zählen, partizipieren an den Reiseberichten ihrer Zeitgenossen. Thomas Morus etwa, der Zeit seines Lebens in London lebt, hat engen Kontakt zu verschiedenen Gelehrten, die er in seinem gastlichen und von gebildeten Frauen gepflegten Haus empfängt, und nutzt das verbreitete Interesse an den »neulich erschlossenen Welten«, um mit einer fingierten Erzählung über das Inselvolk der Utopier befremdliche Ideen über Staat und Gesellschaft vortragen zu können. Morus schafft mit seiner *Utopia* ein neues Genre der Zeitkritik durch den Spiegel des Fremden.

In vielen Punkten lehnt gerade Morus sich explizit an Platons Utopie eines Staatswesens an. Auch auf der Insel *Utopia* nehmen die Geschlechter in öffentlichen Einrichtungen gemeinsam die Mahlzeiten ein und ziehen, wenn es denn sein muss, auch gemeinschaftlich aus, um Kriege zu führen, erlernen Frauen wie Männer einen Handwerksberuf und befassen sich genauso wie diese mit den Wissenschaften und Künsten. Völlig konträr zu den Moralauffassungen der alten Welt ist auf *Utopia* schließlich ein Brauchtum, das junge Leute vor der Eheschließung dazu anhält, sich – unter Aufsicht – unbekleidet zu sehen. Morus verdeutlicht gerade an diesem für Europäer besonders lachhaft und unschicklich erscheinenden Betragen, dass es vernünftig sein kann, eigene Sittlichkeitsvorstellungen in der Geschlechterordnung zu hinterfragen und neu zu begründen.[5]

»Lächerlich würde das freilich erscheinen unter den jetzigen Verhältnissen«, räumte schon Platon ein, als er die Idee der gemeinsamen Mahlzeiten, der analogen Erziehung von Jungen und Mädchen und der Weibergemeinschaft in der *Politeia* vorbrachte, um gleich darauf unbeirrt klarzustellen, man dürfe »den Spott der witzigen Leute nicht fürchten, was sie alles sagen könnten auf eine solche Veränderung«.[6] Obwohl Platon und Morus allgemeines Gelächter erwarten, sind sie nicht bereit, vor den Vorurteilen ihrer Zeit zu kapitulieren. Als Aufklärer bedienen sie sich jedoch eines psychologischen Kunstgriffs: Indem sie die Kuriosität ihrer Ideen selbst eingestehen, beugen sie einer schnellen Verurteilung vor. Bei einem Witz, der erklärt wird, hört das Gelächter auf. Auch anstößige Themen lassen sich ernsthaft bereden, wenn man den Stein des Anstoßes vorab kenntlich macht.

Erasmus von Rotterdam arbeitete bereits in seinem Buch vom *Lob der Torheit* mit dem Verfremdungseffekt einer aufklärenden Narrheit. Der Narr ist ein Weiser, nicht weil er der Wissende ist, sondern weil er das Wirklichkeitsmaß in der unbekümmerten Karikatur der Normalität verrückt. In den wenige Jahre später verfassten *Colloquia familiaria* verplaudert Erasmus, gleichsam am Schlüsselloch lauschend, hinter dem sich auch Autoritäten und Hochwürdenträger entblößen, Vertraulichkeiten und Tabus seiner Zeit. Im Dialog zwischen dem Abt und der gelehrten Magdalia sieht es zunächst noch so aus, als könne ein Abt sich ganz ungeschoren über die griechischen und lateinischen Bücher seiner Gesprächspartnerin lustig machen, weil er in notorischer Denkfaulheit den Verstand nicht nur Frauen abspricht, sondern Verstand und Wissen ohnehin unpassend findet. Aber Erasmus gibt der selbstbewussten Magdalia einen doppelten Trumpf in die Hand. Erstens hat sie begriffen, auf welchem Weg sich die Lage verändern kann: »Man muss sich an das Beste gewöhnen, auf diese Weise wird gebräuchlich, was ungebräuchlich, und angenehm, was unangenehm war; was ungeziemend war, wird geziemend«.[7] Zweitens weiß sich die Kontrahentin des Abtes längst in guter Gesellschaft: In Italien, Frankreich und in England, namentlich im Hause des Morus, kennt die vornehme Frau nicht wenige andere hochstehende Damen, »die es mit jedem Mann aufzunehmen vermögen«.[8] Die aufklärerischen Diskurse haben sich in Europa vernetzt und gewinnen aus dieser Vernetzung einen Rückhalt im Aufbegehren gegen die traditionellen Festen der Geschlechterordnung.

Agrippa, Morus und Erasmus wenden sich öffentlich gegen den Ausschluss von Frauen aus Bildung und Wissenschaft. Erasmus geht in der Tradition der Komödien des Aristophanes sogar so weit, einen Frauensenat ins Gespräch zu bringen. In der konstituierenden Sitzung der Ratsversammlung, zu der fünf Frauen im Interesse ihres Geschlechtes »und für die ganze Republik der Frauen« zusammentreffen, werden extreme Positionen geäußert. »Ihr alle wisst«, erklärt eine der Sprecherinnen,

> »wie abträglich es für uns war, dass die Männer in täglichen Sitzungen ihre Angelegenheiten beraten, wir aber beim Spinnrocken und Webstuhl sitzen und unsere Sache im Stich lassen mussten. So ist es dahin gekommen, dass kein gemeinschaftliches Verantwortungsgefühl unter uns bestand und die Männer uns gewissermaßen als Gegenstand des Sinnenkitzels betrachten und uns kaum des Namens Mensch für würdig erachten.«[9]

An der Argumentation fällt auf, dass Erasmus nicht wie der Spätaufklärer Rousseau im achtzehnten Jahrhundert die Mutterschaft als Vorwand benutzt, um Frauen von der Res publica fernzuhalten, sondern in der geschlechtspolaren Ausrichtung der Frauen auf das Spinnen und Weben das Haupthindernis ihrer politischen Beteiligung sieht. Es ist nicht ihre Natur, sondern ihr enges soziales Betätigungsfeld, das Frauen in den Augen der Männer verächtlich macht. Wir erinnern uns, dass Agrippa ähnlich argumentiert. Frauen sind nicht wegen der Kinder ans Haus angebunden. Vielmehr sind Faden und Nadel, Spindel und Klöppel, »la quenouille, la quenouille seule« im sechzehnten und siebzehnten Jahrhundert die Schlüsselmerkmale der Deklassierung des weiblichen Tuns, wobei nicht die Tätigkeit als solche verachtenswert ist, sondern der Umstand, dass Frauen über dieser Art von Arbeit alles andere vergessen.[10] Erasmus fordert also die Frauen heraus und eröffnet ihnen perspektivische Brücken, wenn er statt in der Natur des Geschlechts in der weiblichen Rolle den Grund für die Verachtung der Frauen sieht. Erst die Absonderung von den öffentlichen Angelegenheiten setzt das weibliche Geschlecht in den Augen der Männer gleichsam zu Recht herab, und zwar unabhängig davon, ob Frauen zum Rückzug in das private Leben genötigt wurden und ob Männer die öffentlichen Geschäfte ihrerseits gut oder schlecht betreiben.[11]

Wir mögen aus der heutigen Sicht enttäuscht sein, dass sich der Frauensenat nach der radikalen feministischen Vorrede, in der die Vorteile der Weiberherrrschaft gepriesen werden, beim Übergang zur Geschäftsordnung dann mit Fragen der Zulassung und der Kleiderordnung der Senatsmitglieder verzettelt. Der Schlussteil der Versammlung befasst sich mit der Schamlosigkeit und Frechheit der neuesten Mode, welche die Rangfolge der Stände über den Haufen wirft. Im Endeffekt soll die Republik der Frauen auf die privilegierte Schicht des hohen Adels begrenzt sein. So drängt sich denn auch der Verdacht auf, dass die von den Frauen geforderten neuen Rechte vor allem dazu dienen, den Gefahren einer sozialen Verwirrung in Zeiten des Umbruchs zu begegnen. Andererseits ist die Versicherung, dass die Beteiligung von Frauen an den Angelegenheiten des öffentlichen Lebens das soziale Chaos keineswegs mehrt, sondern in geordnete Bahnen lenkt, wie schon bei Platon ein strategisch geschickt plaziertes und beschwichtigendes Argument.

Eine demokratische Erneuerung des Gemeinwesens steht zu Beginn des sechzehnten Jahrhunderts noch nicht (oder kaum) zur Debatte. Umgekehrt ist die Frage des Frauensenats, ob Tendenzen einer sozialen Nivellierung durch eine ständisch kontrollierte und damit eng begrenzte geschlechtliche Egalisierung abgewehrt werden können. Ist in einer Zeit, in der die Standesprivilegien vor allem *sichtbar* sein müssen, um allgemeine Anerkennung zu finden, die Zulassung der adeligen Damen zu einigen Privilegien des männlichen Adels der noch bezahlbare Preis, den die Distinktion gegenüber den unteren Klassen verlangt? Sind Zugeständnisse an die Emanzipation *einiger* Frauen nur ein probates Mittel zur Unterdrückung des breiten Volkes? Wir müssen eben diese Frage stellen, um die Schärfe des Dilemmas begreifen zu können, in das Rousseau wenige Jahrzehnte vor dem Fall des *Ancien Régime* gerät, wenn er das freizügige Leben der Damen dieses Régimes attackiert und ihren Anspruch auf gleiche Rechte auf dem Altar des so genannten Allgemeinwohls opfert. Tatsächlich bewegt sich der Geschlechterdiskurs in ständisch organisierten Gesellschaften in einer prekären Situation. Lässt sich eine Gleichstellung von Frauen einerseits fordern, wenn Hierarchien das Muster der göttlichen Ordnung sind? Lässt sich eine Emanzipation der Frauen des Hofes andererseits verhindern, wenn der Adel sich von den anderen Ständen sichtbar unterscheiden muss? Ist das Geschlecht eine Kategorie, die soziale Schranken überschreitet? Wenn das Geschlecht eine sozial übergreifende Gegebenheit ist, wäre dann die Emanzipation des weiblichen Geschlechts (wie der junge Marx später urteilen wird) ein Prüfstein für die gesellschaftliche Emanzipation überhaupt?

Auch Baldassare Castiglione, dessen Überlegungen im Grunde nur dem Hof gelten, steht vor dem Problem einer höfischen Begrenzung seiner Argumente. Der Gesprächskreis, zu dem der Italiener sein Publikum an mehreren Abenden einlädt, spielt am Hof von Umbrino und daher wie selbstverständlich in der Welt des Adels. Eine vornehme Gesellschaft von Männern und Frauen hat sich zum gehobenen Zeitvertreib auf das Thema des vollkommenen Hofmanns verständigt. Entworfen wird das theoretische Vorbild dessen, dem die Herren der erlauchten Runde leibhaftig nacheifern wollen. Dennoch spitzt sich die mit großer Raffinesse geführte Unterhaltung im dritten Buch des *Hofmann* zu einer Untersuchung der Qualitäten der vollkommenen Hofdame zu und mündet in einer allgemeinen philosophischen Erörterung über das Wesen der Geschlechter und die Vorzüge, die das weibliche Geschlecht gegenüber dem männlichen hat. Über die Eigenart des Geschlechts, so müssen wir folgern, lässt sich nicht reden, wenn diese Rede nur einige wenige Frauen betrifft. Tatsächlich treibt Castiglione seine Philosophie der Geschlechter am Ende der Gespräche viel weiter, als er in höfischer Absicht eingangs bezweckte.

Castiglione entwickelt diese Philosophie in einem Disput. Während die Ansichten, wie der Mann des Hofes beschaffen sein soll, unter den Beteiligten nur wenig auseinander gehen, sind die Meinungen hinsichtlich der Dame des Hofes geteilt, und der Frauenfreund, dessen Rolle der Magnifico Giuliano de Medici innehat, muss weit ausholen, um den Frauenfeind Signor Gasparo außer Ge-

Abb. 1: Eine neue Zeit bricht an – Männer ergreifen für Frauen Partei:
Erasmus von Rotterdam (1466/69-1536) – Baldassare Castiglione (1478-1529),
Thomas Morus (1478-1535) – Agrippa von Nettesheim (1486-1535)

fecht zu setzen. Auch der Magnifico streitet nicht ab, dass es Eigenschaften und Verhaltensweisen gibt, die nur zu Männern, nicht aber zu Frauen – und dasselbe gilt auch umgekehrt – passen. Dennoch unterstellt er, dass Frauen in vielen Bereichen der Bildung und Kultur Leistungen wie Männer erbringen können und solche Leistungen für das Leben am Hof unentbehrlich sind. Die Dramaturgie des Disputs windet sich in kleinen unterhaltsamen Schritten weiter. Zwar geht Signor Gasparo die Würdigung der Frau schon entschieden zu weit, dennoch antwortet er dem Magnifico noch lachend, er wundere sich, »dass Ihr, der Ihr die Damen mit Wissen, Züchtigkeit, Hochherzigkeit und Mäßigung begabt habt, nicht noch wollt, dass sie den Staat regieren, Gesetze gäben und die Heere führen, während den Männern Küche und Spinnrocken bleibe«.[12] Geschickt pariert Giuliano de Medici den Spott des Kontrahenten, indem er im Verweis auf die Rangunterschiede (er habe eine Hofdame und keine Königin zeigen wollen) einräumt, es wäre vielleicht »gar nicht so schlecht«, wenn Frauen den Staat und die Heere lenkten.

Erst nach dieser Exposition des Widerspruchs geht die Kontroverse ins Grundsätzliche über. Während der Frauenfeind sich zunächst noch gegen die Unterstellung verwahrt, dem weiblichen Geschlecht jegliche Tugend und Fähigkeit abzusprechen, versteigt er sich im nächsten Schritt zur Behauptung, dass die Natur, wenn sie könnte, nur männliche Wesen hervorbringen würde, da ihr natürlicher Zweck die Vollkommenheit sei. Signor Gasparo lässt die Maske des höflichen Edelmanns fallen. Seine dreisten Bilder und Argumente sind an Frauenverachtung kaum zu überbieten: »Ebenso wie Blinde, Lahme und andere Bresthafte und Früchte, die auf dem Baum nicht reif werden«, könne man, teilt er seinem Auditorium mit, »auch die Frauen vom widrigen Zufall gezeugte Geschöpfe nennen«.[13]

Das ist für die versammelten feinen Damen und Herren gewiss starker Tobak. Aber auch diesmal benutzt Castiglione die verletzenden Provokationen des Frauenfeindes, um die Überlegenheit des Magnifico schon an dessen Betragen zu zeigen. Der Disput und sein Ausgang vollzieht sich demonstrativ als symbolische Interaktion. Magnifico wartet, ob sein Gegner noch etwas hinzufügen möchte, und antwortet dann als philosophisch gebildeter Mensch. Erstens werde das Wesen (die Qualität) einer Sache nie nach Quantitäten erfasst; was bei verschiedenen Menschen in mehr oder minderem

Maße vorhanden sei, könne sich nie auf ihr Wesen, sondern nur auf das, was zu diesem Wesen hinzukommt, beziehen. Zweitens lasse sich das, was hinzukommt, nur als etwas Körperliches oder Geistiges denken. Geist sei jedoch bei Frauen genauso wie bei Männern vorhanden, nur an körperlicher Stärke übertreffe der Mann die Frau. An dieser Stelle der Argumentation geht Castiglione über Platon, der die Ungleichheit der Geschlechter auf die Überlegenheit des Mannes beschränkte, deutlich hinaus. Platon blieb bei der Überlegenheit des Mannes. Der Frauenfreund der Renaissance hingegen argumentiert, selbst unter Männern und auch im Krieg werde nicht die körperliche Stärke am meisten geachtet und die Philosophie schreibe dem schwachen Körper mehr Geist als dem stärkeren zu. Die Schlussfolgerung liegt für die feine Gesellschaft auf der Hand: Sie besagt, dass Frauen Männer an Geist übertreffen und dass die der körperlichen Schwäche der Frauen korrespondierenden geistigen Fähigkeiten unentbehrlich für das Gemeinwohl sind.

Wir finden bei Castiglione Überlegungen zur sozialen Geschlechtstypologie, die denen des Erasmus verwandt sind. Beide begeben sich nicht auf das Glatteis einer fixen Geschlechternatur, sondern versuchen, die soziale Kompetenz der Geschlechter im Ausgleich mit der Natur zu ermitteln und neu zu bewerten. Wer von Natur aus schwach ist, bildet vernünftigerweise soziale Eigenschaften der Friedfertigkeit und der Vorsicht, der Klugheit und der Gerechtigkeit aus. Insofern folgt der Sozialcharakter der Geschlechter zwar ihrer Natur, aber nicht linear, sondern komplementär. Der Magnifico unterstützt diese Hypothese empirisch, wenn er in der Tradition von Boccaccio und Christine de Pizan Belege erbringt, dass auch Frauen erfolgreich Kriege führten und Siege errangen, große Staaten regierten und sich in der Philosophie und Dichtkunst, als Anwältinnen und als Künstlerinnen einen Namen machten.

Schließlich entwirft Giuliano de Medici die Idee der Vollkommenheit und des vollkommenen Menschen als Ideal der Vereinigung beider Geschlechter. Weil das eine ohne das andere nicht sein kann, heißt es mit aristotelischen Worten, sei es geradezu unstatthaft, »etwas männlich zu nennen, wo kein weibliches ist, ebenso etwas weiblich, wo kein männliches ist«.[14] Aber der Gedanke wird antiaristotelisch zu Ende geführt. *Der* Mensch besteht in seiner Vollkommenheit aus *zwei* Menschen. Der Mann ohne die Frau und die Frau ohne den Mann, ist Mann oder Frau, aber kein vollkommener Mensch. Castiglione widerspricht der Abstraktionsfigur *des Menschen*, die in vielen Sprachen zur Vollkommenheitserklärung des Mannes wird und damit den Blick auf die konkrete Misere des zweiten Geschlechts erübrigt. Nicht nur für die damalige Zeit sind die Ausführungen von Castiglione von einer unerhörten Kühnheit. Nach weiteren langen Erörterungen über die Möglichkeiten der platonischen Liebe geht das Gespräch in weit vorgerückter Stunde zu Ende. Noch einmal spricht Castiglione in farbigen Bildern, wenn er im Osten die Morgenröte heraufkommen sieht und Venus am Himmel das Nahen des Tages verkündet. Allein dieses symbolträchtige Gemälde wirkt am Ausgang des Gespräches wie eine Verheißung. Nur die Rede einer Frau kann noch darüber hinausgehen. Castiglione lässt sich tatsächlich die Chance nicht nehmen, einer der Damen das Schlusswort zu geben. Es scheint nur so dahingeredet, wenn die Signoria Emilia Pia den Signor Gasparo für »fluchtverdächtig« hält.[15] Natürlich ist nicht die Rede davon, dass er sich aus der erlauchten Runde davonstehlen könnte. Allen ist lediglich deutlich geworden, dass der Frauenfeind auf verlorenem Posten steht und dass Auffassungen wie die seine in der Gesellschaft des Hofes nicht mehr haltbar sind. Frauenfeindlichkeit findet im höfischen Leben keine Freunde mehr.

2. Der Prozess der Geschlechter im Brennpunkt der Transformation

Die Ausschau des Hofmanns ist optimistisch. Auf dem Weg zur höfischen Gesellschaft schlägt er die Frauenverachtung einer zu Ende gehenden dunklen Ära mit starken Argumenten und vollendeter Höflichkeit in die Flucht. Diese höfische Gesellschaft, die im Prozess der Zivilisation begriffen ist, wird den Damen von Rang tatsächlich Bildung und Ansehen, ja in gewissen Bereichen sogar Macht zugestehen. Bereits zu den Zeiten des französischen Königs Franz I. schart seine Schwester Margarete von Navarra berühmte Gelehrte und Dichter um sich und wird als Autorin mehrerer Bücher selbst zur Berühmtheit. Insbesondere ihr Alterswerk, die 1541 geschriebene Novellensammlung *Das Heptameron*, die in einer abgeschlossenen Klostereinfriedung fünf Frauen und Männer zehn Tage lang Geschlechtergeschichten durchspielen lässt, in denen Zügellosigkeit und Frömmigkeit, frauenverachtende und egalitäre Positionen miteinander wechseln, dokumentiert ein neues Selbstbewusstsein von Frauen.[16] Allein der Tatbestand, dass die Frauen hier ebenso selbstverständlich wie Männer das Wort ergreifen und an der kontroversen Kommentierung der Geschichten beteiligt sind, belegt die Fortschritte im Arrangement der Geschlechter in der ersten Hälfte des sechzehnten Jahrhunderts. Das Werk erscheint zehn Jahre nach dem Tod von Margarete von Navarra im Jahr 1559, wenige Jahre nachdem der Lyoner Autor Claude de Taillemont sich für die wechselseitige Anerkennung der Geschlechter und für die Bildung der Frauen einsetzte[17] und kurz nachdem die ebenfalls aus Lyon stammende Dichterin Louise Labé mit leidenschaftlichen Worten das Unrecht anprangerte, das Frauen den Zutritt zu den Wissenschaften und Künsten verwehrt. Mit der Seilerstochter Louise Labé greift die Geschlechterdebatte auf das Bürgertum über. Sein neu entstehendes Selbstbewusstsein macht vor den Frauen der aufstrebenden Klasse nicht Halt. Entsprechend groß ist die Hoffnung, das weibliche Geschlecht möge erleben, wie es nicht nur an Schönheit, sondern »an Gelehrsamkeit und Tugend die Männer übertrifft oder ihnen gleicht«. Louise Labé ersucht alle tüchtigen Damen, »ihren Geist ein wenig über ihre Spinnrocken und Klöppel zu erheben und mit Eifer aller Welt zu zeigen, dass man uns, wenn wir nicht zum Befehlen geschaffen sind, dennoch nicht geringschätzen soll als Gefährtinnen in häuslichen und öffentlichen Angelegenheiten derjenigen, die herrschen und Gehorsam fordern«.[18]

Die Textpassage dokumentiert einen Kulturkampf der kleinen Schritte. Das Manifest erscheint auf den ersten Blick, wie könnte es anders sein, als recht moderat. Die Festen der Geschlechterordnung bleiben erhalten, obschon wir nicht wissen, ob Louise Labé die herrschende Meinung teilt (oder doch nur zitiert), wonach Frauen nicht zum Befehlen geschaffen seien, oder ob die Bürgertochter bereits an andere demokratische und konsensuale Formen des Politischen und der Entscheidung denkt, die das hierarchische Muster des Befehls erübrigen würden. Denn erstmals verwirft das poetische Werk dieser Seilerstochter »mit männlichem Herzen« mit der Distinktion der Geschlechter auch die der Klassen. Louise Labé sprengt die Fesseln einer höfisch begrenzten Bildung der Frauen, die Erasmus oder Castiglione noch explizit aufrechterhalten, auch wenn ihre Gedanken implizit weiter weisen. Mit Louise Labé greift der Prozess der Zivilisation der Geschlechter vom Adel aus auf das wohlhabende Bürgertum über. Gleich zu Beginn der höfischen Gesellschaft wird von einer Frau das Unrecht der ständischen Vorbehalte in Frage gestellt. Wie unerhört und gefährlich dieser Schritt ist, lässt sich an einer Epistel des Humanisten Agrippa d'Aubigné erfassen, der einige Jahrzehnte später der Bitte seiner Töchter, so wie ihre Brüder in der lateinischen und griechischen Sprache unterrichtet zu werden, die abweisende Antwort erteilt, ein derartiges Ansinnen sei allenfalls für Prinzessinnen und Damen des hohen Adels wichtig und angemessen. Agrippa, Jahrgang 1552, und damit in einer Epoche des niedergehenden Humanismus geboren, kennt zwar die Schriften der bedeutenden zeitgenössischen Frauen, hält aber ein hervorragendes Wissen für so durchschnittliche Damen, wie seine Töchter es sind, »aux Damoiselles de moyenne condition, comme vous«, fast immer für unnütz und schlecht, weil es die Frau dazu bringe, den Haushalt, die Armut und den Ehemann zu verachten, der nicht so gebildet ist.[19] Agrippas interessante Antwort verkörpert eine doppelte Abwehrhaltung. Erstens sieht das starke Geschlecht nun eine reale Gefahr, dass ihm das schwache Geschlecht den Rang abläuft. Der Effekt wäre eine umgekehrte Diskriminierung des Mannes, dessen natürliche Vormachtstellung durch die Bildung der Frau verloren ginge. Zweitens kommt in dieser Entgegnung der Vorbehalt der ersten Stunde von der Distinktion des Adels erneut zu Wort. Nur hochgestellte Frauen sollen das Vorrecht der Bildung als Statussymbol ihrer Privilegien erhalten. Im Rahmen einer Gesellschaft, die auf Privilegien beruht und diese in aller Form auf das strengste verteidigt, ist das Konzept der Allgemeinbildung, die Frauen einschließt, nicht nur überflüssig, sondern bedrohlich.

Tatsächlich tritt nach dem Zeitpunkt der Veröffentlichung der Sonette und Elegien von Louise Labé im Jahr 1555 der Prozess der Geschlechterangleichung in Frankreich auf der Stelle. Das salische Gesetz in Frankreich schließt eine weibliche Thronfolge aus; es wird auch in Zeiten, in denen ein direkter männlicher Thronfolger noch zu jung ist oder nicht zur Verfügung steht, nie außer Kraft gesetzt. Deshalb wird Katharina von Medici,[20] die 1533 dem Thronfolger Frankreichs, dem Sohn von Franz I. und späteren König Heinrich II. von Frankreich angetraut worden war, nach dem überraschenden Tod ihres Gatten im Jahr 1559 zwar für kurze Zeit die Regentschaft übernehmen, aber der Einfluss dieser Frau wird nicht verhindern können, dass das Land in den Ruin des Bürgerkriegs treibt. Der Plan einer Friedenshochzeit zwischen Katharinas katholischer Tochter Margot (der Enkelin des Renaissancefürsten

Franz I.) und dem Hugenottenführer Heinrich von Navarra (dem Enkel von Margarete von Navarra) artet in der Bartholomäusnacht zur Bluthochzeit aus. Nach Jahrzehnten des glänzenden Aufschwungs an den prunkenden Schlössern der Renaissance, wo Frauen eine bedeutende Rolle spielten, erfährt Frankreich seit 1561 die Greueltaten des religiösen Fanatismus. Der Dichterfürst der Pléiade, Pierre de Ronsard, erkennt gleich mit dem Ausbruch der Zwistigkeiten in einer großen Klage über das Elend dieser Zeit (*Discours sur les misères de ce temps*), dass nunmehr eine Epoche zu Ende geht. In Kriegszeiten verrohen die Menschen und vergessen die schon errungenen Erfolge der Zivilisierung. Wie könnte sich jetzt der Prozess der Geschlechter noch vorwärts bewegen.»Wie ein erhabener König zwingt der Mann die Frauen unter sein Gesetz, hält sie nicht nur für unfähig, die Herrschergewalt innezuhaben und die Städte zu regieren, sondern lässt sie fern von allen Ehren und von der Herrschaft flechten und Wolle krempeln, nähen und spinnen, und harte Worte beschimpfen sie am Herd wie Sklaven. Wie glücklich war Lemnos in den alten Zeiten, als die Macht der Männer zerschlagen war ... und die Damen den Magistrat und die Regierung innehatten«, heißt es in Ronsards Heldengedicht *La Franciade*.[21]

Norbert Elias hat den Prozess der Zivilisation als einen Verlauf rekonstruiert, bei dem die im Zuge der höfischen Zentralisierung in den oberen Klassen neu eingeübten Verhaltensmuster sich allmählich auf die unteren Ränge und in die Breite der ganzen Gesellschaft ausdehnen. Auch wenn die Damen des Frauensenats sich bei Erasmus noch entschieden dagegen verwahren, adaptieren die niederen Stände und vor allem das aufstrebende Bürgertum doch immer mehr die verfeinerten Sitten, die ihnen der Hof als distinktes Zeichen seiner durch Geburt verliehenen Privilegien vor Augen führt. Der Prozess der Zivilisation verläuft also sowohl von oben nach unten, vom königlichen Hof zum gemeinen Volk, als auch von außen nach innen, nämlich vom oberflächlichen Schliff der Etikette bis zur Verinnerlichung äußerer Zwänge in charakterlich eingeschriebene seelische Kontrollmechanismen. Wie verhält sich zu diesem Prozess der Prozess der Geschlechter?

Die Frage ist so abwegig nicht, da das Geschlechterverhältnis auch bei Elias eine zivilisatorische Achse bildet. Die Manierenbücher und Erziehungsschriften des fünfzehnten und sechzehnten Jahrhunderts sind ein wichtiger Bestandteil des Zivilisationsprozesses, weil sie, wie etwa im *Hofmann*, vorbildliches Verhalten auch zwischen den Geschlechtern einem Lesepublikum in ganz Europa vorführen. Für Norbert Elias sind insbesondere die *Colloquia familiara* des Erasmus ein deutlicher Beleg für die Veränderungen in der Geschlechterbeziehung, weil die Lektüre des Buches gerade jugendliche Leser befähigen sollte, die Triebnatur des Menschen zu erkennen und durch die Erkenntnis in Schach zu halten.[22] An die Stelle der traditionellen Tabuisierung sexueller Themen tritt im Umfeld der Humanisten Aufklärung, Wissen und die Zurückhaltung der Affekte. Zentrum der Triebbeherrschung ist das Geschlechterverhältnis. Elias spricht von einer »Zivilisationskurve der Geschlechtlichkeit«[23], die zu einer Emanzipation in eben dem Maße führt, wie die Geschlechter lernen, ihren Körper und ihr Triebleben unter Kontrolle zu halten. Man kann die äußeren Fesseln lockern und letztendlich auf sie sogar völlig verzichten, sobald sie als innere Zwänge wie von selbst funktionieren. Selbstdisziplinierung ist der Trend der Zivilisation, den Elias als eine Konstante beschreibt.

Dennoch stellt sich die Frage, ob erstens alles so glatt und konsequent vonstatten ging, wie es im Rückblick dargestellt wird, und wie sich zweitens die Kosten einer seelischen Zwangsapparatur, die der Prozess der Zivilisierung vom Individuum verlangt, im Geschlechterverhältnis verteilen. Elias selbst beschwört am Schluss seiner großen zivilisationsgeschichtlichen Studie die glückliche Vision eines Gleichgewichts zwischen sozialer Norm und sexueller Begierde herauf, ohne dabei auch nur nachzufragen, wie die »Zivilisationskurve der Geschlechtlichkeit« diesen Einklang durch geschlechtliche Rollenverteilung erbringt. Vielmehr suggeriert die Beschreibung der Affekt- und Triebregulierung im Prozess der Geschlechter ein zivilisatorisches Gleichmaß, das Fragen nach einem Missverhältnis zwischen Männern und Frauen bereits auf einer theoretischen Ebene unterschlägt.

Schon in den eingangs diskutierten Texten zum Geschlechterverhältnis kann von einem Gleichschritt in der Geschlechterbeziehung allerdings nicht die Rede sein. Auch auf der Insel *Utopia* werden nicht die Geschlechterhierarchie als solche, sondern die erzwungene Unwissenheit der Frauen und die widersinnigen Auflagen der Keuschheit in Frage gestellt. Was Erasmus im Frauensenat als Tagesordnungspunkte der Damen einbringt, ist im Verhältnis zur großen Politik ganz und gar lächerlich und hinterlässt den Beigeschmack einer Maßnahme zum Zweck der sozialen Distinktion.

Castiglione überlässt im *Cortegiano* zwar einer Dame das Schlusswort, aber die Rede führen eindeutig die Männer, so dass durchaus Zweifel aufkommen können, wie es mit der geistigen Überlegenheit der Frauen in Wirklichkeit steht. Der Spanier Juan Luis Vivès stellt in seinem Erziehungsratgeber über die Erziehung der Frau (*De l'institution de la femme chrétienne*) von 1524 ausdrücklich klar, dass Jungen und Mädchen nicht gleich zu erziehen sind. Der französische Humanist François Rabelais verbreitet im dritten Buch des *Gargantua*, das er der gelehrten Königin von Navarra widmet, über Frauen nur Vorurteile:

»Sag ich: *Weib*, so meine ich ein so veränderlich, gebrechlich, unbeständig, wandelbar und unvollkommenes Geschlecht, dass die Natur mir (mit Respekt und aller schuldigen Ehrfurcht zu reden) von jedem richtigen Verstand, womit sie alles formiert und erschaffen, sich gar verirrt zu haben scheint, als sie das Weib erfand. Und wenn ichs auch hundert und hundert Mal bedenk, komm ich auf keinen andern Schluss, als dass sie mit Erschaffung des Weibes mehr auf des Mannes gesellige Lust und Mehrung des Geschlechtes bedacht war, denn auf Vollkommenheit des Weibes in sich selbst.«[24]

Mit derart frauendiskriminierenden Sprüchen klopft Rabelais die Argumentation des Frauenfeindes fest.

Gewiss räumt Elias ein, dass der Prozess der Zivilisation nicht konstant und geradlinig ist. Kriege halten diesen Prozess nicht nur auf, sondern verursachen einen Bruch in der Zivilisierung, selbst wenn es im Nachhinein so aussehen mag, als hätten sie auch zivilisatorische Wirkungen. Auch in den Episoden des Friedens verdeckt Elias' gefälliges Bild einer an der Tanzfläche beobachteten lebendigen Figuration aber die hintergründige Bedeutung im Prozess der Geschlechter.[25] Elias zielt mit dem Begriff des Prozesses auf einen langfristigen Wandel, der das soziale und mentale Geschehen im Verlauf von Jahrhunderten in kumulativen Verflechtungen erfasst und verkehrt. Es ist nicht zu bestreiten, dass ein derartiges Verständnis einem isolierten Begriff des Geschlechts weit überlegen ist. Der Geschlechterbegriff gewinnt seinen theoretischen Sinn immer nur im Verhältnis von Mann und Frau und seine empirische Bedeutung im konkreten Rahmen einer die Beziehung zwischen den Geschlechtern definierenden Ordnung.

Indessen hat der Begriff des Prozesses eine weitere Wortbedeutung im Sinn von Rechtsverfahren und als Streit um das Recht, und nicht zuletzt der Geschlechterdiskurs des sechzehnten Jahrhunderts legt nahe, auch dieses Verständnis ins Auge zu fassen. Prozesse werden vor einem Gericht nach festen Verfahrensregeln geführt, und es ist dabei nicht nur wichtig, was die Streitsache ist, sondern auch, wer die Beteiligten sind, wer beim Verfahren zugelassen ist und ob er die Mittel zur Verteidigung hat. Unstreitig zeitigt der Prozess der Geschlechter im sechzehnten und siebzehnten Jahrhundert in den gehobeneren Schichten eine fortschreitende Bildung und Kompetenz von Frauen. Insofern schließt der große Trend der Zivilisierung, den Elias beschreibt, das weibliche Geschlecht mit ein. Nach wie vor haben Frauen aber kein eigenes Klagerecht und sind im Namen des Rechts von männlichem Beistand abhängig. Jeder Entwicklungsschritt ist heftigem Widerstand abgetrotzt und in steter Gefahr, wieder zurückgenommen zu werden. Schon die bislang erörterten Schriften des frühen sechzehnten Jahrhunderts führen immer wieder Streitfälle vor. Erasmus zeigt den Disput zwischen Magdalia und dem Abt, Castiglione inszeniert ein Rededuell zwischen dem Frauenfreund Giuliano de Medici und Signor Gasparo, dem Frauenfeind, im *Heptameron* diskutieren die beteiligten Männer und Frauen nach jeder Erzählung heftig und kontrovers über die Moral der Geschichte. Der Prozess der Geschlechter vollzieht sich als Kampf um Rechte und Kompetenzen, bei dem Kläger und Angeklagte, Zeugen, Verteidiger und ihre Mandanten in den Gerichtsstand treten und Vorurteile, Plädoyers und Apologien, Urteile, Freisprüche und Todesurteile mit fast ausschließlich männlicher Stimme verlesen. Die Apologie des männlichen Geschlechts in den Kontroversen des männlichen und weiblichen Geschlechtes (*Controverses des Sexes masculin et féminin*) des Toulouser Juristen Gratian du Pont aus dem Jahr 1534 endet dementsprechend auch in der Form eines Prozesses, dessen Urteil zugunsten der Männer ergeht. Bereits damals nennt man diesen Prozess eine *Querelle*.[26]

*

Im Jahr 1541 löst die Übersetzung von Castigliones *Hofmann* ins Französische den Streit der Freunde, die »Querelle des Amyes« aus, an der sich in den folgenden Jahren Antoine Heroët und andere Dichter des Hofes beteiligen werden.[27] Der Disput im *Libro del Cortegiano* macht in Frankreich Schule. Auch hier gibt es Verteidiger der Frauen und ihre Verächter. Dennoch ist die *Querelle* kein

Novum des sechzehnten Jahrhunderts, sondern beweist die Einbindung des Geschlechterprozesses in Vorgeschichten, die bis ins dreizehnte Jahrhundert und d.h. bis weit in die Phase der Minne zurückreichen. Der höfische Minnesang ist insofern ein beachtliches Phänomen, als hier ein sozial niedrig gestellter Mann eine höherrangige Dame verehrt, deren Anerkennung den Verehrer adelt und zivilisiert. Die Frau zieht den Mann im Prozess der Zivilisierung zu sich hinauf. Gerade die soziale Asymmetrie bewirkt und erlaubt eine geschlechtliche Symmetrie, auch wenn diese in der Regel keine sexuelle Erfüllung findet. Überspitzt ließe sich daher sagen, dass die Minne Leidtragende der sozialen und geschlechtlichen Diskriminierung erstmals zusammenbringt. Die Minne schlichtet den Streit der Geschlechter und Ränge in der Vision einer wechselseitigen Erhöhung und Anerkennung. Aber die Zeiten ändern sich.

Guillaume de Lorris schreibt noch im Stil eines von der Minne durchwalteten Ritterepos in der ersten Hälfte des dreizehnten Jahrhunderts den *Rosenroman*. Jean de Meung, ein junger Gelehrter, ergänzt dieses Werk am Ausgang desselben Jahrhunderts um einen nicht unbeträchtlichen Anhang von achtzehntausend Versen. Auch bei Jean de Meung geht es um die Beziehung zwischen den Geschlechtern. Aber der Minnesang mit dem Lobpreis der Dame ist bei ihm an sein Ende gelangt. »Jetzt aber gibt es keine Lucretia mehr und keine Penelope in Griechenland, noch irgendeine ehrbare Frau auf Erden«,[28] heißt es im Fortsetzungsteil des Rosenromans, während es von schlechten Frauen noch »größere Schwärme gibt als von Bienen«.[29] Stets habe ein Mann von der Frau zu fürchten, »dass sie ihn, um sich zu rächen, vergiften oder zerstückeln« werde; keine Frau achte auf Ehre oder Schande, »denn es ist eine unbezweifelbare Wahrheit: Eine Frau hat keinen Verstand«.[30] Das ist freilich noch nicht das Schlimmste, was Jean de Meung über Frauen behauptet. All das Schlechte, was er berichte, sage er nicht von guten Frauen, nimmt sich der Frauenverächter scheinbar zurück, um im nächsten Zug seinen Trumpf auszuspielen, trotz gründlicher Prüfung habe er keine gefunden.[31] Auf Hunderten von Seiten entpuppt sich der Autor als ein Verfechter misogynen Gedankengutes. Jean de Meung hat den Fehdehandschuh geworfen. Wer nimmt ihn auf?

Gemeinhin lässt man die *Querelle des femmes* in der Mitte des vierzehnten Jahrhunderts mit den Schriften von Boccaccio beginnen, der zunächst im *Decameron* eine neue Tradition von Geschlechtergeschichten begründet, um dann in *De claris mulieribus*

(Von berühmten Frauen) der Existenz berühmter Frauen erstmals literarische Aufmerksamkeit zu schenken. Gewiss wäre es falsch zu behaupten, dass dieses Buch, an dem Boccaccio von 1361 bis zu seinem Tode 1375 gearbeitet hat, mit dem traditionellen Frauenbild bricht. Boccaccio stellt gleich in der Einleitung fest, Frauen sei in jeder Hinsicht eine »natürliche Schwäche angeboren«, hinfällig sei ihr Leib und ihr Geist ebenfalls träge. Dennoch zieht der Autor aus dieser Behauptung den eigenwilligen Schluss, umso höher sei es den Frauen anzurechnen, wenn sie mit wachem Geist und erstaunlicher Tatkraft Dinge vollbrächten, die selbst Männern schwer fielen und nur selten gelängen.[32] Boccaccio plädiert daher für etwas mehr Gerechtigkeit gegenüber den Frauen. Selbst dann will er mannhafte Frauen aus ihrer Versenkung holen, wenn ihre Taten moralisch verwerflich sind. Wenige Jahrzehnte später wird Christine de Pizan dem Anstoß Boccaccios folgen und dabei zu einer vernichtenden Kritik des Frauenverächters Jean de Meung ansetzen.

Christine de Pizan, die als erste Feministin selbst eine Berühmtheit wird, ist bereits eine Gestalt der Renaissance. In Italien geboren, kommt sie mit ihrem Vater, dem Leibarzt und Astrologen Thomas Pizan, als Kind nach Frankreich, wo sie in der Nähe des königlichen Hofes nach eigenem Bekunden eine glückliche Kindheit hat, da ihr Vater, für die damalige Zeit durchaus ungewöhnlich und von der Mutter auch nicht unterstützt, die Lern- und Wissensbegierde seiner Tochter fördert. Selbst Christines junger Gemahl, mit dem sie, erst fünfzehnjährig, verheiratet wird, widersetzt sich nicht ihren Bildungsinteressen. Um so schlimmer ist es für die junge Frau, als zunächst ihr Vater und bald darauf auch ihr Gatte stirbt. Mit fünfundzwanzig Jahren ist Christine bereits Witwe und als Mutter zweier Kinder ohne männlichen Beistand genötigt, den Lebensunterhalt für die Familie selbst zu verdienen. Sie tut es, indem sie Schriften kopiert und sich dabei auch selber in Versen erprobt. Nach der Lektüre des Rosenromans verfasst sie 1399 die *Epître au Dieu d'Amour* (Epistel an den Gott der Liebe), in der sie erstmals als Anwältin ihres Geschlechtes auftritt. Als diese Anwältin fordert Christine ganz entschieden Rechte für Frauen. Christine de Pizan entwirft eine Klageschrift ihres Geschlechts, »dass uns und unserem Gericht Beschwerden,/ Auch herzergreifende Klagen vorgetragen wurden,/ Von allen hohen Frauen und Edelfräulein,/ Edelmütigen Frauen, Bürgerinnen, jungen Mädchen,/ Kurzum: von allen Frauen/ Die uns ergeben um Hilfe bitten./ Jene zuvor genannten edlen

Frauen/Beklagen sich also bitterlich/ Über Treulosigkeiten, Kritteleien, Verleumdungen,/ Verrätereien, schwerste Beleidigungen,/ Hinterhältigkeiten und manch andere schwere Kümmernisse,/ Die ihnen täglich von jenen Verrätern zugefügt werden,/ Die sie tadeln, verleumden und betrüben«.[33] Christine hat den Spieß gewendet und klagt die Verleumder an.

Christine de Pizan hat das Thema ihres Lebens gefunden: Sie erkennt die entwürdigende Lage, in der sich das weibliche Geschlecht befindet, und gewinnt mit der Ausformulierung dieser Erkenntnis das Selbstbewusstsein einer Frau, die aus eigener Kraft ihren Unterhalt verdient. Wie als Probe aufs Exempel beschreibt die Autorin die schicksalhafte Wende ihres Lebens als *Mutacion de fortune* in der Allegorie einer Metamorphose von der hilflosen Witwe, die den Steuermann ihrer Fähre verlor, zu einem Wesen, das *wie ein Mann* seinen eigenen Weg findet und realisiert.[34] Die Selbsterfahrung der Verwandlung prägt ihr feministisches Engagement: »Je, Christine«, ich, Christine, bin meinem Schicksal als Frau nicht mehr ausgeliefert und kann durch mein Schreiben sogar Einfluss gewinnen.

Den größten Erfolg erzielt sie mit ihren Büchern *Le Livre de la Cité des Dames* (Das Buch von der Stadt der Frauen) und *Le Trésor de la Cité des Dames* (Der Schatz der Stadt der Frauen).[35] Das Konstrukt der *Cité* ist »der Beginn eines neuen Reiches der Frauen«,[36] das ihnen ein eigenes Selbstbewusstsein verschafft. Als Fundament dieses weiblichen Selbstbewusstseins zitiert die Autorin wie schon Boccaccio Geschichte und Mythologie zahlreicher Frauengestalten. Auch wenn Christine de Pizan in Anlehnung an die aristotelische Tradition die Auffassung wiederholt, Gott habe Mann und Frau auferlegt, in verschiedenen Bereichen tätig zu sein und sich wechselseitig zu unterstützen,[37] beweisen die Fallgeschichten weiblicher Tugend und Tatkraft im Gegenteil, dass Frauen Männern auf keinem Gebiet und in keiner Fertigkeit unterlegen sind. Die Verfasserin zweifelt nicht daran, dass Töchter, wenn sie wie Söhne die Schule besuchen und die Wissenschaften studieren könnten, ebenso gelehrt sein würden wie Männer.[38] Selbst auf dem Gebiet des Kampfes können Frauen Männer an Mut und Stärke übertreffen. Tatsächlich mischt sich im Hundertjährigen Krieg zwischen England und Frankreich ein junges Mädchen unter die Krieger, das die Wundertat der Befreiung Frankreichs vollbringt. Enthusiastisch besingt Christine de Pizan in ihrem *Ditié de Jehanne d'Arc* die Tapferkeit der jungen Jeanne d'Arc.[39]

Christines Schriften nötigen der vorwiegend männlichen Leserschaft Achtung ab. In ihre Kritik an Jean de Meung schalten sich zeitgenössische Gelehrte ein. Die *Querelle* hat sich entzündet und wird im fünfzehnten Jahrhundert weiter schwelen. Selbst der Kanzler der berühmten Universität von Paris, Jean Gerson, scheut sich nicht, für Christine de Pizan Partei zu ergreifen, und sogar einer ihrer entschiedensten Gegner räumt der streitbaren Dame Intelligenz ein, wenn er ihr schreibt: »Ich ersuche Dich also, Du hochgescheite Frau, dass Du die Ehre bewahren mögest, die Dir wegen Deines hervorragenden Verstandes und Deiner wohlgesetzten Sprache eigen ist. Wenn man Dich gelobt hat, weil Du einen Schuss über die Türme von Notre-Dame gefeuert hast, versuche deshalb nicht, mit einer schweren Kanonenkugel den Mond zu treffen«.[40] Die Klugheit gebietet der Frau zu schweigen, denn sie *kann* sich nicht auf das Terrain von Männern vorwagen. Noch ein halbes Jahrtausend später wird der Philosoph Johann Gottlieb Fichte sich mit ähnlicher Arroganz über die Vorstellung ereifern, Frauen den Männern rechtlich gleichzustellen. Genauso könne man prüfen, mokiert sich Fichte, »ob der Mensch nicht ebensowohl das Recht habe, zu fliegen, wie der Vogel«.[41] Wer als Frau hoch hinaus will, braucht für den Spott nicht zu sorgen.

Wenn selbst noch zu Beginn der Moderne die Rechtsungleichstellung von Männern und Frauen keiner weiteren Begründung bedarf, kann es kaum überraschen, dass Frauen wie Christine de Pizan und Jeanne d'Arc, ihre junge Seelenverwandte, am Ende des Mittelalters Befremden und Abwehr auslösen. Jeanne d'Arc wird als Hexe 1405 in Rouen verbrannt. Von Christine de Pizan ist nicht genau bekannt, wann sie stirbt, denn sie zieht sich in den letzten Jahren ihres Lebens ins Kloster zurück. Aber es ist klar, dass ihr scharfes Geschoss den Mond nicht mehr zu ihren Lebzeiten erreicht. Immerhin werden ihre Werke in andere Sprachen übersetzt und nach der Erfindung des Buchdrucks auch noch gedruckt. Jeanne d'Arc wird im Jahrhundert ihres Todes bereits rehabilitiert und zur Heiligen der französischen Nation erklärt.

Das zeitgleiche Leben der beiden Frauen ist darum interessant, weil beide Kompetenzen für sich in Anspruch nehmen, auf die sich der Ruhm und die Ausnahmestellung des Männlichen gründet. Christine de Pizan erkämpft sich trotz aller Vorbehalte ihre ökonomische Unabhängigkeit und die Anerkennung als gelehrte Frau. Jeanne d'Arc zeigt in der vordersten Front der Männer mehr politi-

Abb. 2: Eine neue Zeit bricht an – Frauen stehen ihren Mann:
Jeanne d'Arc, Jungfrau von Orleans (1410/12-1431) – Margarete von Navarra (1491-1549) – Katharina von Medici (1519-1589) – Elisabeth I. von England (1533-1603)

schen Verstand und mehr Mut als das starke Geschlecht. Beide Frauen verstoßen mit ihrem Tun gegen das Naturgesetz der Geschlechter. Jeanne d'Arc *kann* nur eine Hexe oder Heilige sein. Als Hexe wird sie verbrannt, als Heilige genießt die Tote den Schutz der Kirche, denn sie ist ein jungfräuliches Werkzeug in der Hand Gottes gewesen. Für eine Frau wie Christine gilt diese Ausnahmeregelung selbstredend nicht. Man(n) wird sie nicht ehren, man(n) wird sie nicht strafen, man(n) wird sie und ihr moralisches und politisches Begehren baldmöglichst vergessen.

Ein Jahrhundert nach Christine de Pizans feministischer Pionierarbeit kann Machiavelli für das Programm einer neuen Politik völlig ungeschoren mit einem misogynen Gemeinplatz des Mittelalters werben: Das Glück ist ein Weib, heißt es im *Principe*, »mit dem man nicht auskommen kann, wenn man es nicht prügelt und stößt«[42]. Für den ersten neuzeitlichen Theoretiker der politischen Macht stehen der glückliche Zufall und die Erhaltung der Macht aus eigener Kraft nach dem Geschlechterparadigma im Wechselverhältnis. Das Geschlecht, das die Herrschaft für sich reklamiert, muss die Umstände packen, auch wenn seine Unschuld verloren geht. Machiavelli ersetzt das Ideal der Tugend, das Christine de Pizan in ihren feministischen und politischen Schriften verteidigt, durch machtbewussten Weitblick und entschlossenes Handeln. Für einen Machthaber zahlt sich Moral nicht aus. So gesehen ist das Beharren der Frauen auf der Tugendhaftigkeit ihres Geschlechts politisch ambivalent. Soll es doch, könnte Machiavelli als Sarkastiker sagen, seine Unschuld und Tugend ruhig für sich reklamieren. Machiavelli opfert die von Frauen als Beweis für die Gleichrangigkeit der Geschlechter hervorgehobene weibliche Tugend auf dem Altar der fürstlichen Rationalität und Autonomie, die sich alsbald ins Prinzip männlicher Rationalität und Autonomie transformieren. Die neue Politik ist selbstredend mannhaft und spottet der Schwäche des weiblichen Tuns, auch wenn es noch so tugendstark ist. Gleichzeitig wird das Unterpfand der traditionellen Geschlechterbeziehung zum Garanten der politischen Innovation. Alles mag sich verändern, wenn nur das Gesetz der Geschlechter nicht wankt.

Wir wissen aus der griechischen Antike, dass die so genannte Geschlechternatur eine Brückenfunktion bei der Durchsetzung politischer Neuerungen übernimmt.[43] Nun taucht in der Renaissance eine ähnliche Problemkonstellation auf. Gerade weil Zeiten des Umbruchs alles Gewohnte in Frage stellen, erzeugen sie Unsicherheiten und Angst. Bis in die Mitte des siebzehnten Jahrhunderts wird die Frage bestimmend sein, worauf man sich überhaupt noch verlassen kann, wenn die alten Autoritäten nicht mehr glaubwürdig sind. Die cartesische Antwort von der letzten Gewissheit des zweifelnden Denkens leuchtet dem gesunden Menschenverstand, der sich auf das verlässt, was er zweifelsfrei kennt, keineswegs unmittelbar ein. Nicht bloß das Denken, sondern die eigenen Sinne, die Augen, die Ohren und Lebensgefühle, ja die Begierden und Lüste verlangen Verlässlichkeit. Nicht nur der Menschenverstand widersetzt sich all dem, was ihm von Haus aus fremd ist, sondern auch und erst recht die Leidenschaften und Sinne. Was will das karge mathematische Denken den vitalen Ängsten und Projektionen an aufklärender Einsicht entgegensetzen? Was sagt der Verstand, der auch ohne explizite Kenntnis des Fallgesetzes nach aller Erfahrung mit Sicherheit weiß, dass Menschen nicht fliegen können, wenn das leibhaftige Geständnis der gefolterten Hexe das Gegenteil unter Beweis stellt? Glaubt er dem Aufklärer (einem kommenden Galilei) oder dem Eingeständnis der einfachen Frau und weiß sodann nach dem Zeugnis der Sinne, dass besagte Frau des Teufels sein muss? Wenn die in ihrer Angst aufgeheizten und entzündlich gewordenen Leidenschaften erst ins Feld ziehen und geschlossen Partei ergreifen, wird aus der schwelenden *Querelle* ein flächendeckender, lodernder Brand.

3. Wahn mit Methode

Wenn die Zeit aus den Fugen ist, wird die Welt kompliziert. Im Jahr 1484 erlässt Papst Innozenz VIII. eine so genannte Hexenbulle. Die zwei Kölner Dominikaner Jacob Sprenger und Heinrich Institoris veröffentlichen daraufhin wenige Jahre später die Prozessordnung des *Malleus maleficium*, den so genannten Hexenhammer. Es ist zu diesem Zeitpunkt nicht außergewöhnlich, dass Menschen der Hexerei verdächtigt und des Umgangs mit dem Teufel angeklagt werden. Die mittelalterliche Vorstellungswelt ist bevölkert von Dämonen, Zauber- und Fabelwesen heidnischer Provenienz, die mit dem christlichen Glauben verschmolzen sind. Was ist also das Neue am *Malleus maleficium*? Die erste Besonderheit ist, dass sich die Hexenverfolgung von nun an vor allem auf Frauen bezieht.[44] Die Hexen und ihre Taten sind geschlechtlich konnotiert. Mit dem Hexenhammer erhält der Streit der Geschlechter eine juristische Ordnung, die sich zwar nicht ausschließlich, aber vor allem gegen Frauen richtet und denjenigen unter ihnen, die auffällig werden, einen fürchterlichen Prozess macht. In den folgenden drei Jahrhunderten werden Hunderttausende von Frauen als Hexen gefoltert und verbrannt. »Die große europäische Hexenjagd«, schreibt die Historikerin Margaret L. King, »war gleichbedeutend mit einem Krieg der Männer gegen die Frauen«.[45]

Die zweite Eigentümlichkeit der Hexenverfolgung ist, dass die Denunziation und Verurteilung von Frauen als Hexen zeitgleich mit dem Prozess der Zivilisation und sogar im Namen der Zivilisation erfolgen. Der Hexenhammer bezichtigt die so genannten weisen Frauen, die als Hebammen und Heilerinnen tätig sind, der Anwendung von Zaubermitteln zur Abtreibung und gegen Fruchtbarkeit.[46] Der Vorwurf selbst wird länger anhalten als die Hexenverfolgung. Bemerkenswert ist dennoch, dass eine neu entstehende männliche Medizin den Vorwürfen durch interessengeleitete Denunziationen assistiert. Noch bevor die Erfindung der Hexen als ein Wahn der Neuzeit außer Kontrolle gerät und großflächig um sich greift, hat die medizinische Wissenschaft die heilkundlichen Verfahren der weisen Frauen im Verdacht. Die volkskundlich tradierte und rituell ausgeübte Heilkunst von Frauen im Bereich der Geburts- und Frauenheilkunde wird gerade im Spiegel der neuen Medizin zur Satanskunst. Macht sich die aufgeklärte und somit selbst unter Verdacht stehende Medizin der Kirche gemein, indem sie die alten Behandlungsmethoden verteufelt? So schlägt sie zwei Feinde mit einem Streich. Sie selbst gerät aus der Schusslinie der Theologen, aber die gute Fee früherer Zeiten degeneriert nun zur bösen, und das Volk applaudiert, wie die Märchen beweisen, bei ihrer Verbrennung. Es lässt sich damit auch nicht behaupten, die Kirche allein habe das Komplott gegen die Hexen betrieben. Bezeichnend ist vielmehr eine unheilvolle Allianz, die Kirche und Wissenschaft gegen die Frauen eingehen. Aufklärung ist keine Garantie gegen Wahn, aber sie betreibt den Wahn mit Methode. In der zweiten Hälfte des sechzehnten Jahrhunderts nimmt die gelehrte Auseinandersetzung mit dem Hexenwahn zu.

Schon zu Beginn des Jahrhunderts war der junge Agrippa von Nettesheim Zeuge von Hexenprozessen geworden und hatte für die Frauen Partei ergriffen. Sein Schüler, der Arzt Johann Weyer, bestreitet zwar nicht den Vorwurf der Hexerei, hält die beschuldigten

Frauen aber für krank und darum auch nicht für zurechnungsfähig. Der Vorgang ist bezeichnend und belegt die vermutete Wende im Geschlechterverständnis des sechzehnten Jahrhunderts. Denn Weyers Werk *De Praestigiis Daemonum* (Vom Blendwerk des Teufels) von 1663 entlastet die Frauen paradoxerweise, indem es sie schwächt. Der Humanismus hat an Bedeutung verloren und macht nun mit hilflosen Argumenten Wiederbelebungsversuche. Die Differenz springt ins Auge. Agrippa von Nettesheim prangerte zu Beginn des Jahrhunderts das Unrecht an, das Frauen Freiheit und Rechte verwehrte. Um eine Verbesserung der Rechtslage herbeizuführen, pries der Theologe und Arzt die Vortrefflichkeit und die Größe der Frauen. Weyer, der Schüler, argumentiert genau umgekehrt. Er erklärt Frauen für weibisch, töricht, senil, schwach und krank.[47] Wer könnte es nach dieser Argumentation noch wagen, ihnen Rechte zu geben und öffentliche Ämter anzuvertrauen? Weyer sieht in den Frauen, die als Hexen verurteilt werden, arme Melancholikerinnen, die man für ihre Krankheit aus humanen Gründen nicht juristisch belangen und nicht zur Verantwortung ziehen kann. Anders als Agrippa verteidigt Weyer die Hexen durch eine hilfsweise konstruierte weitere Diskriminierung, um damit ihr bloßes Leben zu retten, während die Verteufelung der Frauen paradoxerweise zur ihrer Strafmündigkeit mit tödlichen Folgen führt.

Weyers medizinischer Argumentation widerspricht der französische Rechtsgelehrte und Staatstheoretiker Jean Bodin in einer umfangreichen Schrift. Das Werk mit dem gelehrten französischen Titel *De la démonomanie des sorciers* und der derben deutschen Übersetzung *Vom aussgelasnen wütigen Teuffelsheer* erscheint wenige Jahre nach Bodins staatsphilosophischem Hauptwerk *Six livres de la République* (Sechs Bücher über den Staat) von 1576, das Bodin als einen der ersten Theoretiker staatlicher Souveränität ausweist und ihn in der damaligen Zeit zu einer bekannten Persönlichkeit machte. Bodin gilt heute als ein Frühaufklärer. Sein historisches Werk *Methodus ad facilem historiarum cognitionem* (Methode einer einfachen Erkenntnis der Geschichte) von 1566 wird als bahnbrechend für die historischen Wissenschaften angesehen, sein religionsphilosophisches Spätwerk von 1593 *Colloquium heptaplomeres* (Siebengespräche über die verborgenen Geheimnisse der Religion), dessen Fertigstellung mit dem Ende der Glaubenskriege in Frankreich zusammenfällt, bekennt sich zum Prinzip der religiösen Toleranz. Der moderne Herausgeber von Bodins Schriften Peter

Cornelius Mayer-Tasch vertritt die Auffassung, in keinem anderen Werk werde die Idee der rechtlich-politischen Einheit umfassender und differenzierter als in den *Sechs Büchern über den Staat* dargestellt; die *Heptaplomeres* preist Mayer-Tasch darüber hinaus als »eine der großartigsten Manifestationen der Toleranzidee, die die Weltliteratur kennt«.[48] Die Schrift über die Satanskunst und die Idee der Toleranz stünden darum »in einem gewissen Spannungsverhältnis«, das auf dem Hintergrund der damaligen zeitgeschichtlichen Verwicklungen erklärt werden müsse.

Indes erhellt die These von den zeitgenössischen Verwicklungen die Art dieser Verwicklungen nicht, sondern bestätigt nur, was ohnehin niemand bestreitet, dass sich eine politische Schrift im Kontext ihrer Zeit aufschlüsseln lässt. Gerade im Rahmen dieser Zeit stellt sich aber die Frage, ob die Argumente, mit denen Bodin inmitten der Religionskriege in Frankreich und lange vor Hobbes zum Begründer der Souveränitätsidee wird, und die Überzeugungen, die Bodin am Ende des Bürgerkriegs dazu bringen, das Toleranzedikt von Nantes philosophisch vorwegzunehmen, mit der Prozessordnung für Hexen im Grundsatz nicht bestens zusammenpassen.

Bodin erlebt im Inneren seines Landes (so wie ein dreiviertel Jahrhundert später der Engländer Hobbes) die anhaltenden Kämpfe rivalisierender Häuser um die politische Macht. Wie Thomas Hobbes folgert Bodin aus dieser Erfahrung, nur ein starker Staat habe die Möglichkeit, die zerstrittenen Parteien zusammenzuzwingen und damit dem Land wieder Frieden zu bringen. Zeitlich verschoben gleichen sich die Probleme in Frankreich und England und die theoretischen Lösungsmodelle der beiden Staatsphilosophen. Dennoch gibt es einen wichtigen Unterschied. Die Vorzeichen des Bürgerkriegs in England, den Hobbes beschreibt, sind nicht religiöser Art. Darum benutzt der Engländer als heuristischen Ausgangspunkt für das Konzept eines starken Staates das anthropologische Modell eines vorbürgerlichen Naturzustandes, der ein Zustand steter Lebensbedrohung und innerer Kämpfe ist. Frankreich hingegen erlebt in der zweiten Hälfte des sechzehnten Jahrhunderts einen ideologisch hochmotivierten, von großen religiösen Lagern getragenen Kampf um die Macht, der sich mit dem Paradigma eines Kampfes aller gegen alle nicht realistisch beschreiben lässt. Die Bürgerkriegsparteien kämpfen um die Wahrheit des richtigen Glaubens. Das Schwert soll entscheiden, was wahr oder falsch ist, und die Schwertträger Gottes sind von der Überzeugung getragen, der

Kampf werde mit Gottes Beistand in ihrem Sinn und zu ihren Gunsten entschieden. Wenn kein anderer als Gott die Heere befehligt und Siege erringt, befindet sich der irdische Souverän, der als König über den Streitenden steht, indes in einem Dilemma. Soll der König für eine der Seiten Partei ergreifen? Lässt sich der rechte Glaube gar von staatlicher Seite verordnen? Bodin löst das Problem, indem er einräumt, dass der Glaube zwar höher steht als der Staat, der seinerseits aber die Aufgabe hat, eine Ordnung zu finden und aufrechtzuerhalten, die den Gläubigen Ruhe und Frieden gibt. Der Ausweg aus dem Glaubensstreit ist folglich *politischer* Art und verlangt die Duldung der Glaubensvielfalt. Das Toleranzpostulat, das Bodin vertritt, und das der kurz nach Bodins Tod zum Katholizismus konvertierte Hugenottenführer Heinrich von Navarra als König Heinrich IV. im Edikt von Nantes in die Tat umsetzt, zeugt von einem neuen Primat der Politik über die militärische Option zur Erringung der Glaubenshoheit. Das Blutvergießen für den rechten Glauben führte zum Ruin des Landes. Wer diesem Land Frieden und Wohlstand bescheren will, hat nur die Wahl, den Glauben der anderen zu dulden. Die Überlegung gilt um so mehr, als der Glaube an sich ein Ordnungsfaktor ersten Ranges ist, der dem Staat, sofern er die Gläubigen schützt und sie in Glaubensdingen gewähren lässt, auch umgekehrt nützt. Bodins frühes politisches Credo des Absolutismus und der religiöse Grundsatz der Toleranz widersprechen sich keineswegs. Denn Bodin denkt nicht liberal, sondern in Kategorien der inneren Ordnung, worin ihn das Prinzip des Glaubens und das heilige Gesetz der Natur, dem der Glaube folgt, nur bestärkt. Gerade im Glauben sind die Gläubigen Gottes Gesetz der Natur unterworfen. Nicht die Verschiedenheit der Religionen, sondern ihr Gegeneinander bedroht den Frieden und die staatliche Einheit. Bezeichnenderweise macht Bodin Machiavelli zum Vorwurf, die »heiligen Naturgesetze« verachtet zu haben, und bindet, anders als Hobbes, auch die unumschränkte Alleinherrschaft an das Gesetz der Natur und Religion.

Der Florentiner Niccolò Machiavelli, der Franzose Jean Bodin und der Engländer Thomas Hobbes sind allesamt Denker im Umbruch der Zeiten, die an diesem Umbruch selbst ihren Anteil haben. Jeder von ihnen berührt dabei, wie rudimentär auch immer, Fragen der Geschlechtergrundordnung.[49] Es überrascht nicht, dass Bodin auch auf sie sein Augenmerk richtet. Dem Verfechter eines Konzepts der staatlichen Ordnung gilt vor allem das weibliche Erbfolgerecht als ein Ausgangspunkt für den Ausbruch innerer Kriege. Das Problem beschäftigt Frankreich in der zweiten Hälfte des sechzehnten Jahrhunderts in hohem Masse. Das Land leidet nicht nur unter dem Übel der Religionskämpfe, sondern auch unter dem raschen Wechsel der Erben des Thrones. Wie kann beim Tod des Königs verhindert werden, dass es zu Aufständen kommt? Vor allem dürfen an der Erbfolge keinerlei Zweifel bestehen. Zweifel sind möglich, wenn die Lage der Dinge nicht eindeutig ist und sich die Gesetze von Zeit zu Zeit und von Land zu Land unterscheiden.

Der Tod des Souveräns ist die eigentliche Schwachstelle der Souveränität, und die Begründung der Thronfolge zur Sicherung des Friedens ist deshalb ein Kernpunkt der Souveränitätstheorie. Nur ein ehernes Gesetz der Natur kann den Machtkampf vereitlen. Aufgabe der Staatstheorie ist es, dieses Gesetz zu erkennen und positiv zu begründen: »Die Ordnung der Natur will es, dass der älteste Sohn gleich nach dem Vater kommt, ihm dann erst der Reihe nach die anderen folgen und er somit vor den anderen den Vorzug genießt. Ein Gesetz, das seit jeher bei nahezu allen Völkern gegolten hat, darf man mit Recht ein Naturgesetz nennen«.[50] Aus dem letzten Teil des Satzes können wir auf empirische Einschränkungen schließen. Woran erkennt man Naturgesetze? Naturgesetze sind Gesetze, die überall gelten und anerkannt sind. Eben weil sie überall (oder fast überall) gelten, nennen wir sie nämlich Naturgesetze. In diesem theoretischen Vorbehalt liegt eine Crux. Bodin weiß natürlich, dass es Völker gibt, die das so genannte Naturgesetz, das er theoretisch beschwört, in Wirklichkeit nicht beachten. Englands Gegenbeispiel ist jedem Leser deutlich vor Augen. Lässt sich die These vom Naturgesetz dennoch aufrechterhalten? Wie muss Bodin diese im Rahmen seiner Theorie und für seine politischen Absichten peinliche Ausnahme interpretieren, um das Naturgesetz nicht infrage zu stellen?

Bodin manövriert sich in eine schwierige Lage. Als er sein sechstes Buch verfasst, ist Elisabeth I., die durch den Humanisten Roger Ascham eine vorzügliche Bildung erhielt,[51] mehrere Sprachen spricht und die Schriften von Margarete von Navarra ins Englische übersetzte, in England seit zwei Jahrzehnten bereits an der Macht und beschert ihrem Land mehr Frieden und Sicherheit als Frankreichs direkte männliche Thronfolger, die nach dem unerwarteten Tod von Heinrich II. als Kinder den Thron bestiegen und aufgrund ihrer Jugend den Ränken am Hof immer ausgesetzt waren. Der legitime König Frankreichs hat das Gemetzel der Bartholomäusnacht nicht verhindert, sondern gebilligt. Steht Frankreich bloß unter einem ungünstigen Stern oder ist der Tod der drei Valois-Söhne sogar ein Beweis für fortwährende Thronstreitigkeiten im Zentrum der Macht? Franz II., geboren 1544, stirbt mit sechzehn Jahren, und seine ihm früh angetraute Gattin, Maria Stuart, wird verdächtigt, ihn zusammen mit ihrem Geliebten getötet zu haben. Der zweitgeborene Thronfolger, der Bruder Karl IX., geboren 1550, kränkelt und scheidet ebenfalls erst vierundzwanzigjährig dahin, wobei auch in seinem Fall eine Vergiftung nicht auszuschließen ist. Der dritte und letzte Sohn aus dem Hause Valois, Heinrich III., 1551 geboren, wird 1589 kinderlos ermordet, so dass ein Nicht-Valois, der Hugenottenführer Heinrich IV. (der später ebenfalls ermordet wird) nach dem salischen Gesetz Anrecht auf die französische Krone hat. Warum ist es für Bodin, der mit dem Gesetz der Natur argumentiert und dieses Gesetz von seiner empirischen Geltung ableitet, dennoch so wichtig und evident, dass nie eine Frau in Frankreich Thronfolgerin wird? Wie kann er in Anbetracht der Friedensherrschaft von Elisabeth I., die fast ein halbes Jahrhundert (von 1558 bis 1603) anhalten wird, sich derart entschieden für die Auffassung stark machen, dass Frauen aus der Erbfolge eines Staates auszuschließen sind?

Bodin ist sich darüber im Klaren, dass seine Zeit auf diese Frage eine Antwort erwartet. Er darf daher nicht nur behaupten, sondern muss auch begründen, weshalb eine Gynokratie dem Gesetz der Natur widerspricht, die, wie Bodin ausführt, »dem männlichen Geschlecht und nicht etwa der Frau die Gaben der Stärke, der Klugheit, des Kämpfens und des Befehlens verliehen hat«. Ausdrücklich sage Gottes Gesetz, ergänzt der weitere Text, das Weib solle dem Manne nicht bloß in der Regierung, »sondern auch in jeder einzelnen Familie« untertan sein, und drohe seinen Feinden »wie mit einem fürchterlichen Fluch, ihnen Frauen zu Herrschern zu geben«.[52] Das Argument ist strategisch geschickt aufgebaut. Erstens gebietet das Gesetz Gottes die Unterwerfung der Frau, weil es zur Natur der Frau gehört, nicht nur dem Mann unterworfen zu sein, sondern sich auch nie nach Mannesart zu verhalten und öffentliche Ämter zu übernehmen. Frauen kommt Schamhaftigkeit und Bescheidenheit von Natur aus zu, eine Auffassung, die Bodin nicht erfindet, mit ihm auch nicht aufhört und folglich selbst den Charakter eines

Naturgesetzes besitzt. Bodins neue und strategisch wichtige Erklärung, mit der er den viel gelesenen Autoren wie z.b. Baldassare Castiglione oder Pierre de Ronsard widerspricht, ist indes viel geschickter. Denn sie besagt zweitens und zwar aus demselben Grund, über Ländern, die das Naturgesetz nicht beachten, liege ein unheilvoller göttlicher Fluch. Bodin spielt das Dilemma einer Königin durch. Diese Frau stehe vor einer unmöglichen Wahl. Einerseits ist die Ehe für den Erhalt der Souveränität unerlässlich, um die Thronfolge sicherzustellen. Andererseits ist die Eheschließung für eine Königin notgedrungen mit Souveränitätseinbußen verbunden. Ist sie nämlich verheiratet, untersteht sie nach dem Familiengesetz ihrem Mann, der aber im politischen Verständnis ein bloßer Untertan ist. Politisches Gesetz und Familiengesetz widerstreiten sich im Fall eines weiblichen Souveräns und schwächen die Staatsmacht. Elisabeth I. von England löst diesen Konflikt, indem sie ledig bleibt. Wenn eine Königin ledig bleibt, steht nicht nur der Streit um die Erbfolge an, sondern schon zu Lebzeiten der Königin könne im Volk, das sich mit diesem naturgesetzwidrigen Zustand keinesfalls abfinden werde, Unfrieden entstehen, weil jeder Untertan dann »auch im eigenen Hause« die Herrschaft der Weiber ertragen müsste. Bodin fürchtet offensichtlich, durch das schlechte Vorbild der Königin könne das Familiengesetz außer Kraft gesetzt werden. In deutlicher Umkehrung zur übrigen Argumentation wird das Naturgesetz daher nun gleichsam von unten begründet.

Erst jetzt wird freilich der Hintersinn des drohenden Fluchs offenbar, der auf dem Land liegt, das von einer Frau regiert wird. Mag die Königin ihrem Land noch so viel Frieden und Wohlstand bescheren: zu Hause bricht doch der Unfrieden aus. Schreckliche Turbulenzen drohen, wo das schlechte Vorbild der weiblichen Herrschaft die natürliche Ordnung in Frage stellt. Plötzlich fällt das erhabene Naturgesetz wie ein Kartenhaus zusammen. Schon ein einziges Gegenbeispiel kann die Natur aus den Angeln heben und das heilige Recht ins Wanken bringen, das bis dato überall auf dieselbe Weise verlangte, dass die Frau dem Mann folgen, ihn verehren und ihm alle Früchte der Mitgift und des Vermögens überlassen soll.[53] Das nämlich ist Bodins Quintessenz: Das von Männern gemachte und tradierte Gesetz, das ohne Widerspruch zum Naturgesetz wird, kann und darf nicht verändert werden, da jede Änderung sich sowohl auf den Rechtsfrieden im allgemeinen als auch auf den häuslichen Frieden im besonderen auswirken würde. Dieses unumstößliche Naturgesetz Gottes, das Frauen rechtlos und ohnmächtig macht, ist das Unterpfand jeglicher Ordnung in Staat und Gesellschaft. Vorstellungen von einer Geschlechtergleichstellung, die der Engländer Thomas Elyot im Jahr 1545 mit seinem Buch *The defense of good women* platonisch angedacht hatte,[54] sind die größte Herausforderung für den Ordnungsgedanken überhaupt.

Kommen wir von hier aus nun zur *Demonomanie* zurück.[55] Mayer-Tasch glaubt in ihr noch die tiefe Verwurzelung Bodins in der Glaubenswelt des Mittelalters zu erkennen, die dem Toleranz- und Aufklärungsdenken Bodins widerspricht. Nicole Jacques-Chaquin hingegen attestiert in ihrer philosophischen Lektüre gerade diesem Werk eine unleugbare argumentative Strenge.[56] Eben für diese zweite Lesart sprechen die bislang entwickelten Leitmotive im Werk von Bodin. Weit entfernt vom Elan des Aufbruchs am Beginn des Jahrhunderts sucht dieses Werk inmitten der Bürgerkriegswirren nach einem sicheren Bollwerk der sozialen Befriedung. Die Religion kann der Gesetzeskraft nur noch in dem Maße dienen, als die Glaubensvielfalt im Staat toleriert wird. Ist die Geschlechterordnung darum ein letzter Hort der Bewahrung in Zeiten der alles umfassenden Transformation? Mit dem Beispiel Englands ist auch an diesem Punkt eine grundsätzliche Neuordnung nicht mehr ausgeschlossen. Nichts mehr von dem, was immer galt, hätte dann noch Bestand. Entschließt sich Bodin angesichts dieser Gefahr zur Gegenoffensive? Im Buch über die Hexen beschreibt er das Satanswerk, aber im Grundsatz meint er und zielt er auf das ewige Naturgesetz. Sehen wir unter diesem Blickwinkel, was Bodin und andere unter Hexerei verstehen. Alles, was Bodin als Teufelswerk seinen Lesern vor Augen führt, bezieht sich auf ein naturgesetzwidriges Tun. Die Untat der Hexen ist, dass sie die Geltung der göttlichen Ordnung in Frage stellen: Es geht bei dem, was den Frauen zur Last gelegt wird, nicht mit natürlichen Dingen zu. Ein Ritt durch den Schornstein wirft alle neuzeitliche Wissenschaft über den Haufen. Es gibt nur eine Möglichkeit, die Geltung der Naturgesetze doch zu beweisen und sicherzustellen, indem man(n) über die Hexerei, die der Inbegriff der Unordnung ist, Macht gewinnt. Hexen sind für Bodin durchaus keine schwachen und bedauernswerten Wesen. Darum bedarf es der Zeichen, weithin sichtbarer, lodernder Zeichen, dass niemand ungestraft das Naturgesetz bricht. Bodin braucht die Überwältigung der gesetzlosen Hexe, um das Gesetz und die Ordnung im Bewusstsein aller wieder fest zu verankern. Dabei ist es auch durchaus nebensächlich, ob es nur das Phantasma der Gesetzlosigkeit oder eine teuflische Wirklichkeit gibt. Sinn der disziplinarischen Maßnahme ist es, überall den Beweis zu erbringen, dass man(n) imstande ist, jeder Unordnung und Ungesetzlichkeit Herr zu werden. Zahlreiche Beispiele, die Carolyn Merchant in ihrem Buch *Der Tod der Natur* zitiert, zeigen, dass die Hexenopfer stellvertretend die Grundangst der Schwellenzeit bannen sollen, dass die Natur im Umbruch der Zeit aus der Weltordnung fällt. Merchants Interpretation geht dahin, dass die gesetzlose Frau wie die chaotische Natur durch den methodischen Blick kontrolliert werden muss.[57] Machiavellis Rat, die Natur wie eine Frau zu schlagen, klingt im Vergleich mit den Methoden der Hexenverbrennung geradezu moderat. Er belegt bloß, wie undenkbar für die meisten avancierten Denker der neuen Zeit der Gedanke einer Neuordnung der Geschlechter ist. Die Zeit ist aus den Fugen und gerade bei Shakespeare, der dem zögernden Hamlet dieses Wort in den Mund legen wird, wimmelt es nur so von Hexen, Gespenstern und Geistern der Luft und der Erde. Allerdings behält Shakespeare als Autor des Umbruchs im Theater das Heft in der Hand. Auf der Bühne des Lebens, wo die Sinne täuschen und wuchernde Phantasien die Realität überrumpeln, ist es ungleich schwerer zu beweisen, dass die Naturgesetze ihre Geltung behalten und die Ordnung der Welt ihre Beständigkeit hat. Das Gesetz kann nur sein, wenn es seine Geltung unter Beweis stellt, und das einzige sichere Beweismittel ist das erfolgreiche Verfahren der Inquisition. Die Situation ist paradox: Das Verbrechen, dessen die Hexen bezichtigt werden, entspricht den Visionen der kommenden neuen Wissenschaft, die seit Bacon an ihrem mächtigen Fernziel arbeitet, die Naturgesetze dem Menschen gefügig zu machen. Man(n) ist von diesem Ziel noch weit entfernt. Aber wenn man(n) diejenigen verbrennt, die so mächtig sind, dass sie Menschen und Tiere verhexen, durch die Lüfte fliegen und mit dem Teufel ihr Stelldichein pflegen, beweist man(n) indirekt doch, dass man(n) mächtiger ist. Um diesen Beweis geht es, und die Methode, mit dem er herbeigeführt wird, erscheint dem Denker der religiösen Toleranz, Jean Bodin, ebenso legitim wie Francis Bacon, dem Herold der neuen Wissenschaft, und zwar nicht etwa, weil diese Denker im Umbruch noch in der Vergangenheit lebten, sondern weil ihr Konzept einer neuen zum Absolutismus drängenden Macht keine offenen Fragen erträgt.

*

Beim Versuch, das »gewisse Spannungsverhältnis« in Bodins Werk zeitgeschichtlich zu erklären, sagt Mayer-Tasch über den französischen König Heinrich IV., dieser sei im Geiste seines väterlichen Freundes Montaigne auf Ausgleich und Liberalität eingestellt und darum auch der hypothetische Wunschkandidat von Bodin gewesen. Diese wohlwollende Bemerkung in ein und demselben Absatz bringt Jean Bodin und Michel de Montaigne gedanklich zusammen. Tatsächlich wissen wir aus den sorgfältigen Untersuchungen von Pierre Villey, dass Montaigne die wichtigsten Werke von Bodin kannte und sich nicht nur auf ihn beruft, sondern ihn auch lobend zitiert.[58] Eine der Textstellen, in denen Villey eine Bezugnahme Montaignes auf Bodin feststellt, befindet sich im drittletzten Hauptstück des dritten Buchs der *Essais* mit dem Titel »Des Boiteux« (Von den Hinkenden). Herbert Lüthy nennt in seiner Übersetzung den Essay das Hexenfragment.

Der Essay beginnt mit einer Klage Montaignes über die Kalenderreform in Frankreich: »Was für Veränderungen werden nicht auf diese Verbesserung folgen? Dieses hieß eigentlich, Himmel und Erde auf einmal bewegen. Gleichwohl ist nichts von seiner Stelle gekommen«. Doch Montaigne spottet: Die Leute säen und ernten so wie eh und je, weder merke man dabei etwas vom bisherigen Irrtum der Zeit, noch spüre man eine Verbesserung. Die Vorstellungskraft der Menschen ist schon ziemlich plump: »So viel Ungewissheit ist allerwegen«.[59]

Montaigne bestätigt die neue Unübersichtlichkeit seiner Zeit. Es steht nichts mehr fest, selbst die Uhren gehen anders. Aber Montaigne zieht daraus andere methodische Konsequenzen als Bodin. Was können wir tun, wenn wir uns einer Sache nicht sicher sind? In einer Phase, in der sich die Dinge wenden, werden Antworten auf diese Frage epochenbildend. Montaigne stellt fest, dass die meisten Leute, statt eine Sache genau zu betrachten, nach ihren Ursachen oder auch Folgen fragen. In der vermeintlichen Kenntnis von Gründen ersetzt diese Kenntnis eine eingehende Überprüfung, ob die Sache, um die es geht, überhaupt existiert. Schon für Kinder ist es nicht schwer, tausend Wunderwelten entstehen zu lassen. Der Wahn ist etwas, was der Vorstellungskraft leicht fällt. Aber was haben Wahn und Märchenwelten mit der Wirklichkeit und der Wahrheit zu tun?

Es geht Montaigne um ein brisantes Thema, dasselbe, was auch Bodin bewegt. Überall ist von den Hexen die Rede. Dieses gewöhnliche Gerede ist für Montaigne der Ausgangspunkt. Bodin schreibt ein großes Buch über die Hexen. Montaigne schreibt über das Gerede über Hexen. Seine Frage ist, wie es mit der Glaubwürdigkeit von übernatürlichen Begebenheiten bestellt ist, die man vom bloßen Hörensagen kennt und über die dennoch jeder und jede, wenn man nachfragt, Bescheid weiß. Montaigne findet »fast durchgängig, dass man sagen sollte: *Es befindet sich nicht so*«[60] und zwar, wie er ausführt, aus einem dreifachen Grund. Erstens erweisen sich die so genannten übernatürlichen Begebenheiten in der Regel als Lügenmärchen, die sich von einer Nichtigkeit aus in die Welt hinausspinnen und, je weiter sie sich vom Ausgang entfernen, umso hieb- und stichfester werden. Geht man dem Gerücht auf den Grund, ist wenig daran. Das Argument ist doppelt interessant, weil es auf eine Parallele zwischen dem Gerücht und dem Gesetz verweist: Der Anfang ist hier wie dort ein bloßes Gerinnsel. Gewohnheit und Einbildung machen es dennoch groß. Während Montaigne in der Frage des Gesetzes jedoch eingesteht, dass es gefährlich sei, die Autorität des Gesetzes zu hinterfragen und damit die Gesetzeskraft aufzuheben, verlangt er beim Gerücht mit Entschiedenheit, dass jeder Mensch durch und durch misstrauisch sei. Der geheime Wesensgrund der Gesetzeskraft besteht im Gehorsam.[61] Der geheime Wesensgrund des Wunderglaubens besteht in der Scheu eines jeden, seine Bedenken zu äußern, was ein Gerücht gegen weitere Zweifel mit wachsender Kraft immunisiert.

Der zweite Grund für den Wunderglauben ist die Absicherung des Gerüchts gegen seine Berichtigung. Wunder sind Wundergeschichten, die, für wahr anerkannt, ein tödliches Ende herbeiführen können. Hier besteht für Montaigne der dritte Grund seines Einspruchs und sein großes moralisches Fragezeichen: Wieso ist jemand geneigt, ausgerechnet dort, wo es um Leben oder Tod einer Beschuldigten geht, eher das Unwahrscheinliche zu glauben, nämlich dass Menschen fliegen, als etwas Wahrscheinliches zu vermuten, nämlich dass Menschen lügen? Wieso findet man es glaubhafter, dass Menschen auf einem Besen durch den Schornstein entwischen, als dass ihr Gemüt krank und verrückt ist? Wer kann sich bei so viel berechtigten Zweifeln und Unwahrscheinlichkeiten das Recht anmaßen, selbst den geständigen Hexen den Tod statt einer Arznei zu verordnen?

Die Einfachheit und Evidenz dieser Fragen belegen das Ausmaß der mentalen Wirrnis in den Zeiten der Erneuerung. Montaignes

Versuche, die die Erfahrung des Umbruchs in allen mentalen Aspekten beschreiben, bilden im letzten Drittel des sechzehnten Jahrhunderts den eigentlichen Widerpart zum Souveränitätsmodell Jean Bodins. Schon darum, weil Montaigne von sich selbst bekennt, dass er sich stets widerspricht, besagt sein lobendes Urteil über Bodins historische Methode mit Sicherheit nicht, dass er diesen Autor nicht in anderen Fragen umgekehrt tadelt. Bodin und Montaigne vertreten im Wandel der Zeiten konträre Methoden. Bodin verlangt die gewaltsame Durchsetzung des Naturgesetzes, wo die Gefahr besteht, dass es gebrochen wird, um so Frieden und Ordnung zu garantieren. Die Verbrennung der Hexen ist die Probe aufs Exempel der Restitution der Gesetze in einer Ära allgemeiner Gesetzlosigkeit. Montaigne hingegen rät, in diesen unsicheren Zeiten der Sicherheit des Urteils und dem falschen Bestreben nach Sicherheit zu misstrauen. Wir müssen eingestehen, dass wir vieles nicht wissen und dass wir das, was sein wird, auch keinesfalls wissen können. Was wir hier und heute für richtig halten, muss nicht immer und überall wahr sein. Schon im ersten Teil der *Essais*, und zwar in einem der entstehungsgeschichtlich zentralen Abschnitte über die Freundschaft, räumt Montaigne ein, nachdem er gerade noch Frauen aus dem Bund der Freundschaft ausgeschlossen hat, weil die weibliche Seele zu einer solchen Verbindung nicht stark genug sei, dieses Geschlecht sei jedenfalls »noch« durch kein Beispiel dorthin gelangt.

Diese unscheinbare adverbiale Umstandsangabe ist methodisch entscheidend. Recht besehen ist das, was Montaigne in seinen *Essais* über Frauen behauptet, von Vorurteilen keineswegs frei. Auch Montaigne geht als Autor seiner Zeit von der Wirklichkeit aus und spricht über sie. Er beschreibt, was er sieht, aber er nagelt sein Urteil nie auf die Tatsachen fest. Entscheidend ist in dem Passus über die Freundschaft das Wörtchen »noch«, mit dem Montaigne bekennt, dass selbst wenn er sich an die Erfahrungen hält, diese doch nie ein endgültiges Urteil erlauben. Im Unterschied zu seinem Zeitgenossen Bodin presst Montaigne seine Erfahrungen nicht dadurch in unveränderliche Naturgesetze, dass er jeder Abweichung nachstellt. Aber anders als fünfzig Jahre später sein Landsmann Descartes versucht Montaigne den Zweifel methodisch nicht dadurch zu bannen, dass er Veränderungen durch Abstraktion übergeht. Montaigne begleitet die Erfahrung des Umbruchs, indem er seine Erkenntnis stets offenhält. Wenn sich die Zeiten ändern, muss auch das Denken veränderbar sein, nicht etwa, indem es sich diesen Zeiten anbiedert, sondern indem es sich selbst auf die Schliche kommt. Insbesondere das dritte und letzte Buch der *Essais* ist beispielhaft dafür, dass Montaigne die Unsicherheit der Urteilskraft methodisch aktiviert und kritisch auf zeitgeschichtlich relevante Fragen bezieht. Im Essay »Über die Kutschen« kritisiert Montaigne mit ungewöhnlicher Schärfe und großem Bedauern das Verhalten der Europäer in der neuen Welt:

> »Wer hat jemals den Nutzen der Kaufmannschaft und des Handels so hoch gesetzt, des Perlen- und Pfefferhandels wegen so viele Städte zu schleifen, so viele Nationen aus zu rotten, so viele Millionen Menschen nieder zu machen, und den reichsten und schönsten Theil der Welt zu verwüsten! Niederträchtige Siege! Niemals hat der Ehrgeiz, niemals hat eine öffentliche Feindschaft, die Menschen, so schröckliche Feindseligkeiten aus zu üben, und so kläglicheres Unheil zu verursachen, angetrieben.«[62]

Unmittelbar vor der Abhandlung über die Gräueltaten der Europäer in der Neuen Welt befindet sich einer der drei längsten Essays dieses Buches mit dem Titel »Über einige Verse des Vergil«. Montaigne nimmt in diesem Essay Aussagen von Vergil über die eheliche Liebe zum Anlass, um über Liebe und Leidenschaft, die Ehe und über Frauen zu sprechen. Montaigne ist von den Versen des römischen Dichters überrascht: Leidenschaft und Ehe scheinen dem Edelmann des sechzehnten Jahrhunderts anders als dem römischen Dichter unvereinbar. Eine gute Ehe, behauptet Montaigne, verzichtet bewusst auf die Leidenschaft, um die Verlässlichkeit der Beziehung umso sicherer zu haben, die, wie Montaigne an dieser Stelle seiner Niederschrift immerhin meint, am ehesten noch mit der Freundschaft vergleichbar sei. Nur er selbst, Montaigne, sei für diese Art Freundschaft nicht so gut geeignet, da »ausschweifende Gemüther«, wie das seinige, Zwang und Verbindlichkeit scheuen, auch wenn der Autor im nächsten Satz einräumt, die Gesetze des Ehestandes strenger beachtet zu haben, als er es je versprach oder sich selber vornahm.[63]

Interessant ist dieser Essay in unserem Zusammenhang gleichwohl weniger wegen dieser Selbstbekenntnisse und der Überlegungen über Liebe und Ehestand als wegen der Aussagen, die der Philosoph über Frauen und das Geschlechterverhältnis macht. Wir sahen bereits, dass Montaigne ein zeittypisches Urteil über Frauen fällt und ein ebenso zeitverhaftetes Verhalten gegenüber Frauen hat. Seiner eigenen Mutter steht er derart fern, dass er die hochbetagte Frau, die ihren Sohn überleben wird, in den *Essais* ganz und gar ignoriert. Das Verhältnis zu seiner Gattin Françoise de la Chassaigne zeugt allenfalls von respektvollem Einvernehmen. In die Erziehung seiner Tochter Léonor, der einzigen von sechs Kindern, die das Säuglingsalter überlebt, mischt er sich selbst dort nicht ein, wo ihn die Fehler in dieser Erziehung schockieren. Denn er betrachtet diese Erziehung als Frauensache. Hat einer, der so denkt, dennoch etwas über Frauen zu sagen?

Wer die Frage so stellt, wird keine allzu vorteilhafte Antwort bekommen. Cécile Insdorf hat in ihrer Dissertation über *Montaigne and Feminism* zahlreiche Beispiele zusammengetragen, die zeigen können, dass Montaigne nach unseren eigenen Standards ein Antifeminist ist.[64] Schon nach unseren heutigen Maßstäben, was übrigens auch die Arbeit von Insdorf zeigt, ist es allerdings problematisch, bei diesem Ergebnis stehen zu bleiben. Schauen wir uns den Essay über Vergil genauer und nicht mit der Brille unserer eigenen Erwartungen an, können wir nämlich sehen, dass Montaigne hier eine Art Grundstein feministischer Denkungsart legt. Wenn wir die Frage stellen, *was* Montaigne über Frauen sagt, greifen wir methodisch gleich im Ansatz zu kurz. Gerade die Kritik an einer solchen Herangehensweise war der Anstoß und Hintergrund für Simone de Beauvoirs These, dass Frauen nicht als Frauen geboren, sondern zu Frauen gemacht worden sind. Auch Montaigne fragt nicht primär, *was* Frauen sind, sondern er fragt, *wie* aus weiblichen Kindern die Frauen entstehen, die er aus eigener Erfahrung kennt und beschreibt. Zwei zentrale Punkte stehen bei seiner Analyse im Vordergrund. Der erste Punkt sind die geschlechtsdifferenten Gesetze und moralischen Vorschriften der Männer, die diese selbst zwar niemals befolgen, aber ihren Töchtern und Frauen umso strikter verordnen. Montaigne tadelt die Ungleichheit der Moralgesetze für Mann und Frau besonders in der Keuschheitserwartung: Keine Leidenschaft sei so gewaltig wie das sexuelle Begehren, keine sei daher so schwer zu zügeln wie diese; dennoch hielten Männer weibliche Unkeuschheit »für ärger als Ketzerey und Todschlag: und begehen es doch selber, ohne uns für schuldig zu halten, oder einen Vorwurf zu machen«.[65] Die Geschlechterdifferenz beruht auf einer Doppelmoral, die Frauen für das bestraft, wozu sich Männer wie selbstverständlich die Freiheit nehmen. Das ist sowohl aus moralischen Gründen verwerflich, als auch in einem außermoralischen Verständnis ein männlicher Fehltritt, der sich letztlich zum Nachteil des Mannes auswirkt. Gesetze wider die Natur des Menschen haben nicht den Erfolg, den sie haben sollen. Fordert man(n) durch die strengen Gesetze nicht implizit ein Verhalten der Frauen heraus, das man(n) durch die Gesetze vereiteln wollte? Sind die Gesetze der Männer selbst daran schuld, »dass die Weiber diesem Laster viel heftiger und sündlicher nachhängen, als sie für sich selbst thun würden«? Sollten sich Männer nicht doch die Frage stellen, ob Frauen es nicht vorzögen, wie Männer Prozesse zu führen und in Kriege zu ziehen, »wenn sie sich nur nicht bey müßigen und vergnüglichen Tagen so strenge halten sollten«?[66]

Montaignes herausfordernde Frage ist, ob nicht erst die Männer und ihre Gesetze aus weiblichen Wesen die Frauen machen, die Männer verachten und mit männergemachten Gesetzen bestrafen. Das fängt bereits in der frühen Erziehung der Mädchen an. Montaigne beschrieb im ersten Buch der *Essais* die wohltuend freie und persönlichkeitsorientierte Erziehung, die ihm einst sein Vater zuteil werden ließ. An sich selbst hat Montaigne erfahren, was eine Erziehung zur Freiheit und zum eigenen Urteil bedeutet. In den späten Überlegungen über Liebe und Ehe führt diese Freiheit des Urteils nun zur Erkenntnis, von welchen Widersprüchen die Erziehung der Mädchen geprägt ist. Einerseits werden sie seit ihrer Kindheit auf Liebe abgerichtet. »Ihre Schönheit, ihr Putz, ihre Wissenschaft, ihre Reden, alles, was sie lernen, hat diesen Endzweck«.[67] Andererseits führt eben diese Erziehung die jungen Frauen in höchste Konflikte, wenn sie sich in der Liebe, die man ihnen als ihr Ein und Alles eingefleischt hat, mehr als die Männer mäßigen sollen. Der Text bringt den Widerspruch auf den Punkt: Frauen sollen zugleich heiß und kalt sein. Das Double-bind einer Erziehung, die erst die Leidenschaften und die Einbildung schürt und dann die Sexualität der Frauen tabuisiert, disponiert das weibliche Geschlecht zur moralischen Schizophrenie. Eine verrückte Erziehung verdreht Frauen den Kopf, und diejenigen, die an dieser Verrücktheit der männlichen Normen zugrunde gehen, werden bestraft und aus der Gesellschaft verstoßen. Montaigne schwingt sich nicht zum Schulmeister der Frauen auf. Aber er fragt, ob es da nicht sehr viel besser wäre, Platon zu folgen, der in seiner Republik beide Geschlechter »ohne Unterschied zu allen Wissenschaften, zu allen Übungen, zu allen Bedienungen und Ämtern so wohl zu Frieden- als Kriegszeiten« zulässt? Wenn »Knaben und Mädgen in einen Haufen geworfen werden, und man den Unterricht und die Lebensart ausnimmt«, sei der Unterschied der Geschlechter, behauptet Montaigne gar, nicht eben sehr groß. Wir müssen uns erinnern, dass ein Zeitgenosse von Jean Bodin diese These wagt. Der letzte Satz des Essays lautet an die Männer gewendet: »Es ist viel leichter das eine Geschlecht zu beschuldigen, als das andere zu entschuldigen«.[68] Es kommt immer darauf an, welche Perspektive derjenige innehat, der vom anderen Geschlecht spricht. Montaignes Perspektive ist offen: Darum ist das Verhalten des eigenen Geschlechtes unentschuldbar.

II. »Wenn Sokrates eine Frau gewesen wäre ...« – Leben in der Möglichkeitsform

1. Ohne Beispiel: Der Vorbehalt des Michel de Montaigne

Nicht nur im Vergleich mit der misogynen Haltung seines Zeitgenossen Jean Bodin, sondern auch im Verhältnis zu früheren Vorbehalten Montaignes ist die kritische Kommentierung der Geschlechterdifferenz und die Anerkennung der Geschlechtergleichheit im Essay »Über einige Verse des Vergil« bemerkenswert. Daraus lässt sich schließen, dass Montaigne im Zeitraum zwischen 1572/73, als der größte Teil der Versuche des ersten Buches entsteht, und dem Jahr 1588, in dem eine um das dritte Buch ergänzte Neuauflage der *Essais* mit den zitierten Kapiteln über die Hexen und über die Liebe erscheint, sein Verständnis vom Geschlechterverhältnis auf einer theoretischen Ebene überprüft und Korrekturen unterzieht. Montaigne hält an der empirischen Differenz der Geschlechter zwar fest, weshalb er seinen Rat an die wohlgeborenen Damen, sich weniger Gelehrsamkeit einzuverleiben und mehr ihre natürlichen Schätze zur Geltung zu bringen, niemals zurücknimmt. Den Frauen, die von der Lektüre partout nicht lassen können, empfiehlt Montaigne die Feinsinnigkeiten und Kunstfertigkeiten der Poesie.[1] Auch seine mit zunehmendem Alter erweiterte Lebenserfahrung lässt den Philosophen in seinem praktischen Urteil über das weibliche Geschlecht allenfalls unmerklich schwanken. Dennoch beurteilt Montaigne die Entstehung der Unterschiede zwischen den Geschlechtern im Kommentar zu Vergil selbstkritisch neu, indem er im Verhalten der Frauen die Folgen einer von Doppelmoral geprägten weiblichen Erziehung in einer von Männern beherrschten Gesellschaft erkennt.

Ganz auf der Linie dieses empirisch noch unausgewiesenen theoretischen Wandels liegt ein Zusatz, der in der drei Jahre nach Montaignes Tod herausgegebenen und, wie es auf dem Titelblatt heißt, um ein Drittel erweiterten Neuauflage von 1595 im zweiten Buch der *Essais* erstveröffentlicht wird, wo Montaigne nämlich berichtet, dass er im Alter von fünfundfünfzig Jahren die Bekanntschaft einer jungen Verehrerin machte, welche trotz ihrer Jugend erkennen ließ, dass sie dereinst zu jener erhabenen Freundschaft imstande sein werde, die nach übereinstimmendem Urteil aller Philosophen bislang nur Personen männlichen Geschlechts, und auch ihnen nur äußerst selten, vergönnt war. Im Abschnitt über die Freundschaft hieß es diesbezüglich, dass »die geistigen Gaben der Frauen gemeinhin nicht zu jenem Gedankenaustausch und Umgang hinreichen, aus dem diese heilige Verbindung erwächst; noch scheint ihre Seele stark genug, um die Spannung eines so fest geknüpften und so dauerhaften Bandes zu ertragen«.[2] Im Zusatz von 1595 hat dieses ältere Urteil seine Geltung verloren. Montaigne ergeht sich in Lobeshymnen über die außergewöhnlichen Fähigkeiten von Marie de Gournay:

> »Ich habe bei verschiedenen Gelegenheiten gern kund getan, welche Hoffnung ich in Marie de Gournay le Jars setze, die ich in geistiger Verbundenheit als Tochter angenommen habe und gewiss mehr als väterlich liebe und als einen der besten Teile meines eigenen Wesens in meine Zurückgezogenheit und Einsamkeit hinein nehme. Ich sehe in der Welt nur noch sie. Wenn die Jugend eine Voraussage möglich macht, dann wird diese Seele eines Tages zu den schönsten Dingen, unter anderem zur Vollkommenheit der allerheiligsten Freundschaft fähig sein, obwohl bislang nirgends zu lesen war, dass ihr (weibliches) Geschlecht dergleichen schon erreichte. Die Aufrichtigkeit und Festigkeit ihrer Sitten sind schon jetzt derart zufriedenstellend, ihre Zuneigung zu mir ist so überströmend und voller Erfüllung, dass nichts weiter zu wünschen bleibt, als dass die Furcht, die sie vor meinem Ende hat, da ich bei unserer ersten Begegnung schon fünfundfünfzig Jahre alt war, sie weniger grausam heimsuchen möge. Das Urteil, das sie als Frau, und dann in diesem Jahrhundert, und so jung und allein in ihrer Gegend über meine ersten *Versuche* fällte und das außerordentliche Ungestüm, mit dem sie bloß aufgrund ihrer Wertschätzung und ohne mich noch gesehen zu haben, in dauerhafter Liebe zu mir entbrannte und nach mir verlangte, ist eine Begebenheit, die sehr beachtenswert ist.«[3]

Allein aus biographischen Gründen hat der geschilderte Sachverhalt einige Aufmerksamkeit auf sich gezogen, nicht nur weil er als spätes Glanzlicht Montaignes letzte Jahre erhellt, sondern sein Lebenswerk der Versuche auch formvollendet. Schon in jungen Jahren hatte Montaigne ja eingeräumt, dass die Möglichkeit, »eine solche freie und zwanglose Gemeinschaft zu schließen, in der nicht nur die

Seelen diesen völligen Genuss fänden, sondern auch die Körper ihren Teil an der Vereinigung hätten, und welcher der ganze Mensch sich hingeben würde«[4], die Freundschaft gewiss noch vollkommener mache. Nun sagt Montaigne nicht, er habe als alter Mann bei Marie de Gournay jenes doppelte Maß an Erfüllung gefunden, das er in der Lebensmitte hypothetisch nannte, doch in Wirklichkeit ausschloss. Auch der altersreife Montaigne ist bloß zuversichtlich geworden. Dennoch ist sein Urteil derart, dass es den frühen Vorbehalt gegenüber Frauen im Rückgang auf den erotischen Kernimpuls der *Essais* aufhebt. Aus einer Möglichkeitsform des Denkens wurde eine vom Leben geschriebene, in die Gegenwart schon hineinreichende Wirklichkeitsform, die aller bisherigen Erfahrung strikt widerspricht. Montaigne erkennt nun, dass die Weltweisen seit ewigen Zeiten im Unrecht sind, und bekundet dies, selber weise, mit seinem Buch aller Welt.

Klar ist, dass es sich um Montaignes persönliches Urteil handelt. Dennoch korrigiert dieses Urteil nicht bloß eine persönliche Lebensauffassung. Montaigne befindet sich auch als Privatmann seiner Erfahrung im historischen Zeugenstand. Was er sagt, steht in den *Essais* als ein Aussagesatz. Bislang hatte es in der Geschichte kein Beispiel gegeben, wonach Frauen zur Freundschaft imstande waren. Nun gibt es eine Erfahrung, Montaigne kann es bezeugen, die das einstimmige Verdikt der Weltweisen über das Unvermögen der Frauen zur Freundschaft widerlegt. Montaigne ergänzt sein Eingeständnis männlicher Schuld am Charakter der Frauen durch das Zeugnis einer Frau, die er namentlich nennt, welche anders sei, als die Männer und eine von Männern geschriebene Geschichte der Frauen behaupten. Montaigne kennt diese Frau nicht vom Hörensagen. Vielmehr kann er, Montaigne, sich für das neue Urteil persönlich verbürgen. Schon ein einziges Gegenbeispiel bringt die Erblast der Vorurteile aber in Misskredit und im Endeffekt schließlich zu Fall. Seit der Antike galt die Geschlechterordnung als Paradebeispiel für das Gesetz des Stärkeren der Natur, weil und solange es keine Ausnahme gab. Nun hat die Natur einen Sprung gemacht. Fortan steht auch das Naturgesetz unter dem Vorbehalt eines Konjunktivs.

Tatsächlich verfolgt Montaigne seit dem ersten Buch der *Essais* die methodische Spur dieser Möglichkeitsform mit der ontologischen Reserve eines *Noch nicht*, die seine Versuche mit Erwartungen und einem Verlangen nach Neuem speist. Eben diese Versuche

Abb. 3: Michel de Montaigne, der geistige Vater von Marie de Gournay

»Toy qui par la beauté des Essais admirables
Non veu, loin de ma terre, en lieux inabordables,
Me ravis dès le bers l'ame et la volonté:
Mon pere permets-moy qu'en sa carte immortelle
J'engrave icy ce vers qui s'eternise en elle:
Montaigne escrit cecy, Jupiter l'a dicté.«
(Marie de Gournay, Bouquet de Pinde)

zielen statt auf objektives Wissen auf eine Geisteshaltung, die dem Umbruch der Zeiten theoretisch korrespondiert. Da Montaigne nur Erfahrungen traut, weiß er, dass erst das Leben eine neue Wirklichkeit schreibt. Dennoch behauptet Montaigne, das Buch verfasse zugleich seinen Autor, so als entstehe der Autor erst als ein Geschöpf seines Werks. Verstehen wir die fortwirkende große Botschaft dieses Gedankens? Müssen wir nicht davon ausgehen, dass Montaignes offene Lesart der Realität nicht bloß für Überraschungen seiner Zeit offen ist, sondern auf Boten und Botinnen einer neuen Welt gleichsam harrt und sie voller Erwartung herbeizitiert? Ist gar, im Unterschied zu dem, wovon der Autor zunächst ausging, das vorbildliche Zeugnis der Marie de Gournay Bestandteil und Effekt einer Versuchsanordnung, die von den *Essais* selbst inszeniert wird? Drängt der Konjunktiv des noch jungen Montaigne, wonach eine Freundschaft unter Einschluss der körperlichen Liebe gewiss vollkommener wäre, nicht geradezu auf die Entstehung und auf den Versuch des noch ungeschehenen Sachverhalts? Das Buch schreibt den Autor, aber ein Buch, das gelesen wird, schreibt auch den Leser und in diesem Fall seine Leserin. Ein junges Mädchen hat per Zufall die *Essais* in der Erstfassung von 1580 kennen gelernt, ist davon hingerissen und hat von nun an keinen größeren Wunsch, als dem Autor dieses Buches selbst zu begegnen.[5] So ungefähr beginnt die Geschichte der neuen Versuchsanordnung, bei der sich die Gedanken des Autors und seiner Leserin treffen und Schritt für Schritt nahtlos verschmelzen.

*

Der zitierte Abschnitt aus dem Kapitel über den Hochmut im zweiten Buch der *Essais* bezeichnet das Mädchen Marie de Gournay le Jars als die *fille d'alliance* von Montaigne.[6] Es ist nicht ganz einfach, diesen Begriff richtig zu übersetzen. Johann Daniel Tietz wählt in seiner Erstübertragung ins Deutsche aus dem Jahr 1753 die Formulierung *an Kindes statt angenommen* und schränkt eben damit die Idee der Vereinigung und der wechselseitigen Verbindung zweier Seelen zur heiligen Allianz der Freundschaft sinnwidrig ein.[7] Diese Sinnwidrigkeit wird schon im Kontext des weiteren Absatzes deutlich, in dem die Rede davon ist, dass Marie de Gournay von ihrem geistigen Vater gewiss sehr viel mehr als väterlich geliebt wird (»certes aymée de moi beaucoup plus que paternellement«), so wie auch die Zuneigung der jungen Frau zu dem älteren Herrn mehr als überschwänglich genannt werden müsse. Beide Aussagen könnten für sich genommen leicht falsch verstanden werden. Wie sie gemeint sind, erläutert indessen der Kontext. Marie de Gournay, heißt es in Übereinstimmung mit der oben zitierten Bekundung weiter, liebte Montaigne und verlangte nach ihm, lange bevor sie ihn sah und persönlich kannte. So wie die junge Frau Montaigne primär als den Vater seiner *Essais* und nicht als geschlechtlich assoziiertes männliches Wesen begehrte, so liebt Montaigne Marie de Gournay nicht bloß mit der Schuldigkeit eines natürlichen Vaters, sondern in Anerkennung einer Seelenverwandtschaft trotz ihrer Jugend und trotz ihres Geschlechtes. Nichts ist an dieser Liebe also normal und natürlich. Vielmehr ist sie in doppelter Hinsicht ein Kunstprodukt. Denn die *Essais* setzen sich nicht nur als Passion zwischen Autor und Leserin fort, sondern fordern als Kontrapunkt eine junge weibliche Stimme heraus, die Montaignes Worte übernimmt und zugleich überformt. Als neuer Versuch entsteht das Kapitel der Selbstinszenierung einer Frau als *fille d'alliance*.

Indes bleibt das Verständnis dieser Verwandtschaftsformel und des auf Marie de Gournay bezogenen Abschnitts ohne den Hintergrund des zentralen Kapitels über die mustergültige Freundschaft, die Montaigne mit Etienne de la Boétie verband, oberflächlich. Montaigne beginnt zu schreiben, wenige Jahre nachdem das Gespräch mit dem Freund durch dessen frühzeitigen Tod für immer abbrach. Etienne de la Boétie stirbt im Jahr 1563 erst dreiunddreißigjährig nach einer plötzlichen Krankheit. Montaigne entschließt sich sieben Jahre später zum Rückzug von seinen Aufgaben als Parlamentsrat in Bordeaux und leistet von nun an in seinem Turmverlies Trauerarbeit. Ausgerechnet in der Isolation des Schreibens, in der Montaigne nach dem Verlust des Freundes das Zwiegespräch fortsetzt, wiegt Montaigne die halbierte Lebenswirklichkeit (il me semble n'estre plus qu'à demy) wieder auf.[8] In der Konversation mit schweifenden Erinnerungen und weltoffenen Gedanken hätte das Leben des Seigneurs aus dem Perigord am Ausgang des sechzehnten Jahrhunderts langsam ausklingen können. Aber fünfundzwanzig Jahre nach dem Tod des Freundes verwickelt Montaigne in seinen gedanklich bewegten freiwilligen Rückzug nun doch noch eine junge, ihn glühend verehrende Dame.

Die Textpassagen über die erste und zweite Freundschaft Montaignes lassen erkennen, dass zwischen den beiden einzigartigen Begegnungen im Leben Montaignes eine zur Kunstform gestaltete Symmetrie besteht. Erstens befindet sich die Stelle, an der Montaigne auf Marie de Gournay zu sprechen kommt, nur wenige Seiten nach einem kurzen Abschnitt, der den früh verstorbenen Freund rühmend hervorhebt. Er war der größte Mann, bestätigt Montaigne noch einmal, den er persönlich kannte: »Dieser besaß wahrhaftig eine recht vollkommene Seele«.[9] Zweitens entsprechen sich die Begriffe zur Charakterisierung der jeweiligen Freundschaft. Eine einzigartige und vollkommene Freundschaft nennt Montaigne die Allianz mit La Boétie; zu eben derselben Allianz, nämlich zur Vollkommenheit der allerheiligsten Freundschaft, wird nach dem Urteil der späteren Textstelle auch Marie de Gournay einst imstande sein. Drittens ist der jeweilige Ausgangspunkt für die Verbindung der Seelen hier wie dort ein der realen Begegnung vorauseilendes, an den Schriften des Älteren entzündetes Verlangen des Geistes. Diese Parallelität in der Begründung der Freundschaft ist besonders aufschlussreich, da die Schilderung der Beziehung zu Marie de Gournay die Erstbegegnung mit La Boétie in gewisser Weise sogar korrigiert. Im Essay über die Freundschaft suggeriert Montaigne, die beiden jungen Männer hätten sich, noch bevor sie sich sahen (avant que de nous estre veus), gesucht und in ihren Namen (als Autoren) umarmt. Aber nur La Boétie hatte zu diesem Zeitpunkt durch seinen »Traktat von der freiwilligen Knechtschaft« bereits einen Namen, so dass zu vermuten ist, dass vor allem Montaigne als der jüngere die Freundschaft betrieb, so wie auch Marie de Gournay Montaigne schon liebte und nach ihm verlangte, lange bevor sie ihn sah (avant m'avoir vu), allein weil die Schönheit der *Essais* sie entzückte.[10] Hier wie dort basiert die Festigkeit der Allianz auf dem Hochgefühl einer seelischen Verschmelzung, bei der sich der eine ganz in den anderen versetzt. Hier wie dort entzündet sich die Macht des Eros in der Grunderfahrung einer Geistesverwandtschaft, welche die körperliche Trennung im nahtlosen Verständnis des anderen überwindet: »In der Freundschaft, von der ich spreche, mischen und vereinigen sich beide in dermaßen völliger Verschmelzung, dass sie ineinander aufgehen und die Naht, die sie verbindet, nicht mehr finden«.[11]

Die extreme Innigkeit dieser Allianz zeichnet sie vor den normalen freundschaftlichen Beziehungen aus. Vieles spricht indes auch für die Vermutung, dass die vorgängige Wahrnehmung einer geistigen Kluft zu den Menschen der näheren natürlichen Umgebung die gesteigerte Sehnsucht nach einem, der ähnlich ist, erst hervorruft. Die Vorerfahrung der eigenen Verschiedenheit und die Einzigartigkeit der Freundschaftsbeziehung hängen strukturell ebenso zusammen wie eine durch diese Freundschaft gesteigerte Angst, den einzigartigen Freund zu verlieren. Auch hier gibt es eine Analogie in den Beziehungen von Montaigne zu Marie de Gournay und La Boétie. Denn der Tod ist nicht nur die Grenze der Kommunikation zweier Seelen, sondern wirft bereits seine Schatten voraus. Man muss den eigenen Tod nicht fürchten, sagt Montaigne in einem der ersten Essays, wohl aber den des Freundes. Im frühen wie späten Mannesalter, mit sechsundzwanzig so wie mit fünfundfünfzig Jahren, beginnt die Freundschaft zu spät und in der Besorgnis über die Kürze der ihr gestundeten Zeit. »Nur vier Jahre ist er mir geblieben, nicht länger als ihm La Boétie«, klagt Marie de Gournay in dem langen Vorwort, das sie der Ausgabe der *Essais* von 1595 voranstellt.[12]

2. Wunscherfüllung der Marie de Gournay:
   Weiterleben und zweite Geburt

Auch das weitere Lebenswerk der *fille d'alliance* gestaltet sich nach dem Tod Montaignes analog dem Buch des Lebens, das dieser nach dem Tod seines Freundes schrieb, als beharrliches Zeugnis einer fortgeschriebenen Beziehungsgeschichte. Über den Tod hinaus hat Marie de Gournay ihren geistigen Vater dauerhaft an sich gebunden. Bis ins hohe Alter hat die Dame Gournay in unermüdlichem Eifer die *Essais* neu ediert und nicht nur Montaigne damit ein Denkmal gesetzt, sondern sich selbst an dessen Sockel für die Nachwelt verewigt. Marie de Gournay hat sich selbst zur geistigen Tochter gemacht, war aus eigener Wahl ein Produkt der Versuche Montaignes geworden. Schon als junge Frau war sich Marie de Gournay dieser zweiten Geburt wohl bewusst, wenn sie über den Charakter der geistigen Herkunft nachdenkt. Platon, schreibt sie in ihrer Erstlingsschrift *Le Proumenoir de Monsieur de Montaigne* (Der Spazierweg des Herrn von Montaigne), kenne zwei Arten der Liebe, eine vulgäre und eine himmlische, die vulgäre sei ein Abkömmling der geschlechtlichen Liebe und trage in sich den Trieb zur Vereinigung der Geschlechter, die himmlische Liebe sei hingegen die mutterlose Tochter des Himmels, die ihrerseits die Liebe der Tugend begehrt.[13] Marie de Gournay beansprucht genau diesen Status der himmlischen Tochter, die gegen den Willen der leiblichen Mutter ein Geschöpf der Versuche ihres vergötterten Vaters ist und in der Allianz mit ihm sich der Tugend verschreibt. Es bedarf keiner großen Phantasie, um sich vorzustellen, dass die Beziehung zwischen dem alternden Philosophen und dem jungen Mädchen Anlass für manches Gerede war. Schon darum war Marie genötigt, nach dem Tod Montaignes die Eigenart ihres Verhältnisses ins rechte Licht zu rücken und öffentlich zu erklären. Die erste Darstellung dieser Art erfolgt im *Proumenoir*, einer Schrift, die erstmals zwei Jahre nach dem Tod des Edelmanns erscheint, nach den Angaben der Autorin aber einige Jahre zuvor verfasst worden war. So jedenfalls steht es in einem dem Buch vorangestellten Brief (»Epistre sur le Proumenoir de Monsieur de Montaigne«), der in der Erstausgabe von 1594 das Datum vom 20. November 1588 trägt. »Mein Vater«, beginnt die Epistel, »Ihr hört wohl, dass ich dies als Euer *Proumenoir* bezeichne, weil, als wir vor drei Tagen zusammen spazieren gingen, ich Euch die folgende Geschichte erzählte«.[14] Die Schreiberin erklärt, sie lasse die Erzählung vom Spaziergang nun schriftlich folgen, damit Montaigne die Möglichkeit habe, sie auf Mängel dieser Geschichte hinzuweisen, die man beim mündlichen Vortrag leicht überhört. Marie de Gournay erwartet also eine kritische Durchsicht des Erstlingswerks, fürchtet jedoch, dass das väterliche Wohlwollen die Fehler entschuldigen und unerwähnt lassen werde.

Wir haben weder aus Briefen noch aus schriftlichen Anmerkungen zum Text Hinweise, dass der Meister dem Wunsch der jungen Autorin entsprach. Wir wissen auch nicht, ob wir der Mitteilung von Marie de Gournay trauen können, Montaignes Familie habe das Manuskript nach dem Tod des Philosophen zurückgesandt, damit es ihm zu Ehren veröffentlicht werde.[15] Wir können noch nicht einmal sicher sein, ob die Epistel den geistigen Vater jemals erreichte oder ob sie bloß eine literarische Fiktion ist. Jean-Claude Arnould zieht in seiner textkritischen Edition auch die Abfassung des *Proumenoir* nach Montaignes Abreise aus Gournay in Zweifel. In der Tat gibt es etliche, durch Marie de Gournay selbst verschuldete Unklarheiten bei der Herausgabe ihres literarischen Erstlings. Zu der Unbestimmtheit des Entstehungsdatums und der Unsicherheit über eine mögliche Reaktion Montaignes kommt das seltsame Vergessen des Namens von Claude de Taillemont, dessen *Discours des Champs faëz* die literarische Vorlage der Erzählung bilden.[16] Claude de Taillemont, ein junger Lyoner Autor, Günstling von Jeanne d'Albret von Navarra, der die Lyoner Dichterin Louise Labé gekannt und beeinflusst haben dürfte, veröffentlichte seine Schrift im Jahr 1553 und zwar zur Ehre und Lobpreisung der Liebe und der Damen (»à l'honneur, et exaltation de l'Amour et des Dames«) und als entschiedener Verfechter der geistigen Bildung von Frauen.[17] Marie de Gournays Erzählung lehnt sich eng an den zweiten *Discours* von Taillemont an, während die theoretische und politische Position des *Proumenoir* vor allem mit der ersten gegen die Tyrannei der Männer gerichteten Rede von Taillemont übereinstimmt, die den Standpunkt vorträgt, den auch Marie de Gournay ihr Leben lang teilen wird: Wenn Frauen wie Männer unterrichtet würden, könnten sie mehr und anderes bewerkstelligen, als bloß den Haushalt zu machen und Garn zu spinnen.[18] Taillemonts Text ist für Marie de Gournay nicht bloß Erzählvorlage, die sie erweitert und neu akzentuiert, sondern in der Erinnerung an die große *Querelle* in der Mitte des sechzehnten Jahrhunderts auch Wegweiser und Programm.

Umso mehr überrascht, dass die junge Adeptin den Namen des Autors unerwähnt lässt und die Nacherzählung seiner Geschichte mit dem Ruf und Ruhm von Montaigne verknüpft. Der Titel *Le Proumenoir de Monsieur de Montaigne* erscheint auf den ersten Blick wie eine Fehlanzeige. Es gibt Vermutungen, die ehrgeizige junge Frau habe unter der Patronage von Montaignes Namen gehofft, ihr Debut als Literatin besser starten zu können.[19] Es ist nicht zu leugnen, dass weitere Aussagen von Marie de Gournay dieser Unterstellung von Arnould und anderen nicht widersprechen. Marie de Gournay suchte die Anerkennung Montaignes und anderer kluger Männer und setzte alles daran, sie auch zu erringen. In ihrem späteren autobiographischen Gedicht »Peinture de mœurs« (Sittengemälde), gibt sie offen zu, den Fehler zu haben, ein wenig den Ruhm zu lieben (»d'aimer un peu la gloire«).[20]

Indessen ist schon genauer zu fragen, wieso die junge Frau mit einem falsch plazierten Titel erwarten konnte, bei Montaigne und anderen Zeitgenossen die erwünschte Anerkennung zu finden. Begeht die Autorin nicht bereits mit der Wahl dieses Titels ihren ersten schwerwiegenden Fehler? Verstellt der Name Montaignes nicht das Verständnis der tragischen Liebeshandlung und belastet die Qualität der Erzählung mindestens ebenso sehr wie die in den Roman eingeschobenen theoretischen Passagen? Jean-Claude Arnould, Herausgeber des *Proumenoir* wie auch der *Discours des Champs faëz* macht Marie de Gournay entsprechende Vorwürfe.[21] Tatsächlich greift die Debütantin zu einer Erzählform, in der moralische und politische Diskurse das gefesselte Leserinteresse immer wieder unterbrechen. Gewiss, schon Taillemont gliederte sein Buch in Diskurse und erörterte moralische und soziale Fragen; insofern ist die literarische Mischform, die Marie de Gournay in einem späteren Vorwort als diskursiven Roman (roman discourant) tituliert, keineswegs neu oder einzigartig.[22] Einzig originell ist der Titel des Werkes. Macht er allein aus der bloßen Nacherzählung und Adaption einen neuen Text von Gewicht? Es scheint zumindest, dass Marie mit ihrem Erstling mehr auf dem Herzen hat, als ihrem abwesenden Vater eine kleine Geschichte in Erinnerung zu rufen, die sie ihm auf einem ihrer Spaziergänge vortrug. Gewiss ist das Herz der jungen Frau nach dem Abschied schwer, so dass die Niederschrift von der Last der Trennung befreit. Auch diese Schrift leistet Trauerarbeit. Aber blieb da nicht außerdem etwas ungesagt, was gesagt und nicht nur gesagt, sondern aufgeschrieben und nicht nur aufgeschrieben, sondern veröffentlicht werden muss, wozu Marie de Gournay nun das maßgebliche Urteil ihres Vaters herbeizitieren möchte?

Die Forschungsliteratur zum *Proumenoir* nimmt die von Marie de Gournay zur Wahl des Titels gegebenen Erläuterungen gemeinhin nicht ernst, sondern unterstellt, dass für die junge Autorin allein taktische Gründe bestimmend waren. So gesehen hätten Titel und Inhalt der kleinen Schrift nichts miteinander zu tun. Richtig ist, dass der Titel auf ein Geschehen weist, das im weiteren Text in den Hintergrund tritt. Nur die Epistel erläutert den Titel, der, so scheint es, der Romanhandlung äußerlich bleibt: Marie de Gournay geht mit Montaigne spazieren. Schreibend erinnert die junge Frau sich und ihren wieder fern weilenden Begleiter an ihren gemeinsamen Streifzug. Trägt dieser Spaziergang, das ist die entscheidende Frage, etwas zur Sache bei? Ist er Bestandteil des Buches und der Titel ein Fingerzeig der Autorin, mit dem sie in die Lektüre einweist, oder ist das Werk ein bloßes Versatzstück aus falschem Titel, brieflichem Vorspann, Erzählhandlung und eingestreutem Diskurs? Welche literarische Norm erlaubt den Interpreten und Interpretinnen, die Metaerzählung am Beginn des Buches im Verlauf des Romans als nebensächlich beiseite zu schieben und schlicht zu vergessen? Sind nicht eben Titel und Epistel Wegweiser für die Lektüre dessen, was folgt?

Abb. 4: Marie de Gournay als junge Frau
Stich von Jean Matheus, Frontispiz der 2. Auflage von *Les Advis* (1641)

Wir wissen nicht, ob die Uferwege am Flüsschen Aronde noch im Hochsommerlicht flimmern, wie die Reisetätigkeit von Montaigne im Jahr 1588 nahe legen könnte, oder ob sich das Laub bereits färbt und Nebelschwaden morgens und abends vom Wasser aufsteigen, wie Marie de Gournays eigene Datierung andeutet. Aber wir sehen in aller biographisch nie weiter aufgehellten Undeutlichkeit vor unserem geistigen Auge doch den älteren Mann und die junge Frau, die sich zur Kurzweil bei ihren Promenaden Anekdoten erzählen und angeregt unterhalten. Das ungleiche Paar ergeht sich in Gedanken. Ist es ein Zufall, dass unsere Sprache die Möglichkeit zu dieser Formulierung anbietet? Kann ein Spaziergang mit Montaigne etwas anderes sein als ein fortgesetzter freier Gedankengang? Montaigne selbst spricht in den *Essais* von dieser Eigenart des bewegten Denkens. Die Gedanken kommen ihm nicht im Sitzen, sondern im Gehen oder im Sattel: »Jeder Ort der Zurückgezogenheit bedarf eines Wandelgangs. Meine Gedanken schlafen ein, wenn ich sitze«, bekennt von sich selbst der Unruhegeist, »mein Geist geht nicht voran, wenn ihn nicht meine Beine in Bewegung setzen«. »Tout lieu retiré requiert un *proumenoir* [Hervorhebung von mir, B. R.]«: In der Ausgabe der *Essais* von 1995 taucht der Titel des *Proumenoir* also als Metapher und Bedingung der geistigen Regsamkeit auf.[23] Auch Sokrates entwickelte seine Gedankengänge gleichsam Schritt für Schritt im Gespräch mit Freunden und Schülern. Ist der Wandelgang also die Urbehausung und das Urbild der Bewegung eines offenen Denkens? Nun wird in Begleitung des jungen und altklugen Mädchens ein gedankliches Lustwandeln daraus. Marie hat gewiss viel auf dem Herzen. Zugleich ist sie an der Seite des berühmten Mannes befangen. Manchmal stockt sie, wenn sie ihre Ansichten vorträgt, verstummt bei den Erwiderungen ihres Begleiters und verliert den Faden ihrer Erzählung. Aber sie freut sich über jeden kleinen Umweg ihrer Gespräche, fängt begierig jedes Wort auf und bewahrt es im Gedächtnis als einen kostbaren Schatz. Sie weiß, dass ihre gemeinsame Zeit begrenzt ist. Beklommen sieht sie dem Tag entgegen, an dem sie wieder alleine sein wird. Unwillkürlich geht Marie langsamer, sobald sie an diese evidente Tatsache denkt, so als könne sie durch ihre Schritte das Ende verzögern. Ihre Sorge vermischt sich mit einem Trauma ihrer Kindheit. Sie hat ja schon einmal einen Vater verloren, einen Vater, den sie in ihrer Vita als einen Ehrenmann mit viel Verständnis für die Wünsche seiner Tochter kennzeichnet.

Wir sind über die Kindheit Marie de Gournays durch kurze autobiographische Texte spärlich unterrichtet. Der Vater, Guillaume le Jars, stand als Schatzmeister in den Diensten des Königshauses und war im Begriff, eine Karriere zu machen und die Familie zu einigem Reichtum und Ansehen zu bringen, denn wenige Jahre vor seinem Tod erwarb er in der Picardie das Schloss von Gournay. Jung an Jahren verstirbt er und hinterlässt seine elfjährige Tochter mitsamt fünf jüngeren Geschwistern als Waisen (»laissa cette petite fille orpheline«).[24] Für Marie le Jars de Gournay, wie ihr vollständiger Name eigentlich lauten müsste, ist dies das erste einschneidende Erlebnis ihres Lebens. Die Auswirkungen bekommt sie sehr schnell zu spüren. Die Mutter, eine gebürtige Jeanne d'Hacqueville aus gutem Hause betrachtet die Wissbegier ihrer Tochter als dumme Flausen; ohnehin fehlen der vaterlosen Familie die finanziellen Mittel, um die Begabungen des Mädchens angemessen fördern zu können. Die hohen Lebenshaltungskosten in Paris nötigen die Mutter bald nach dem Tod des Vaters, die teure Hauptstadt zu verlassen und sich mit ihren Kindern auf das Schloss von Gournay-sur-Aronde zurückzuziehen.

Nach heutigen Maßstäben ist der kleine Ort in der Picardie zwar noch immer ein verschlafenes Nest in der Provinz, aber die Entfernung von Paris beträgt eine Autostunde, die Hauptstadt liegt dicht vor der Haustür.[25] Das ist ganz anders am Ende des sechzehnten Jahrhunderts: Zwischen der Metropole und dem ländlichen Aufenthaltsort klafft, für ein junges Mädchen zumal, eine Ewigkeit. Für die aufgeweckte Marie, deren Geburtsstadt Paris ist, hält Gournay wenig Möglichkeiten und Anregungen bereit. Wir wissen bereits, welche Beschäftigungen für Mädchen auf der Tagesordnung stehen. Maries Mutter denkt nicht daran, von dieser Ordnung bei ihrer ältesten Tochter abzuweichen. In Ermangelung eines Lehrers bringt sich Marie die lateinische Sprache, die noch immer der Schlüssel zur Wissenschaft ist, selber bei, indem sie lateinische Originale mit ihrer französischen Übersetzung vergleicht. Allein aus dieser Arbeit lässt sich ermessen, welche erstaunlichen Energien in dem verwaisten Mädchen stecken. Der eine oder andere Verwandte und Freund der Familie, dem dies nicht entgeht, drückt dem wissbegierigen Mädchen wohl dieses oder jenes Buch in die Hand.[26] Sobald Marie die gehasste Haus- und Handarbeit hinter sich hat, stürzt sie sich auf diese andere, faszinierende geistige Welt.[27] Die Situation des Mädchens ist unschwer auszumalen. Sie leidet unter dem Verlust des Vaters, unter dem Mangel an Kommunikation und nicht zuletzt auch unter dem Entzug der Stadt und flüchtet sich, wann immer sie kann, in das Gedankenreich ihrer Bücher. Nicht nur, was hier gesagt wird, sondern auch die Art und Weise, wie es geschrieben ist, stehen zugleich für das Glück einer verlorenen Kindheit und für den Traum von der wirklichen großen Welt. In diesen Tagträumen verschmilzt die Erinnerung an den verstorbenen Vater mit dem Wunsch, zu lernen und selber die beredte Sprache der großen Meister zu sprechen, die sie in den Büchern vorfindet und die von dem so sehr abweicht, was Marie in ihrer Umgebung vernimmt.

Eines Tages fällt Marie ein Buch in die Hände, das ihr als Spiegel ihrer Seele und geheimsten Träume erscheint. Jemand hat ihr die *Essais*, und zwar in der Fassung von 1580 oder 1582, zu lesen gegeben. Nach ihrer eigenen Erinnerung, die übrigens nie vollends Aufschluss über das Geburtsdatum bringt, ist Marie zu diesem Zeitpunkt achtzehn oder neunzehn Jahre alt. Das junge Mädchen ist hellauf begeistert. Endlich hat sie das Gefühl, in ihrer Einsamkeit nicht mehr alleine zu sein und jemanden zu kennen, mit dem sie sich anders als mit allen anderen verständigen könnte. Sie beginnt, schreibt Marie de Gournay im Rückblick auf diese zweite einschneidende Erfahrung ihres jungen Lebens, mehr als alles andere in der Welt die Bekanntschaft des Autors des herrlichen Buches zu ersehnen (»elle commença de désirer la connaissance de leur auteur, plus que toutes les choses du monde«).[28] Marie de Gournay möchte Montaigne schreiben, erfährt aber zwei oder drei Jahre nach der ersten Lektüre der *Essais*, der bewunderte Autor sei kürzlich verstorben. Möglicherweise bezieht sich die Nachricht auf den tatsächlich erfolgten Überfall durch maskierte Anhänger der Liga auf Montaigne bei seiner Reise nach Paris im Februar 1588, was darauf hinweisen würde, dass Maries Zeitangaben nicht allzu genau sind. Jedenfalls ist sie über die Nachricht untröstlich. Alles, was sie sich von dem Gespräch und Zusammensein mit dem Autor erwartet hatte, Ruhm, Glück und Bildung (»toute la gloire, la félicité et l'espérance d'enrichissement de son âme«[29]), sind nun dahin.

Gewiss ist der Abschnitt, in dem Marie de Gournay von dieser schweren Enttäuschung berichtet, Teil einer biographischen Konstruktion, die Marie de Gournay erst mit fünfzig Jahren verfasst.[30] Gleichwohl stimmen die späteren Formulierungen mit denen überein, die Marie de Gournay schon zu Zeiten des *Proumenoir* verwendet. An den flämischen Gelehrten Justus Lipsius schreibt die junge Autodidaktin im April 1593, noch bevor sie über denTod Montaigne unterrichtet ist, wenn es Gott gefalle, dass ihre Jugend eines Tages zu einigem Erfolg führe, würde sie bekennen, dass das Lob von Lipsius sie zu ihrer Ausdauer ermutigt habe. Leider widersetze sich das Unglück dieser Zeit einem Fortschreiten ihres Geistes und beraube sie der glücklichen und ersprießlichen Gegenwart ihres Vaters, den sie nur zwei oder drei Monate besaß. »Misérable orphelinage!«, elender Zustand der Verwaisung, setzt sie fort, »gab es jemals ein dem meinen ähnliches Unglück?«[31] Ohne vom Tod Montaignes bereits unterrichtet zu sein, denkt Marie de Gournay ihre außergewöhnliche Beziehung von Anfang an in Kategorien des Verlustes und versagten Glücks. Tod und Verlust begleiten als ständige Schatten die alles andere überstrahlende Freundschaft, die angesichts dieses Schattens eine noch größere Leuchtkraft gewinnt.

Der Tod ist ein Ereignis, das die junge Frau seit Jahren mit sich herumträgt. Sie glaubt daher auch gut zu verstehen, was Montaigne mit dem Kapitel »Philosophieren heißt sterben lernen« meint.[32] Gleichwohl ist ihre Sicht auf den Tod der Aussage von Montaigne entgegengesetzt, weil die Angst, die Marie von Kind auf bewegt, nicht dem eigenen Tod, sondern dem Tod des Beschützers und Vaters gilt. Für Montaigne führt die Besinnung auf den Tod zur Besinnung auf die Freiheit. Marie bringt die Angst vor dem Tod des anderen zur Anerkenntnis menschlicher Bindungskräfte, die den Überlebenden im Zustand der Verwaisung hinterlassen. Nicht nur an diesem Punkt spürt Marie de Gournay, wie die *Essais* auf ihre eigenen Lebenserfahrungen treffen und sie in inneren Aufruhr versetzen. Sie, die sich ganz ohne fremde Hilfe Latein beibrachte, kann das Glück des kleinen Michel gut ermessen, dessen Vater die außergewöhnliche pädagogische Initiative zu einem gleichsam muttersprachlichen Erwerb der lateinischen Sprache ergriff, indem er den Sohn von klein auf durch einen lateinisch sprechenden deutschen Lehrer erziehen ließ. Satz für Satz überformen sich die ungeordneten Erfahrungen und diffusen Ideen Maries mit Gedankenblitzen, die ihr aus den *Essais* entgegenleuchten und in ihr den heftigen Wunsch hervorrufen, derselben erhabenen Allianz würdig zu werden, von der das Kapitel über die Freundschaft berichtet und von der Montaigne doch im selben Atemzug sagt, das Zeugnis aller klugen Männer belege, dass Frauen zu dieser Freundschaft nicht fähig seien. Stürzt eine Traumwelt zusammen? Muss dieser mit leichter

Feder notierte, doch mit der Autorität aller Weltweisen gestützte und sich umso tiefer ins Bewusstsein einprägende Nachsatz nicht ein Wechselbad der Gefühle, der Erhebung und Erniedrigung, von Glück und Trauer, der Befreiung und der Empörung bei dem jungen Mädchens erzeugen? Nun erst recht muss Marie diesen herrlichen Autor persönlich kennen lernen und sprechen. Sie muss herausbekommen, ob er bei seinem Urteil bleibt. Immer wieder malt sie sich diese Gespräche aus. Mein Vater, wird sie ihn inständig fragen, habe ich als Frau wirklich keinerlei Chance, das dauerhafte Band der Freundschaft zu knüpfen? Sind mir als Frau die Eigenschaften des Geistes und der Tugend verwehrt, von denen die Philosophen so rühmend sprechen und die sie über alles andere setzen? Könnte Marie gar selber die Frau sein, die den Männern das Gegenteil ihrer Vorurteile beweist?

Wie oft mag Marie in Gedanken mit ihrem Autor einsame Wege durchschritten haben, bis sich eines Tages herausstellt, dass die Ausdauer und der Mut nicht vergebens waren. Der Zufall will es, dass, just als Marie sich mit ihrer Mutter in Paris aufhält und nicht allzu lang nach der Schreckensnachricht vom Tod Montaignes, auch dieser in der Hauptstadt weilt, um die Neuauflage seiner *Essais* persönlich überwachen zu können. Montaigne liebt wie Marie diese Stadt, zudem ist er Zeit seines Lebens neugierig und eingenommen für Frauen. Er dürfte sich in guter Stimmung befunden haben, als ein Fräulein Gournay, die von der Anwesenheit des Mannes ihrer Träume erfuhr, ihm ein Grußwort schickt. Montaigne säumt nicht, schon am nächsten Tag, so jedenfalls stellt es Marie de Gournay später dar, bei Mutter und Tochter seine Aufwartung zu machen.[33] Für seine Verehrerin ist dieser große Augenblick fast zu schön, um wahr zu sein. Marie, hingerissen, begrüßt den Älteren mit den ehrfürchtigen Worten »mein Vater«, und er, Montaigne, geschmeichelt vom Eifer und Ernst der jungen Frau, die seine Tochter sein könnte und tatsächlich nur sechs Jahre älter als Montaignes einzige leibliche Tochter Léonor ist, nennt sie freundschaftlich seine *fille d'alliance*. Welches Wort! Seit der ersten Lektüre der *Essais* hat Marie diese Verbindung in ihren Gedanken gehegt und von ganzem Herzen ersehnt (»s'étant de sa part promis en son cœur une telle alliance de lui depuis sa première inspection de son livre«[34]). Aber es kommt noch großartiger und schöner, als sie je zu hoffen wagte: Montaigne willigt ein, sie und ihre Mutter in ihrem abgelegenen Schloss in Gournay zu besuchen. Für die junge Frau wird ein Traum Wirklichkeit.

Wir kennen keine Details über den Aufenthalt von Montaigne in der Picardie. Es ist aber glaubhaft, dass er tatsächlich zwei bis drei Monate, vielleicht auch mit Unterbrechungen, auf Einladung der Damen in dem ländlichen Schloss weilt, höchstwahrscheinlich nachdem Montaigne im Gefolge von Heinrich III. im Mai 1588 nach Chartres und Rouen reist und bevor er (und vielleicht auch nachdem er) im Oktober 1588 zusammen mit Etienne Pasquier der Versammlung der drei Stände in Blois beiwohnt.[35] Auf das Ereignis spielt eine Bemerkung in der Ausgabe der *Essais* von 1595 an, wo Montaigne ein Mädchen in der Picardie erwähnt, das er vor dem Aufenthalt in Blois getroffen hatte. Montaigne erzählt, dieses Mädchen habe sich, um die Ernsthaftigkeit seiner Schwüre unter Beweis zustellen, mit einer Spange in den Arm gestochen, so dass das Blut herausspritzte.[36] Neben dem eingangs zitierten lobenden Zusatz ist dies die einzige Stelle der *Essais*, die in einer allerdings bemerkenswert distanzierten Form auf Montaignes Aufenthalt in Gournay hinweist. Wir sind darüber hinaus ganz auf die Erzählung von Marie de Gournay angewiesen, und eben diese wiederum berichtet darüber an erster Stelle im *Proumenoir*, allerdings unter Angabe etwas anderer Daten.[37]

*

Kehren wir also nach unserem biographischen Rundgang zu diesem Text zurück. Immerhin haben wir für das Verständnis der Schrift jetzt einen umfassenderen Bedeutungsrahmen erschlossen. Wir ahnen nun, wie im *Proumenoir* gleichsam auf Schritt und Tritt Gedankengang und Erzählung mit uralten Wünschen, Träumen und wirklichen Wegen verwoben sind. Einst entdeckte Marie die Welt an der Hand ihres natürlichen Vaters, dessen plötzlicher Tod ihrem Leben eine unglückliche Wendung gab. Später wiederholte das abwesende und eigensinnige Mädchen diese frühen Wege in ihren einsamen Träumen. Gerade noch ging sie mit ihrem geistigen Vater glücklich vereint, ganz vom Gedanken beseelt, sich in sein Denken hineinzudenken, um so zu sein und zu werden wie er. Aber schon als sie zu schreiben beginnt, hat ihr Begleiter seinen Abschied für immer genommen. Wieder bleiben ihr nur Erinnerungen und Träume. Das Leben ist vergänglich. Fast zwangsläufig sieht sich die junge Frau vor die Frage gestellt: Was ist an diesem Geschehen wahr? Sind die Träume Wirklichkeit geworden oder ist die Wirklichkeit nur ein Traum? Sind die Träume das wahre

Leben oder ist das Leben so flüchtig wie ein Traum? Nur die Wiederholung des Geschehens in gesetzten Worten kann den Abschied aufhalten und die Schatten der wiederkehrenden Trauer in der anhaltenden Korrespondenz und Allianz ihrer Seelen abwehren. Und dennoch ist diese Wiederholung der Worte nur ein Abglanz dessen, was war und sein konnte.

Marie de Gournay kommt gleich zu Anfang, nachdem sie Montaigne um seine Kritik ersucht hat, auf den Unterschied zwischen der natürlichen und der auf einer inneren Allianz beruhenden Beziehung zwischen Vätern und Kindern zu sprechen. Auch hier folgt sie ihrem geistigen Vater und dessen Ausführungen über den Unterschied zwischen natürlichen Bindungen und frei gewählten, in denen nicht das unstete Feuer, sondern Beständigkeit und Vernunft regieren.[38] Die geistige Tochter ringt, das ist leicht ersichtlich, um eine Definition und Bewertung ihrer Beziehung zu Montaigne. Wahlfreundschaften, überlegt das eigenwillige Fräulein, vielleicht in innerem Aufruhr begriffen, können nur auf Tugend beruhen. Dennoch bleibt der Sinn einer solchen Antwort viel zu unklar. Unter Tugend lässt sich vielerlei verstehen. Ist etwa die natürliche Liebe nicht auch tugendhaft? Ist Liebe außerhalb der Ehe sündig? Worin unterscheidet sich das tugendhafte Verhältnis zwischen Mann und Frau oder Vater und Tochter von einer gewöhnlichen und natürlichen Liebe?

Auch die Fabel des Romans handelt im ersten Schritt von der Beziehung zwischen Vater und Tochter, die sich der Tugendanforderung, die der Vater ihr beibringt, im Konflikt zwischen Pflicht und Liebe entzieht. Die tragische Geschichte von der schönen Alinda erzählt vom Leben eines persischen Edelfräuleins, das in der emotionalen Verstrickung zwischen einem ihr abverlangten politischen Opfer (für die Freilassung des in Gefangenschaft geratenen persischen Königs soll sie den fremden König heiraten, in dessen Gefangenschaft sich der eigene König befindet) und ihrer Liebe zu dem jungen und verführerischen Leontin sich gegen die Sitten, gegen das weibliche Opfer und gegen die Staatsräson und für die selbst gewählte, freie Liebe entscheidet und an dieser auch dann noch festhält, als der Geliebte sie betrügt und der Fürst, bei dem das Liebespaar nach seiner Flucht unterkam, seinerseits alles daran setzt, Alindas Gunst zu gewinnen. Alinda hat in ihrer ersten kindlichen Reaktion ihre Tugend aufs Spiel gesetzt und in den Augen ihres Vaters und der Leserschaft des Romans versagt. Sie hat den Interessen des Vaterlandes und dem Gebot der Keuschheit zuwider gehandelt. Aber sie bleibt ihrer freien Entscheidung und sich selbst damit treu und wählt zur Bestätigung der Tugend der Treue am Ende den eigenen Tod. Die Erzählung fand beim Publikum offenbar Anklang, denn schon im ersten Jahrzehnt nach dem Erscheinen des Buches gibt es drei Neuauflagen, denen weitere folgen. Sie erinnert in ihrem Aufbau und ihrer Dramatik an tragische Verwicklungen aus der Novellensammlung des *Heptameron*, nicht zuletzt insofern, als auch Margarete von Navarra ihre Geschichten durch Kommentare und Diskussionen ergänzt, in denen die Autorin klarstellt, dass die Frauen in ihrer Tugend den Männern nicht nachstehen. Hier wie dort beweisen die Geschichten, dass Frauen sogar zur vollen Größe der Tugend imstande sind, die gar nicht primär in der Keuschheit als vielmehr in der Standhaftigkeit und Beständigkeit ihres Willens liegt. Die Tatsache, dass Alinda mit ihrem Geliebten unverheiratet flieht, zeugt von einer ausgesprochenen Kühnheit Marie de Gournays.[39] Die unerschrockene Autorin verstärkt diesen Gedanken in der Mitte des Romans in einem längeren Diskurs. Sie wendet sich unmittelbar an ihren »Vater«: Die Ordnung, die Mäßigung und Beständigkeit (»l'ordre, la moderation et la constance«) sind als Tugenden der Tugenden Vervollkommnungen, die der gewöhnliche Mensch nach Auffassung Montaignes nicht erreichen kann (»seules perfections, dites vous, mon Père, où le Vulgaire ne peut atteindre«).[40] Marie de Gournay bezieht sich explizit auf das Kapitel über die Tugend im zweiten Buch der *Essais*, wo Montaigne von Menschen berichtet, die sich verstümmelten oder bewusst in den Tod gingen, um ihre Treue oder Beständigkeit unter Beweis zu stellen.[41] Bei Montaigne, der an allen Kuriositäten stets interessiert war, ist ein ironischer Unterton des Kapitels unverkennbar. Solche Großtaten sind nichts für normale Menschen, »le vulgaire«, wie Montaigne deutlich sagt, ohne sich selbst davon auszunehmen. Für Marie de Gournay fasst der Begriff 'vulgär' indes alles zusammen, was sie Zeit ihres Lebens ablehnen wird und wovon sie sich selbst mit einer Bestimmtheit, die Montaigne völlig abgeht, stets distanziert. Mit aller Kraft sträubt sich Marie de Gournay vor allem dagegen, so zu sein, wie jede Frau ist, weil es von jeder Frau so erwartet wird. Wie sollte ein in den Sitten und Erwartungen verharrendes Tugendverständnis, das Frauen ihr Leben zur Fessel macht, die Tugend sein, auf der Marie de Gournay ihr Verhältnis zu Montaigne begründen möchte? Was ist wahre Tugend? Die junge Frau wagt sich in ihrer in die Romanhandlung eingeschobenen Abwehr der Normalität bis zur Blasphemie vor: Das Volk will den Konformismus und gelangt nur selten darüber hinaus. Mit Tugend hat dies wenig zu tun. Also schafft das Volk den imaginären Ort einer vollkommenen Tugend in Gott als Inbegriff einer erhabenen Differenz zu dem, was der normale Mensch an Tugend erreicht.[42]

Marie de Gournay unterbricht den Erzählstrang zu ihren Abschweifungen an fünf Stellen. Zunächst legt sie dem weisen und tugendhaften Vater Alindas einen politischen Abriss über die Anbindung der Souveränität an das Glück des Landes in den Mund, der recht besehen ein direkter Gegendiskurs gegen Machiavellis *Principe* und Bodins Theorie von der Souveränität ist: Der Fürst ist der Untertan seiner Untertanen (»le Prince est Subject de tous ses Subjects«); die Untertanen sind daher in Wirklichkeit Begleiter der Fürsten, da alle Menschen unter dem Gesetz der Gleichheit geboren sind.[43] Jeder Untertan, belehrt der Vater seine Tochter, wäre imstande, König oder Königin zu sein. Wer König ist, hat die anderen durch Gewalt oder Versprechen dazu gebacht, ihm die Macht abzutreten. Das sind am Ende des sechzehnten Jahrhunderts gefährlich aufgeklärte, demokratieverdächtige Gedanken. Werden sie ohne Protest hingenommen und geflissentlich übersehen, weil sie der Feder einer Frau entstammen? Marie de Gournay lässt Alindas Vater in seiner Lektion noch einen Schritt deutlicher werden. Es missfalle ihm keineswegs, gesteht er seiner Tochter, sie mit so ernsten Themen unterhalten zu haben, obwohl sie so jung sei und dazu eine Frau: »quoy que jeune et femme«. Sind das nicht nahezu dieselben Worte, die auch Montaigne beim Lob seiner »Tochter« gebraucht? Und Frau und in diesem Jahrhundert und so jung (»et femme, et en ce siècle, et si jeune«) heißt es in den *Essais*. Können wir daraus schließen, Montaigne habe sein Lob auf einem der Spaziergänge mit der jungen Marie de Gournay bereits vorformuliert? Hatte er, der berühmte Montaigne, seiner *fille d'alliance*, so wie der Romanvater seiner Tochter, versichert und klargemacht, Jugend und Frausein sprächen ihr nicht die Kühnheit und Autorität ab, Menschen (Männern) zu befehlen (»de commander aux hommes«), und es sei ganz außerhalb der Vernunft, dass ihr aufgrund ihrer Jugend und ihres Geschlechts Wissen und Bildung abträglich seien (»qu'elles t'en desrobassent la science«).[44]

Gleichwohl lässt sich fragen, ob hier ein Vater seine Tochter, oder eine Tochter ihren Vater belehrt. Die imaginären Orte des Spazier- und Gedankenganges und seiner Personen vermischen sich. Aber die Frage der Gleichheit von Mann und Frau bleibt bis zum Ende der Geschichte ein Leitmotiv. Nach der großen politischen Rede des Vaters folgt eine Erörterung über die Liebe, in der Marie de Gournay die Frage der höheren Anziehungskraft des Geistes gegenüber den flüchtigen Reizen des Körpers aufwirft und sich dabei für die Liebe der Tugend (und das heißt auch für die Liebe zum Vater) ausspricht; nach dem Gegendiskurs des jungen Verführers folgen Reflexionen über die Tugend der Beständigkeit. Schließlich, fast schon am tragischen Ende, als finde der Spaziergang hier sein theoretisches Ziel und seinen weiteren Ausblick, ergeht sich Marie de Gournay in einer langen Unterredung über die Rolle und Situation der Frau. Es ist, als ob die tragische Geschichte mit Alinda vergessen oder vielmehr nur ein Umweg für diese Rede gewesen sei. Alinda hat ihren Entschluss zu sterben gefasst und alles für das Ende vorbereitet. Bald wird sie ihre Tugend für alle Ewigkeit unter Beweis gestellt haben, und die Männer werden bedrückt und zu spät am Grab ihrer Tugend stehen. Da bleibt freilich noch eine wichtige Frage offen: Musste diese schreckliche Geschichte einer Tugend, die, indem sie erblüht, ihre Trägerin sterben lässt, wirklich sein? Bedurfte es des Opfertodes einer jungen Frau, um die Stärke der Frauen bezeugen zu können? Montaigne macht genau diesen Einwand im Kapitel über die Tugend: »Mais il pouvait autrement advenir«.[45] Es könnte also auch anders zugehen.

Marie de Gournay, die ihren Vater bislang mit der Geschichte von der tugendhaften Größe Alindas unterhielt, hält inne. Die Verführung des Mädchens ist ja kein Einzelfall. Wie lässt sich verhindern, dass Frauen in die Falle eines Verführers gehen? Bringt man(n) Frauen nicht genau dadurch in ihre missliche Lage, dass man(n) ihnen Bildung verwehrt und ihnen damit die Möglichkeit der Aufklärung nimmt? Warum traut man(n) Frauen kein eigenes Urteilsvermögen zu? Warum erlaubt man(n) ihnen nicht, sich mit dem philosophischen Gedankengut der Antike zu befassen, das auch Frauen geistige Fähigkeiten zuschrieb? Weshalb schickt man(n) Frauen immer wieder auf die ausgetretenen Pfade ihres Geschlechts, so als stehe dauerhaft fest, dass nur die üblichen Wege die richtigen seien? Warum darf sich eine Frau (ein Mensch) nicht auch anders verhalten und anders leben, als die anderen es tun? Von Satz zu Satz gewinnt dieser letzte Diskurs an Radikalität. Wenn

Sokrates eine Frau gewesen wäre (»si Socrates eust esté femme«), wäre er eine der skandalumwittertsten Frauen Athens gewesen.[46] Der Gedanke kann auch an anderen bedeutenden Gestalten der Geschichte durchgespielt werden. Hätte etwa Paulus als Frau die Kirche begründen können? Wer sich die historische Rolle von Frauen verdeutlichen will, muss diese kleinen Vexierspiele des Geschlechtertauschs machen. Dann allerdings nötigt die Umkehrung des Gedankenspiels in der Wirklichkeit zu einer banalen und nüchternen Einsicht: Wer eine Frau ist, kann nicht Sokrates, Paulus oder Montaigne sein, denn Frauen werden im Geschlechterverhältnis auf die Rolle der Schwäche und Abhängigkeit verpflichtet. Am Schluss dieser wagemutigen Rede bricht Marie de Gournay wieder unvermittelt und atemlos ab. Fast betreten wendet sie sich an ihren Vater: Wer anders als er, Montaigne, der ihr doch vorgeworfen habe, dass sie bei ihren Antworten zu schweigsam ist, könne ihr diese lange Abschweifung im Gang der Erzählung verzeihen?[47]

3. Nahtlos: Wenn Montaigne diesen Satz nicht geschrieben hätte

Das hat sie ihm also im Kern sagen wollen, als sie spazieren gingen und ihr das Herz bis zum Hals schlug und sie zuweilen kein Wort mehr herausbekam. Nun, nachdem ihr geistiger Vater tot ist, wird Marie de Gournay nicht mehr schweigsam sein, sondern traut sich mit dem, was sie dachte und denkt, an die Öffentlichkeit. Ein Jahr nach der Erstveröffentlichung des *Proumenoir* erfolgt die Herausgabe der neuen und um ein Drittel vermehrten Auflage der *Essais* durch die *fille d'alliance* des verstorbenen Autors. Marie de Gournay schreibt dazu ein ausführliches Vorwort, in dem sie erläutert, wieso eine junge und in dieser Arbeit ganz unerfahrene Frau die Kompetenz und die Ehre hat, das Buch neu zu edieren. Der gleichsam äußerliche Grund ist, dass Madame de Montaigne, die Gattin des Verstorbenen, die von Montaigne mit zahlreichen Zusätzen versehene Fassung der *Essais* von 1588, die Montaignes Freund Pierre de Brach bereits einer ersten Durchsicht unterzogen hatte, der *fille d'alliance* zur Veröffentlichung übergab. Der ausschlaggebende innere Grund ist für Marie de Gournay die erwiesene Ähnlichkeit zwischen ihr und Montaigne und die Leidenschaft, die große Geister miteinander verbindet. Die Begegnung mit seinesgleichen (»la recontre d'un pareil«) ist das eigentliche Lebensglück großer Menschen, da sie in der Freundschaft ihr einsames Leben verdoppeln können. Marie de Gournay ist *fille d'alliance*, weil sie und Montaigne derart gleichartig waren, dass Marie nun keinen Schritt mehr tun kann, ohne sich auf den Spuren ihres Vaters zu befinden (»J'étais toute semblable à mon Père, je ne puis faire un pas, soit écrivant ou parlant, que je ne me trouve sur ses traces«).[48] Auch Marie nimmt eine Gefolgschaft auf, aber sie folgt einem ihr ähnlichen freien Geist und nicht den ausgetretenen Stapfen von Volkes Meinung. Der Begriff des »Semblable« im Unterschied zu dem des »Vulgaire« wird zum Leitmotiv ihrer Philosophie der Freundschaft und Geistesverwandtschaft, in der sich die Unterschiede zwischen Mann und Frau nivellieren.

Marie de Gournay bleibt auch in diesem Punkt Montaigne auf der Spur: Freund zu sein heißt zweifach zu sein (»c'est une double vie: être ami, c'est être deux fois«), so wie Alleinsein bedeutet, nur zur Hälfte zu sein (»être seul, c'est n'être que demi«).[49] Fast wörtlich übernimmt Marie de Gournay Montaignes Begriffe aus dem Essay über die Freundschaft. Kann man ihr dies zum Vorwurf machen, wenn sie darlegen will, wie ähnlich sie waren? Sie hat sich als Tochter und Freund(in) im Wahlvater wiedergefunden, so wie er, Montaigne, sich in dem und der anderen wiederfand (»**il s'est perdu en soi, pour se recouvrer en autrui**«).[50] Jetzt sieht sich die geistige Tochter als Waise in der Pflicht und Schuld, sich an die Stelle des Vaters zu setzen und ihn überall, wo sie kann, mit Leidenschaft zu vertreten. Ihr allein steht es zu, sein Werk richtig zu deuten, es fortzuführen und vor aller Welt zu verbürgen.[51]

Für Marie de Gournay ist die Bezeichnung *fille d'alliance* zum Rechtstitel geworden, der sie zur Anwältin der *Essais* gegen Anfeindungen und Kritik macht. Zum einen geht es dabei um die Einwände, die sich unmittelbar auf die *Essais* beziehen. Das Vorwort von 1595 setzt sich mit den einzelnen inhaltlichen Streitpunkten (z.B. Montaignes Auffassung von der Liebe und Religion), aber auch mit den allgemeinen Vorbehalten gegenüber Sprache und Form sowie dem selbstbezüglichen Charakter der *Essais* auseinander. Zum anderen geht es um Vorbehalte und die unverhohlene Häme der Zeitgenossen gegen die *fille d'alliance* und weibliche Herausgeberin. Nichts kann Marie de Gournay aber weniger vertragen als Kränkungen, die sie als Frau hinnehmen muss: »C'est une femme qui parle« – da ist eine Frau, die spricht.[52] Unverschämtheiten dieser Art verletzen Marie de Gournay zutiefst und bringen sie öffentlich in Rage (»je veux un mal si horrible à cette imperfection, qui me blesse tant, qu'il faut que je l'injurie en public«),[53] denn sie treffen den innersten Kern ihres Selbstverständnisses. Könnte der Vorbehalt, den auch Montaigne bei Frauen macht, für Marie de Gournays Rezeption und Transformation der *Essais* sogar der Angelpunkt sein? Da spricht eine Frau. Marie de Gournay will, dass dieser Satz nicht mit Verachtung, sondern mit Bewunderung und Stolz ausgesprochen wird. In alles, was bislang Männer unter Männern ausmachten, mischt sie sich von nun an als Frau und in Verantwortung und Stellvertretung für einen großen Mann ein. Nicht nur unter Männern gibt es Menschen, die sich ähnlich sind, von gleicher Art können auch Mann und Frau sein.

Wir erinnern uns an den Konjunktiv aus dem *Proumenoir*: »Wenn Sokrates eine Frau gewesen wäre«, dessen Umkehrung in der Geschichte der Jahrhunderte als Folgerung impliziert: Wer eine Frau ist, kann nicht Sokrates sein. Der Geschlechtertausch, den uns Marie de Gournay zu denken nötigt, ist in zweitausend Jahren, trotz Diotima, der Sokrates die Ehre einer Lehrmeisterin zukommen ließ, niemals möglich gewesen. Wer Frau ist, kann weder wissen, was ein Mann weiß, noch darf sie tun, was ein Mann tut. Von Kindesbeinen an hat Marie de Gournay, nicht zuletzt von ihrer eigenen Mutter, zu hören bekommen, was sie als Mädchen nicht können darf und daher auch nicht kann. Nur weil sie ein Mädchen war, war es ihr, der Wissbegierigen versagt, etwas zu lernen und ihre eigenen Wege zu gehen. Sie lernt dennoch und geht ihre eigenen Wege, aber die Einschränkungen und Vorurteile für sie als Frau nehmen nicht ab. Marie de Gournay ist klug genug, um zu wissen, wie sehr sie männliche Unterstützung braucht und wie wichtig, ja unerlässlich für sie der väterliche Beistand Montaignes war. Es wäre nicht überraschend, wenn sie versucht haben würde, Montaigne in die Richtung zu drängen, deutlicher als in den »Versen des Vergil« für Frauen Partei zu ergreifen. Nur die Zukunft hätte zeigen können, wie weit Montaigne in der Verteidigung der Frauen noch gegangen wäre. Aber Montaigne ist tot. Ohne seine Hilfe ist die junge Frau mit ihren Gedankengängen wieder völlig allein und als Frau, statt doppelt so stark, nur die Hälfte ihrer selbst. Mit Bitterkeit wendet sie sich an ihr Publikum:

»Glücklich bist du, Leser, wenn du nicht zu dem Geschlecht gehörst, dem man alle Güter untersagt hat, indem man ihm keine Freiheit zubilligt und ihm darüber hinaus alle Tugenden abspricht, dadurch dass man es von der Macht abschneidet, bei deren Ausübung sie sich überhaupt erst bilden, um ihm dann als einzige Tugend und einziges Glück die Unwissenheit und das Leiden zu lassen. Glücklich ist, wer klug sein kann, ohne ein Verbrechen zu begehen, indem das Geschlecht alles, jede Handlung und Rede rechtfertigt, Glaubwürdigkeit oder zumindest Gehör verleiht«.[54]

»Bien heureux es-tu, Lecteur, si tu n'es pas d'un sexe qu'on ait interdit de tous les biens« – So wird dreißig Jahre später, zu einem Zeitpunkt, als in Mitteleuropa der Dreißigjährige Krieg wütet, wenige Jahre bevor Galilei von der römischen Kurie genötigt wird, seine aufsehenerregenden Thesen über das heliozentrische Weltsystem zu widerrufen, ein Jahrzehnt bevor René Descartes seinen berühmten *Discours de la méthode pour bien conduire sa raison et chercher la vérité dans les sciences* (Abhandlung über die Methode des richtigen Vernunftgebrauchs und der wissenschaftlichen Wahrheitsfindung) veröffentlicht, auch der kleine Traktat Marie de Gournays *Grief des Dames* (Klage der Damen) beginnen. Eine alte Frau (une vieille fille) führt Beschwerde und geht mit ihrer erbitterten Klage in die feministischen Annalen der Neuzeit ein.

Was diese Annalen in der Regel übersehen, ist weniger, dass der Protest der alten Dame bis in ihre Jugend zurückreicht, sondern dass die beiden berühmten feministischen Schriften von Marie de Gournay *Über die Gleichheit von Frauen und Männern* (Égalité des hommes et des femmes) und besagte *Klage der Frauen* aus den zwanziger Jahren des siebzehnten Jahrhunderts nach einer langen Phase des Schweigens veröffentlicht werden. Marie de Gournay ist alt, als sie die beiden Texte der Öffentlichkeit präsentiert. Aber Marie de Gournay war jung und energisch, als sie die Lage der Frauen zu begreifen begann und mit ihren Gedanken auch prompt an die Öffentlichkeit trat. Sowohl der Text des *Proumenoir* als auch das Vorwort zu den *Essais*, publiziert in der Mitte der neunziger Jahre, enthalten radikale Stellungnahmen zum Unrecht, das Männer begehen, wenn sie Frauen Bildung, Wissen und Macht verwehren und sich über diejenigen Frauen noch lustig machen, die sich trotz der Barrieren, die ihnen gesetzt sind, selber Wissen aneignen. »C'est une femme qui parle«. Dieser Satz, von Männern gesprochen, ist kein Aussagesatz, sondern ein Verdikt über Frauen. Marie de Gournay weiß schon früh, dass sie, allein wenn sie spricht, schon am Pranger steht. Wir dürfen diesen Frauenverächtern, die versichern, das Höchste, das Frauen erreichen können, sei, dem niedrigsten

Mann ähnlich zu sein (»que la plus haute suffisance où nous puissions arriver, c'est ressembler le moindre homme«), nicht das Feld überlassen, fordert Marie de Gournay im Vorwort der *Essais* 1595 ihre Geschlechtsgenossinnen auf.[55]

Man kann sich heute fragen, ob Marie de Gournay nicht zu Unrecht mit ihrem Schicksal hadert. Hat sie wirklich zu klagen? Hat sie nicht ein Buch veröffentlicht, das mit mehreren Auflagen beträchtlichen Erfolg hat? Hat sie nicht, jung an Jahren und ohne Erfahrung, eine erstaunliche editorische Leistung bei der Herausgabe der *Essais* erbracht? Korrespondiert sie nicht mit dem berühmten flämischen Gelehrten Justus Lipsius, der an die erst Vierundzwanzigjährige im Oktober 1589 nicht nur voller Bewunderung die Frage richtet, ob dies wirklich ein Mädchen sei, die ihm schrieb, und ob es wirklich möglich sei, dass dieses Geschlecht und in diesem Jahrhundert nicht nur über diese Kenntnisse und dieses Wissen, sondern über so viel Weisheit und Urteilskraft verfügt (»Est-il possible que ce sexe, et en ce siècle-ci, possède, je ne dirai pas ces lectures et cet esprit, mais bien cette sagesse et ce jugement«). Du willst dich bis auf unsere Höhe erheben und noch darüber hinaus, fährt Lipsius fort und wünscht der Wagemutigen dann, dass dies mit Gottes Hilfe und mit der Hilfe der Männer und auch seiner eigenen Unterstützung geschehe. Er liebe sie, ohne sie doch zu kennen, er bewundere sie und wünsche sehnlichst, sie persönlich kennen zu lernen.[56] Lipsius ist in seinem Brief nicht nur des Lobes übervoll, sondern übergibt ihn ein Jahr später sogar der Öffentlichkeit. Anerkanntermaßen ist Marie de Gournay nun in der Gelehrtenwelt die *fille d'alliance* des großen Montaigne. Wiegt dessen Freundschaft und vorteilhaftes Urteil nicht alles wieder auf, was andere ihr an Spott zukommen lassen? Auch Marie de Gournay weiß, dass das Lob des Meisters sie unter den anderen Frauen hervorhebt und bittet daher den geneigten Leser darum, sie nicht für vermessen zu halten. Mit und ohne Montaigne sei sie nicht dieselbe.[57] Wir haben das Lob oben in voller Länge gelesen. Findet Marie de Gournay es schlicht übertrieben oder kokettiert sie mit Montaignes eigenen Formulierungen?

*

Tatsächlich ist die berühmte Stelle berüchtigt. Die gekürzten deutschen Ausgaben der *Essais* verzichten auf sie. Das hat nicht nur etwas mit der Beschränkung von Kürzungen zu tun, sondern mit der Unsicherheit über die Authentizität dieser Stelle, die aus dem Rahmen des übrigen Buches fällt. Erstens handelt es sich um einen Absatz, der sich, wie könnte es anders sein, erst in der von Marie de Gournay besorgten Ausgabe von 1595 befindet, aber nicht bereits in der einzigen Nachlassquelle, die wir von Montaigne heute besitzen, jenem berühmten Exemplar der *Essais* von Bordeaux, einer Ausgabe von 1588, deren Drucklegung Montaigne in Paris zu dem Zeitpunkt überwachte, als ihn Marie de Gournay zum ersten Mal traf, und die Montaigne danach mit zahlreichen für einen weiteren Neudruck bestimmten Anmerkungen versehen hat. Im Exemplar von Bordeaux taucht an der entsprechenden Stelle in einem längs an den Rand geschriebenen handschriftlichen Zusatz Montaignes lediglich ein Kreuz auf. Man kann diesem Kreuz weder ansehen, wer es eingefügt hat, noch auf welche Stelle oder Anmerkung es verweisen soll.[58] Seitdem am Ende des achtzehnten Jahrhunderts das Exemplar von Bordeaux entdeckt worden ist, tappen alle, die sich mit der Frage der Edition von 1595 durch Marie de Gournay befassen, im Ungewissen.[59]

Es gibt verschiedene Hypothesen über die Verwendung von verloren gegangenen Abschriften durch Marie de Gournay, mit denen die Abweichung zwischen dem Exemplar von Bordeaux und der neuen Auflage von 1595 vielleicht erklärt werden könnte. Es ist aber auch der Verdacht nicht auszuräumen, dass Marie de Gournay trotz anderweitiger Beteuerungen in den Text auch inhaltlich eingriff und sich an der zitierten Stelle selber gelobt hat. Für diese Lesart sprechen sowohl die in den weiteren Editionen immer wieder neu vorgenommenen und im Vorwort von 1635 sogar partiell zugegebenen Korrekturen,[60] die mehr als Orthographie und Interpunktion betreffen, als auch die plumpe Fälschung, die Marie de Gournay an einem Gedicht des von ihr sehr verehrten Dichters Pierre de Ronsard vornahm.[61] Auch in der strikten Verfügung, dass an ihrem eigenen Werk, das Marie de Gournay selbst lebenslangen Umschriften und Nachbesserungen unterzieht, von anderen kein Jota zu ändern sei, könnte ein Hinweis gesehen werden, dass Marie sich vor einer Bearbeitung ihrer Schriften gerade deshalb fürchtete, weil sie wusste, wie leicht sich die Welt täuschen ließ.[62]

Aus der Perspektive der Montaigne-Forschung ist daher eine entscheidende und seit dem Auffinden des Exemplars von Bordeaux viel diskutierte Frage: Was ist an den *Essais* von 1595 authentisch und was entstammt der Feder, Phantasie, Sorglosigkeit, Eitelkeit oder Beflissenheit der *fille d'alliance*? Selbst für diesen Titel haben wir keine direkte Bürgschaft von Montaigne. Gewiss kann die Beziehung zwischen Marie de Gournay und Montaigne nicht frei erfunden sein, da seine Familie und Freunde der Darstellung von Marie de Gournay nicht nur nicht widersprechen, sondern sie aufnehmen und wiederholen. Andererseits ist kaum davon auszugehen, dass Montaigne mit Frau und Tochter über sein Buch und seine Bekanntschaften ausführlich zu reden pflegte, noch dass seine Familie zu Lebzeiten Montaignes an diesen Bekanntschaften allzu interessiert war. Montaignes Welt war nicht ihre Welt. In Wirklichkeit haben wir keine verlässlich überlieferte Bestätigung der von Marie de Gournay gegebenen Darstellungsweise.

Indes sind der Blickwinkel und die Sorgfalt, mit der die Montaigneforschung hinsichtlich der Authentizität des Textes zu einer berechtigten Skepsis kommt, philologisch begrenzt und versperren damit den Zugang zur Wahrheit Marie de Gournays. Spielen wir doch einmal mit dem Gedanken, was wäre, wenn Montaigne diesen berühmt-berüchtigten Satz über seine *fille d'alliance* nicht selbst geschrieben hätte. Wir müssten dann einräumen, dass Marie de Gournay die *Essais* gefälscht hat. Diese Frau, sagen einige männliche Forscher, wollte Karriere und sich einen Namen machen.[63] Hat sich Marie de Gournay den Namen, die Vaterschaft und das Lob von Montaigne aus unrühmlicher Ruhmsucht und niedrigem Beweggrund erschlichen? Natürlich ist eine derartige Frage nicht falsch gestellt. Nur bleibt sie auf frappierende Weise unvollständig.

Erstens berücksichtigt sie die Implikationen von Montaignes Theorie und Beschreibung der Freundschaft nicht. Hatte Montaigne nicht selbst gesagt und beteuert, dass zwischen geistesverwandten Freunden die Naht, die normalerweise zwei Menschen trennt und unterscheidbar macht, unsichtbar wird? Konnte Montaigne, selbst wenn er, aus welchen Gründen auch immer, die lobenden Worte nicht aufschrieb, Marie de Gournay nicht gleichwohl in der zitierten Weise hoch schätzen? Konnte das, was Montaigne dachte und einer hingerissenen Marie de Gournay auf einem der Spaziergänge vielleicht wörtlich sagte, nicht am allerbesten sie selbst, seine »Tochter«, wissen? War nicht auch ihre Freundschaft so wie die zwischen Montaigne und La Boétie nahtlos geworden? Sollte Montaignes Seelenverwandte, sein Kind des Geistes, nicht in der Lage sein, seine Gedanken zu lesen? War es für die Editorin der *Essais* nicht geradezu eine Pflicht, ihrem geistigen Vater, bei dem, was er dachte und nur aufgrund seines Todes nicht mehr selbst öffentlich mitteilen konnte, die Feder zu führen? Montaigne habe einen guten Anwalt für seine Hinterlassenschaften gebraucht, allein sie sei zur Verteidigung ihres Vaters geeignet gewesen, rühmt sich Marie de Gournay, zutiefst davon überzeugt, ihre Zuneigung habe die eingestandene Unerfahrenheit wettgemacht.[64] Tatsächlich lässt sich kaum denken, ein anderer hätte ihre Rolle einnehmen können. Hatte Marie de Gournay über diese ihre Schuldigkeit als *fille d'alliance* hinaus aber auch als Frau eine Pflicht, wohlverstandene Hintergedanken ihres geistigen Vaters, nun, da er tot war, der Welt noch zu nennen?

Wenn wir anfangen, uns auf diese Fragen überhaupt einzulassen, taucht plötzlich eine ganz neue Ebene der Authentizität des Gesagten auf. Wir haben bereits oben über die Bedeutung der erwähnten Textstelle spekuliert. Richtig ist, dass die lebensgeschichtliche Tragweite dieser Stelle erheblich eingeschränkt ist, wenn Montaigne sie nicht selbst verfasst haben sollte. Nicht richtig ist, dass die diskutierte Wirkung dieser Bemerkung davon abhängt, wer sie gemacht hat. Gerade die Philosophie pflegt bei der Textanalyse zwar, so wie vom Unterschied in der Geschlechterordnung auch von mentalen Differenzen zu abstrahieren, besteht dann aber in der editorischen Forschungsarbeit auf der Zuweisung des Wortes an die bedeutenden Namen, von denen aus dieses Wort seine Bedeutung gewinnt. Marie de Gournay mokiert sich in ihrer Vorrede über diese Autoritätsgläubigkeit, wenn sie beschreibt, wie der gemeine Haufen angesichts großer Namen zwar in Ehrfurcht verstummt, ohne mit den Texten dieser berühmten Männer doch etwas anfangen zu können.[65] Was heißt das hinsichtlich unserer Lesart des Lobs von Marie de Gournay? Was würde es bedeuten, wenn diese junge Frau es gewagt haben sollte, ihre eigenen Gedanken, Überzeugungen und Wünsche in einen Aussagesatz von Montaigne zu kleiden?

Niemand hat bislang die Frage gestellt, welchen Wahrheitswert das Wagnis einer derartigen Fälschung über Marie de Gournays Liebe zum Ruhm hinaus haben könnte. Im Umgang mit der strittigen Textpassage belegt dieses fehlende Forschungsinteresse, wie mir scheint, ein zweites Versäumnis. Klar ist, dass eine Fälschung nicht minder wahr oder wirklich ist als das Original. Für eine historisch ausgerichtete Untersuchung ist eine gefälschte Aussage sogar zweifellos interessanter als das ungefälschte Textmaterial. Anders als beim Original müssen wir nämlich unterstellen, dass der Fälscher oder die Fälscherin Schwierigkeiten hatte, bei der einfachen Wahrheit zu bleiben. Hier tauchen die eigentlich spannenden Fragen auf. Was für Gründe könnten eine junge Frau, die Montaigne über alles verehrte, bewogen haben, das Werk des Meisters ein wenig zu korrigieren und zu manipulieren? Wir haben über diesen Verdacht schon etwas spekuliert. Wir können aber auch umgekehrt fragen: Warum sollte Marie de Gournay, allein gelassen, also doppelt, ja gänzlich verwaist, denn auch ihre Mutter war kurz nach Montaigne verstorben, sich diesen kleinen Zusatz zwischen all den vielen bedeutenden Sätzen des Meisters verkneifen, wenn sie der Auffassung war, dass er Montaignes Meinung einerseits nicht widersprach und andererseits ihrem Fortkommen nützte? Die junge Frau war sich längst darüber im klaren, wie schwierig für sie das Unterfangen sein würde, sich *wie ein Mann* literarisch oder wissenschaftlich zu betätigen. Reißt der Tod Montaignes sie gleichsam mit ins Grab? Oder besitzt sie die Geistesgegenwart, sich diesem Fall zu entziehen?

Wer sich auf Marie de Gournays frühe Beschwerde über die Situation von Frauen einlässt, muss ihr Verhalten nach dem Tod von Montaigne im Kontext dieser schwierigen Lage betrachten. Können wir davon ausgehen, von den Lebensumständen in der damaligen Zeit etwas verstanden zu haben, wenn wir zwar Montaigne ernst nehmen, nicht aber die heftige Klage seiner *fille d'alliance*: »Glücklich bist du, Leser, wenn du nicht meinem Geschlecht angehörst«? Überglücklich kann der sein, der das unglückselige Los des weiblichen Geschlechts nicht teilen muss, der, wie es in der Textstelle weiter heißt, klug sein kann, ohne ein Verbrechen zu begehen (qui peut être sage sans crime).[66] Müssen wir nicht wenigstens die Überlegung anstellen, welche Strategien eine Frau hätte entwickeln können (oder gar sollen), als derjenige verstarb, von dem sie sich Unterstützung für eine Existenzweise als gebildete Frau versprach? Was konnte eine Frau unter Verhältnissen tun, die ihrem Geschlecht Bildung und ökonomische Selbständigkeit und damit ein selbstbestimmtes Glück verwehrten?

Um die Bedeutung und Wirkung des Lobs für Marie de Gournay zur damaligen Zeit ermessen zu können, kommt es durchaus nicht darauf an, ob Montaigne oder Marie de Gournay den fraglichen Passus geschrieben hat. So oder so ist der Passus ein wichtiges Argument zur Verteidigung der Frauen gegen das Vorurteil, das über

Jahrtausende hinweg von Männern und Frauen über Frauen verbreitet wurde. Zweihundert Jahre vor Marie de Gournay klagte Christine de Pizan über diese entsetzlichen Lügen. Dennoch waren es auch im Aufbruch der Renaissance und der humanistischen Ideale vor allem Männer gewesen, die für das weibliche Geschlecht eine Advokatenrolle übernahmen. Nähme es in dieser Situation wirklich Wunder, wenn eine Frau, die, erstaunlich genug, sich der Rolle ihres Geschlechtes und der ihm gezogenen Grenzen bewusst wird, zu handeln beginnt, indem sie die Person, in die sie ihr ganzes Vertrauen gesetzt hat, zum Fürsprecher ihrer Person und der Frauen insgesamt macht? Welches Unrecht beging diese junge, intelligente Frau, immer unterstellt, Montaigne hätte besagten Satz nicht selber geschrieben, wenn sie sich in die moralische Zwickmühle eines Eigenlobs begab? Welche Vorwürfe musste sie sich andererseits machen, wenn sie bei der einfachen Wahrheit der Unterlassung des Einschubs blieb? Ohne neue Dokumente werden wir niemals die ganze Wahrheit kennen. Nur sind die Erforschung der Urheberschaft des fraglichen Abschnitts und die Erkenntnis der Wahrheit in der Realität der Geschlechter, auf die im Kontext von Maries früher Beschwerde die fragliche Passage unmittelbar weist, durchaus zweierlei. Zur Untersuchung dieser zweiten Wahrheit ist es nicht nur erlaubt, sondern auch fruchtbar, das Gedankenspiel von der Fälschung ernst zu nehmen und es aussagekräftig zu machen.

Montaignes Schriften stellten Marie de Gournay von Anfang an vor eine doppelte Herausforderung: Erstens enthielten sie den Inbegriff eines freien, von Vorurteilen sich selbstkritisch lösenden Denkens, mit dessen Autor die junge Autodidaktin unbedingt in Kontakt treten wollte. Zugleich versetzte dieses Denken die aufmerksame Leserin der *Essais* auch in Aufruhr. Wenn das, was die Weltweisen über Frauen gesagt hatten, seine Richtigkeit hatte, war Marie de Gournay auf immer ihr Traum verwehrt. Marie de Gournay erfasst die Implikationen dieser Provokation. Sie begreift die Chance und die Notwendigkeit einer eigenen Entscheidung, vor die Montaignes Tod sie urplötzlich stellte. Montaigne hatte sie, wie auch immer, allein gelassen. Ihm konnte sie nicht mehr ihr Glück anvertrauen. Nur sie allein würde beweisen können, dass die Weltweisen in ihrem Urteil Unrecht hatten. Nehmen wir an, Marie de Gournay hätte im Bewusstsein dieser Herausforderung, sei es, um die Gedanken Montaignes im Endeffekt zu vollstrecken, oder auch, um der Sache der Frauen eigenen Nachdruck zu geben, sich widerrechtlich und den scheinbar guten Sitten widersprechend, aber mit Disziplin, Raffinesse und Können das Lob Montaignes zugeeignet, dann widerspräche ihr Handeln gewiss heutigen Kriterien der Redlichkeit, nicht aber dem Verantwortungsbewusstsein und dem intellektuellen Vermögen dieser Frau. Eher entspräche ein solches Verhalten der von Montaigne konstatierten und kritisierten Doppelmoral, die das, was für Männer billig war, bei Frauen zu einem Verbrechen machte.

Die Formulierung »et femme et en ce siècle, et si jeune« weist, von wem auch immer formuliert, auf das Bewusstsein der außerordentlichen Lage, in der Marie de Gournay sich nach eigenem und/oder Montaignes Verständnis befand. Darum stellt sich auch die Frage, ob im Fall einer Frau des ausgehenden sechzehnten Jahrhunderts moralische Maßstäbe, die wir im Konkurrenzkampf der Männer (und Frauen) heute anwenden müssen, nicht völlig fehl am Platz sind. Auch wenn Marie de Gournay die Fälschung begangen haben sollte, stellt sich die Frage, ob diese Frau oder ob ihre Zeitgenossen unredlich waren. Bezeugen moralische Verurteilungen aus der Warte des zwanzigsten Jahrhunderts nicht eher das Unvermögen, die Probleme des Umbruchs in der Geschlechtergeschichte wahrzunehmen und zu identifizieren? Gewiss können wir uns kaum in jene Zeiten versetzen. Umso notwendiger ist es, den Klagen der schreibenden Dame Gournay Gehör zu schenken.

III. Kein Traum ohne Erwachen
Zwischenbericht oder die andere Wahrheit der Marie de Gournay

1. *Mauvaise Fortune* oder Lügengeschichten

Gerade weil und wenn wir den Verdacht nicht ausräumen können, Marie de Gournay habe im Protest gegen die zugewiesene Weiblichkeitsrolle mit allen Mitteln versucht – und ihre Mittel waren wahrlich beschränkt –, wenigstens den Schatten ihres Traums von einem selbstbestimmten Leben für sich zu retten, indem sie das Original der Versuche Montaignes ein wenig zu ihren Gunsten manipulierte, stehen wir vor dem Problem, herauszufinden, warum die zielstrebige junge Frau nach kürzester Zeit die feministisch exponierten Teile ihrer Erstveröffentlichungen wieder zurücknimmt und über Jahrzehnte hinweg kaum noch mit eigenen Schriften an die Öffentlichkeit tritt.

Gewiss lässt eine Rekonstruktion der Entstehungsdaten der Einzelbeiträge ihres 1626 erschienenen Sammelbandes *Der Schatten* (L'Ombre) erkennen, dass die Autodidaktin nie zu schreiben aufhörte und niemals von ihrem Anspruch abrückte, eine gebildete Frau, *femme savante* und *lettrée*, zu sein. Marie de Gournay ediert in wiederholten Auflagen die *Essais*, spürt in langwieriger Fleißarbeit die von Montaigne ohne Verweisstellen genannten griechischen und lateinischen Zitate auf und überträgt sie neben anderen lateinischen Texten in die französische Sprache.[1] Zu diversen Anlässen entstehen darüber hinaus Gedichte und Epigramme, die als »Bouquet« zusammengefasst werden; schließlich schreibt die Demoiselle diverse Artikel zu Fragen der Erziehung, der Politik, der Moral und Sprache. Marie de Gournay ist nicht nur literarisch gebildet, sondern sie ist eine streitbare Frau, die zu Politik und Zeitgeschehen unverblümte Kommentare abgibt.

Bis zur gesammelten Veröffentlichung ihrer vermischten Schriften scheint ihr Elan als Schriftstellerin dennoch gebrochen. Der Stern der Weisheit, der so früh zu leuchten anfing und selbst den Gelehrten Lipsius in Erstaunen versetzte, zeigt in der Lebensmitte nur einen Abglanz der Versprechen der Jugendzeit. Marie de Gournay selbst spricht vom Schatten und tituliert so ihr Werk, das erscheint, als sie mehr als sechzig Jahre alt ist. Die Autorin ist jetzt nicht nur eine alte Jungfer, *une vieille fille*, die sich noch immer als *fille d'alliance* tituliert, sondern für die damalige Zeit eine wirklich betagte Frau. Wie kommt es, dass sie derart lange mit der Drucklegung ihrer Arbeiten wartet? Warum veröffentlicht sie jetzt? Das Leben der Dame Gournay zeigt Dunkelstellen, die denjenigen noch nicht einmal auffallen, die sich nur für die Abweichungen in den diversen Editionen der *Essais* oder für die späten feministischen Texte der Autorin interessieren. Gewiss ist am Leben Marie de Gournays allein schon erstaunlich, mit welcher Kühnheit sie in der Jugend agiert und dabei auch nach heutigem Maßstab Erfolge verbucht, die ihr nicht in die Wiege ihres niedrigen Adels gelegt worden waren. Aufs Ganze gesehen gibt die Biographie der Dame aber vor allem Rätsel auf, weil, gemessen an den frühen Erfolgen, die Produktivität Marie de Gournays wieder rasch versiegt und erst nach Jahrzehnten erneut zum Vorschein kommt.

Marie de Gournay, älteste Tochter eines Hofmanns, die nach dem frühen Ableben des Vaters sich mit verbissener Energie selber Latein beibrachte und jedes Buch, das ihr in die Hände fiel, gierig verschlang, der dann nach einer glücklosen Kindheit und Jugend mit dreiundzwanzig Jahren die Ehre zuteil ward, vom großen Montaigne des Gesprächs für würdig erachtet und von dem angesehenen Gelehrten Lipsius überschwänglich mit Lob bedacht zu werden, die schließlich mit neunundzwanzig Jahren ihr Erstlingswerk drucken ließ und mit dreißig Jahren ganz ohne Erfahrung eine schwierige editorische Aufgabe meisterte, eben diese früh durch zähes Bemühen unter ihren Zeitgenossinnen hervorstechende Frau scheint in der Mitte ihres Lebens erschöpft innezuhalten, so als habe sie nunmehr Raison angenommen. Wäre Marie im selben Alter wie ihr geistiger Vater verstorben, hätte die Nachwelt ihr wohl allenfalls als Herausgeberin der *Essais* ein Gedächtnis bewahrt und wir müssten heute ein paar Fragen weniger an ihr Leben stellen. Marie de Gournay knüpft jedoch drei Jahrzehnte später und zum Teil fast wörtlich an das Selbstverständnis ihres Jugendwerks an. Dreißig Jahre sind im Leben eines Menschen ein langer Zeitraum. An seinem Anfang und Ende steht als früher Protest und späte Klage eine unvergessene Schmähung: Da redet (bloß) eine Frau. Marie de Gournay weiß genau, wie der Satz intoniert wird und verschweigt es ihrem Publikum nicht. Was verschlägt einer Frau, die sich jung und alt einem Verdikt widersetzt, das Frauen in der Öffentlichkeit zum Schweigen verdammt, zwischendurch dennoch so gründlich die Sprache, und was bewirkt, wenn auch spät, ein Comeback?

Mehrere Hypothesen kommen zur Erklärung der langen Latenzzeit im Leben Marie de Gournays in Betracht. Der Annahme folgend, das unerfahrene Fräulein habe Montaigne einige Zusätze untergejubelt, könnte eine erste Erklärung sein, dass sich Marie de Gournay ihres Fehlers bewusst wird und eine Art Schuld oder Scham über ihr Tun empfindet. Für diese Interpretation könnte sprechen, dass die junge Frau bereits in ihrem Brief an Justus Lipsius vom 2. Mai 1596 ihr langes erstes Vorwort zu den *Essais* mit der darin enthaltenen Bitte an den Leser, sie wegen Montaignes Lob nicht für vermessen zu halten, nachdrücklich bedauert und dass sie dieses Vorwort schon bei der nächsten Edition von 1599 nicht einfach überarbeitet, sondern fallen lässt und in dem Exemplar der *Essais*, das sie Lipsius übersendet, sogar eigenhändig herausschneidet.[2] Inständig ersucht Marie de Gournay den fernen Verehrer, er möge beim Druck der *Essais* in den Niederlanden, den sie als Herausgeberin wünscht und aktiv betreibt, auf gar keinen Fall dieses Vorwort aufnehmen, das aufgrund der Verfinsterung ihrer Seele nach dem Tod ihres Vaters nicht zu verstehen sei.

Das Argument ist schon darum wenig stichhaltig, weil Marie de Gournay besagtes Vorwort der Auflage der *Essais* von 1635, also vierzig Jahre später, wenig verändert erneut voranstellt. Einiges spricht daher für die Hypothese, dass Marie weniger beim Schreiben des Vorworts als vielmehr zu dem Zeitpunkt, als sie Lipsius den Brief übersendet, in einer niedergedrückten und schwachen Verfassung war. Auf starke Selbstzweifel deutet auch die weitere Bemerkung des Briefes hin, in der es um eine zweite Drucklegung des *Proumenoir* geht. Marie de Gournay schreibt, dass sie derzeit eine Neuauflage vorbereite, die zusammen mit Briefen ihres »Vaters« gedruckt werden solle; der ersten habe sie nicht die nötige Sorgfalt gewidmet, weil der Tod Montaignes sie damals zu sehr beschäftigt habe. Die Autorin scheint mit ihrer eigenen Arbeit unzufrieden zu sein. Sie habe es daher, bekennt sie, nicht gewagt, die Erstauflage des *Proumenoir* Lipsius zukommen zu lassen. Angesichts der tatsächlichen Unerfahrenheit von Marie de Gournay ist die Unsicherheit der jungen Frau nicht eigentlich erstaunlich. Was irritiert, sind die Unstimmigkeiten in der Selbstkritik. Einerseits nimmt die junge Frau alles zurück, was sie kurz zuvor schrieb und voller Erwartung der Öffentlichkeit übergab, andererseits macht sie Lipsius vielversprechende neue Ankündigungen, die sie wenig später nicht mehr einhält. Von den in Aussicht gestellten Briefen Montaignes wird niemals einer veröffentlicht werden. Sollten sie existiert haben, müssen sie von Marie de Gournay vom Druck zurückgehalten worden sein, ohne dass wir einen Hinweis hätten, aus welchem Grund. Über diese Unterlassung lässt sich gründlich spekulieren. Sind die Briefe Montaignes eine reine Erfindung? Wie unklug wäre dann die Ankündigung dieser Briefe an Lipsius? Falls sie aber doch existiert haben sollten, warum hält Marie de Gournay diese Kostbarkeiten dann ihr Leben lang zurück? 1598 entfernt die mittlerweile schon bekannte Herausgeberin und Autorin darüber hinaus aus einer neuerlichen Edition des *Proumenoir* die einschlägigen feministischen Passagen des letzten großen Diskurses.[3] Hatte Marie de Gournay eingesehen, dass sie in ihrem jugendlichen Eifer zu weit ging? War sie angegriffen worden und wenn ja, von wem und in welcher Art? Warum publiziert sie fast alle zurückgezogenen Texte dann aber später an anderer Stelle erneut? Wenn überhaupt, dann wäre eine Erklärung dieses Schlingerkurses mit Schamgefühlen oder Schuldbewusstsein nur für kurze Zeit gültig gewesen. Gegen ein Schuldeingeständnis spricht zudem, dass Marie de Gournay die auf sie bezogene Passage in der Ausgabe der *Essais* von 1635 zwar abschwächt und kürzt, aber nie völlig zurücknimmt, wobei sie als ein wenig überzeugendes Argument für die Kürzung nennt, man solle nicht glauben, sie habe sich für die *Essais* eingesetzt, weil Montaigne sie darin lobte.[4]

Nun könnte ein zweiter, viel banalerer Grund für die eingeschränkte Produktivität von Marie de Gournay sein, dass sie nach und neben ihrer Tätigkeit als Herausgeberin der *Essais* keine Zeit für weitere Veröffentlichungen findet. Tatsächlich begibt sich die *fille d'alliance* nach der ersten editorischen Fleißarbeit noch im Jahr 1595 zum Grab von Montaigne, wo sie nahezu anderthalb Jahre bei dessen Witwe und Tochter verbringt. Die Reisende schildert in ihrem Brief an Lipsius vom Mai 1596, den sie vom Schloss von Montaigne aus schreibt, wie das ganze Haus sie verwöhne und ihr zugetan sei.[5] Aber auch hier stellen sich Fragen. Warum gibt es außer den Briefen an Lipsius keinen Nachhall dieser Zeit? Wie kommt es, dass Marie de Gournay, die begierig sein musste, mehr von Montaigne zu erfahren, keine unbekannten Dokumente aufspürt und einer Veröffentlichung zuführt? Findet sie nichts oder schirmt Marie de Gournay die private Seite Montaignes bewusst von der Außenwelt ab?[6] Nach dem langen Besuch im Südwesten Frankreichs reist Marie de Gournay jedenfalls nach kurzem Zwischenaufenthalt in Paris und vermutlich auch in Gournay, wo ihr Bruder Charles zu diesem Zeitpunkt sein Erbe antritt, weiter gen Norden bis nach Flandern. Von den brieflichen Kontakten mit flämischen Gelehrten wissen wir bereits aus der Korrespondenz mit Lipsius. Jetzt will sie als Herausgeberin der *Essais* für diese und auch in eigener Sache in mehreren Städten Gespräche führen und Werbung betreiben. Auch von dieser Reise wissen wir wenig. Sehr viel später wird sich die Reisende über die herzliche Aufnahme bedanken, die man ihr in Flandern bereitet habe, wobei umstritten ist, ob es bei dieser Reise zu einem Treffen mit ihrem gelehrten »Bruder« Lipsius kam, der an Marie de Gournay kurz nach ihrer Rückkehr nach Paris am 4. Mai 1597 einen Brief übersendet, in dem er sich zwar freut, dass seine Jungfer und Schwester (»mea virgo et soror«) wohlbehalten zu Hause ankam, ihr aber den Vorwurf macht, sie sei zu schnell wieder aufgebrochen. Noch eine weitere Unstimmigkeit enthält der Brief, wenn Lipsius die Spannungen zwischen Frankreich und den Niederlanden erwähnt, an denen Marie zu Ehren ihres Geschlechtes, wie Lipsius hervorhebt, aber glücklicherweise unbeteiligt sei.[7]

Nun sprechen beide Vorbehalte nicht gegen die Adressatin, sondern bezeugen eine Enttäuschung des gelehrten Verfassers. Dennoch müssen wir konstatieren, dass nach besagtem Brief vom Mai 1597 der Kontakt zwischen den beiden Verehrern des toten Montaigne abbricht. Natürlich haben wir, so wie auch im Verhältnis Montaignes zu Marie de Gournay, keinerlei Kenntnis, was an Briefen verloren ging. Wir können nur aus dem, was vorhanden und erhalten ist, Schlüsse ziehen und auch diese nur mit Vorsicht, denn selbst die zitierte Epistel zum *Proumenoir* lässt keinen sicheren Rückschluss zu, ob sie als Brief an Montaigne jemals abgeschickt wurde oder ob sie fiktiver Bestandteil einer literarischen Rahmenhandlung ist. Erst recht bleiben alle Interpretationen, die sich auf fehlende Dokumente beziehen, spekulativ.

Statt einer fortgesetzten Korrespondenz[8] zwischen dem französischen Fräulein und dem flämischen Gelehrten gibt es nun allerdings in einem Brief von Lipsius vom 27. Dezember 1601 an den Verleger

Jean Moretus eine Bemerkung, deren unbestimmt gehaltene, aber scharfe Adresse tatsächlich auf einen Bruch des Gelehrten mit Marie de Gournay und damit zugleich auf die Fährte eines dritten und vielleicht plausibleren Grundes für die eingeschränkte Produktivität der energischen Dame hinweisen könnte. Lipsius äußert sich in dem Schreiben zunächst über die geringen Verkaufschancen (und damit indirekt über die Qualität) der Gedichte einer englischen Dame, die ihn offensichtlich um Unterstützung gebeten hatte, um dann mit der Anspielung auf ein »französisches Fräulein« fortzufahren, das Lipsius einmal, wie er inzwischen bedauert, mit Lob bedachte. Lipsius hat seine positive Einschätzung von einst revidiert und ist offensichtlich verärgert über sein früheres Fehlurteil. Umso gründlicher macht er es wieder wett. Er sagt nicht, worin seine Enttäuschung besteht. Das muss sich der Leser selbst zurecht reimen. An die Stelle des früheren speziellen Lobs und des sichtbaren Unbehagens über den eigenen Irrtum tritt vielmehr die Verleumdung des ganzen Geschlechts, zu dem die besagten Fräuleins aus England und Frankreich gehören. Es sei ein trügerisches Geschlecht, lautet der pauschale Vorwurf, das mehr scheint, als es ist (»C'est un sexe trompeur, et qui a du lustre plus que de substance«).[9]

Günter Abel geht in seiner Studie über das Verhältnis von Lipsius und Marie de Gournay zwar von der Wahrscheinlichkeit aus, dass der Gelehrte aus Löwen, auch wenn er auf die Nennung von Namen verzichtet, mit seinem Vorwurf von 1601 das überschwänglich positive Urteil seines ersten und publik gemachten Briefes von 1589 an seine geistige Schwester aus Frankreich zurücknimmt, weiß allerdings auch keine Antwort zu geben, wann und warum der Gesinnungswandel geschieht. Angesichts einer bloß bruchstückhaften Überlieferung von Aussagen und Dokumenten können wir allenfalls mutmaßen, dass Lipsius irritiert war, als die überarbeitete Fassung des *Proumenoir* nicht die angekündigte Sammlung der Briefe Montaignes enthielt, und dass er zur Überzeugung gelangt sein könnte, von Marie de Gournay in dieser Hinsicht belogen worden zu sein.

Viel interessanter als Spekulationen über mögliche Motive für das Urteil ist indessen eine Analyse der Äußerung selbst und der Wirkung, die sie hatte oder haben konnte, gleichgültig, auf wen sie in concreto gemünzt war. Wir machen uns heute über die mutmaßliche Adressatin der üblen Nachrede ja nur darum unsere Gedanken, weil Lipsius eine präzise Beschuldigung unter Nennung von

Namen selbst unterließ. Eben diese Unterlassung und die damit einhergehende Generalisierung ist indes das systematische Problem. Selbst wenn Marie de Gournay nicht gemeint sein sollte, schließt das Urteil sie in den Vorwurf mit ein. Lipsius Urteil ist ein Geschlechterurteil, das jeder Frau die Fähigkeit abspricht, sich dem Wahrheitsanspruch verpflichten zu können und in der Republik der Gelehrten mitzuwirken. Kaum hat das neue Jahrhundert begonnen und schon ist die eine Hälfte der Menschheit von einem weit über die Grenzen seines Landes hinaus anerkannten Vertreter der Wissenschaften diskreditiert.

Der Verdacht und die Größe des Verdachts leben von der Verallgemeinerung. Die pauschale Diffamierung erstreckt sich auf jede Frau bloß als Angehörige desselben Geschlechts. Marie de Gournay ist wehrlos gegen diese Art der Beschuldigung. Erstens ist das kompromittierende Schreiben nicht an sie selbst adressiert, folglich konnte sie von dem Vorwurf nur indirekt etwas erfahren und nichts zur eigenen Verteidigung unternehmen. Zweitens suggeriert der Brief, Lipsius sei im Induktivschluss (von zwei Fällen ausgehend) zu dem sicheren Ergebnis gekommen, Frauen seien zur Wahrheit außer Stande. Das allein wäre fatal. In Wirklichkeit subsumiert Lipsius den Einzelfall, den der Adressat des Schreibens leicht erraten kann, weil Lipsius selbst den deutlichen Hinweis gibt, die Dame früher gelobt zu haben, unter einen im Nachhinein wieder bestätigten Gemeinplatz. Lipsius reicht diesen Gemeinplatz vermehrt um eine nicht näher ausgeführte und daher auch nicht kontrollierbare Erfahrung weiter. Man(n) weiß es, unterstellt der Brief, und weiß es zugleich nicht genau, muss es auch nicht genau wissen, weil man(n) sich ohnehin in der Sache versteht. Lipsius, der sich im selben Satz auf das Grundprinzip wissenschaftlicher Wahrheit beruft, schürt in der männlichen Republik der Gelehrten, dezent und diskret (ohne Namen zu nennen), das alte Gerücht, Falschheit und Täuschung seien ein weibliches Wesensmerkmal. Ist ein Gerücht eine Lüge? Erhebt eine privat geäußerte und weitergegebene Beleidigung etwa den Anspruch auf Wahrheit? Lipsius deckt seine private Rechnung nicht öffentlich auf. Eben deshalb ist sie ungleich wirkungsvoller. Leicht dahin geschrieben und als männliches Vorurteil weiter gestreut, zerstört bloßes Gerede ohne Wahrheitsanspruch gleichwohl den Ruf jeder *femme savante* und derer, die sich bemühen, eine solche zu werden.

Nichts träfe sie mehr, bekannte Marie de Gournay im Vorwort von 1595, als Aussagesätze wie diese: »C'est une femme qui parle.« Lipsius fügt diesem Affront die Behauptung hinzu: »C'est un sexe trompeur.« Verdächtig ist das weibliche Geschlecht in der Gelehrtenwelt allemal. Wenn eine Frau wie Marie de Gournay sich nicht weiblich gebärdet, wie man(n) es von ihr erwarten würde, hat sie die Männerwelt im Prinzip schon getäuscht, die sich hinter dem Rücken der Dame verständigt, dieses Mädchen gäbe sich zu sehr nach der Art eines Mannes (»cette fille se donne-t-elle assez l'air d'un homme!«).[10] Marie verstößt mit dem, was sie weiß, was sie will und wie sie sich gibt, gegen die heiligen Gesetze der Geschlechterordnung. Zu diesen gehört auch, dass die Frau, die sich so wie ein Mann verhält, auch wenn sie schon auf die siebzig zugeht, von einem sehr viel jüngeren Mann als *vieille fille*, die den Erwartungen an ihr Geschlecht nicht genügt, geschmäht werden kann. Die Jungfer Marie hatte ihr gerade erschienenes Spätwerk dem Altertums- und Geschichtsforscher Erycius Puteanus mit der Bitte übersandt, sich in Belgien doch für ihr Buch zu verwenden. Wie naiv dieses alte Mädchen noch immer ist. »Bon Dieu«, fährt der jüngere Gelehrte im Brustton der männlichen Überlegenheit fort und führt die Ausführung der Bitte damit ad absurdum, wie wenige kluge Frauen es gibt (»qu'il y a peu de femmes sages«).[11]

*

Es ist kaum davon auszugehen, dass Marie de Gournay die Äußerungen von Lipsius oder Puteanus jemals in Erfahrung brachte. Es bedurfte für sie nicht dieser besonderen Kenntnis, um zu wissen, was man(n) ihr und ihresgleichen vorwarf, denn die Nachreden hatten wenig mit wirklichen Vorkommnissen, sondern vor allem etwas mit Vorurteilen zu tun. Der längste autobiographische Text von Marie de Gournay, den sie in ihr Spätwerk aufnimmt, beginnt mit folgendem Satz:

> »Als die Natur den Menschen mit der Achtung für seinen Ruf ausstattete, gab sie ihm ohne Zweifel einen nützlichen Ratgeber und einen Wächter seines Eigendünkels, des Lebens und der Sitten. Aber in dem Maße, in dem sie ihm diese Achtung in die Seele einpflanzte, setzte sie ihn zugleich den Attacken der bösen Zungen aus, machte ihn nicht nur zum Sklaven seines Begleiters, sondern seines bösartigsten, leichtfertigsten und unbesonnensten Teils. Der umso weniger

bestraft wird, als seine Wirkungen besonders ungenau, leicht erreichbar und schlüpfrig sind. Eine Straflosigkeit, die ebenso von der Unfähigkeit der Menschen herrührt, gute und schlechte Taten gerecht beurteilen zu können, wie vom Vergnügen, das ihr Ohr hat, wenn es sich mit der selben Boshaftigkeit zum Komplizen falscher Beschuldigungen und Verleumdungen macht, wie die Zunge, die dergleichen boshafterweise hervorbringt. (Quand la nature pourvut l'homme du soin de la réputation, elle lui donna sans doute, un utile conseiller et correcteur de suffisance, de vie et de mœurs. Mais à mesure que lui plantant ce soin en l'âme, elle l'ouvrit de même main aux atteintes des langues, non seulement elle le fit esclave de son compagnon, mais aussi de la plus maligne, légère et téméraire partie de son même compagnon: la plus vague, facile et glissante en ses effets, et quant la moins punie. Impunité qui procède, tant de l'incapacité des Peuples à peser en une juste balance, les bonnes ou les mauvaises actions, que du plaisir que leur oreille prend à se rendre aussi malignement complice des calomnies et des médisances, que la langue en est malignement autrice).«[12]

Die Rede ist also vom Rufmord und damit von jenem bösen Gerede, das Marie de Gournay bis ins hohe Alter und über den Tod hinaus noch verfolgt. Anlässe gab es für die Dame mehr als genug, um die Nachrede genau ins Visier zu nehmen. Theoretisch weist die Analyse des Rufmords weiter in die Richtung einer Gesellschaftskritik. Zwanzig Jahre bevor Thomas Hobbes im *Leviathan* die friedenstiftende Fähigkeit des Absolutismus hervorhebt, weist Marie de Gournay auf die zerstörerischen Implikationen der höfischen Zentralisierung und die eigentümliche Dialektik im Prozess der Zivilisation.»Homo homini lupus est«: Weil der Mensch dem Menschen ein Wolf ist, wird der Philosoph Hobbes ein Gewaltmonopol fordern, das dem Naturzustand ewiger Bürgerkriege ein zivilisiertes Ende bereitet. Ist Frankreich nicht schon längst auf dem besten Weg? Tatsächlich hat Heinrich IV. die von Bürgerkriegen zerrüttete Nation geeint. Die Schwelle zum Absolutismus ist überschritten. Dennoch jubelt Marie de Gournay nicht. Gewiss, da legt sich der Höfling einen Habitus zu, der ihn nicht nur zum Schein glatt und geschliffen macht, sondern über kurz oder lang auch sein Wesen förmlich durchdringt. Marie de Gournay hingegen beharrt auf dem Wolf im Schafspelz. Da mögen die Waffen zwar zeitweise schweigen, verstummt ist darüber doch nicht schon das üble Gerede. Menschen, sagt Marie de Gournay, vernichten sich, anders als wilde Tiere, weniger mit Zähnen und Klauen als mit böser und feindlicher Zunge. Es gibt zweierlei Arten des Vernichtungskrieges. Man kann den anderen auf offenem Felde niederstechen oder ihn hinterrücks mit niederträchtigem Geschwätz und übel wollenden Reden zerstören. Sie finde, sagt die Demoiselle in ihrem Essay »Über die üble Nachrede« (*De la médisance*) und bezieht sich damit verbal und methodisch auf ihren Lehrmeister Montaigne, dass derjenige ein schlimmerer Kannibale sei, der die Ehre und damit das Leben der anderen vertilgt, als derjenige, der bloß die Leiber seiner verstorbenen Feinde verzehrt.[13]

Montaigne hatte in seinem Vergleich zwischen dem Brauchtum der Menschenfresser der neuen Welt, die ihre getöteten Feinde verspeisen, und den qualvoll zum Tode führenden Foltermethoden, die Europäer zur Erpressung von Geständnissen anwenden, die Frage gestellt, welches der beiden Verfahren wohl barbarischer sei. Marie de Gournay treibt diesen Vergleich bis ins höfische Zentrum des zivilisierten Dünkels weiter. Auch wenn die Sprache die Menschen vor den Tieren auszeichnet, macht sie ihn doch nur zu geistigen Tieren, die ihre Nächsten mit schneidenden Worten zerreißen. So sehr Marie an die Vernunft appelliert, vertraut sie doch weder darauf, dass der Diskurs der Vernunft die Macht übernimmt, noch darauf, dass der Hof als das Zentrum der Macht den Prozess der Zivilisation vorantreiben hilft.[14] Die Welt, heißt es in dem autobiographischen Gedicht »A Lentin«, ist ein Tollhaus (»une cage à foux«), und am verrücktesten von allen sind die Leute des Hofes. Denn der Lügner spricht hier und der Dummkopf glaubt es (»le menteur parle et le sot croit«).[15] Lentin, eine Figur des Hofes, deren wahren Namen die Autorin nicht preisgeben will, weil die Person nicht mehr lebe (und sich folglich nicht mehr zur Wehr setzen kann), personifiziert die Falschheit des neuen höfischen Geistes.[16] Marie zweifelt weniger an den Menschen als an den Zentren der Macht.

Schon in ihren ersten Schriften bestand die *fille d'alliance* auf dem wesentlichen intellektuellen Unterschied zwischen vortrefflichen Menschen, die sie wesensgleich, nämlich »semblables« nannte, und der abgedroschenen Meinung der gemeinen Leute, der bloßen »vulgaires«. Diese älteren und in der damaligen Zeit gebräuchlichen Begriffe werden im Spätwerk beibehalten, aber mit neuem Inhalt konkretisiert. In den jüngeren Beiträgen des *Ombre* gewinnt ein Gegensatzpaar die Oberhand, bei dem der Hof als das Zentrum der Macht und als Sammelpunkt einer kriechenden Meute von Schmeichlern und Übelrednern fungiert. Der schon im *Proumenoir* eingeschlagene sozialkritische Ton gewinnt an Schärfe und Präzision. Marie de Gournay ist zur Gesellschaftskritik fortgeschritten und geht damit auch über Montaigne hinaus. Montaigne hatte in seiner Analyse des Gerüchts der Hexenhysterie seiner Zeit heftig widersprochen. Die *fille d'alliance* erweitert den Widerspruch um die sozialkritische Komponente. Wer spricht und wen trifft das Gerücht? Der Rufmord ereilt, stellt Marie de Gournay als Betroffene fest, diejenigen, die ohnehin schon vom Pech verfolgt sind. Unglück oder Missgeschick (»mauvaise fortune«) wird zum Schlüsselwort für die Begründung der eigenen Misere und für die ausgeführte Seite einer frühen Gesellschaftskritik.

Marie de Gournay erkennt in ihren Analysen nicht nur die perspektivische Seite, sondern die sozialen Grenzen des Wahrheitsbegriffs: Kann Wahrheit dort sein, wo man denen schmeichelt, denen es gut geht, und diejenigen, die im Elend stecken, noch darüber hinaus schlecht macht? Die Wahrheit hat nach Marie de Gournay am Hof keinen Platz, weil hier der Schwache aus Prinzip im Unrecht ist (»toujours en Court le faible a tort«).[17] Nur der Elende kennt die wirkliche Welt. Ein schwacher Trost: Wahrheit ist das einzige Privileg der Entprivilegierten. Bloß der Unglückliche isst vom Baum der sozialen Erkenntnis und sieht das unmaskierte Gesicht einer Gesellschaft, das für die Wohlhabenden immer verschleiert ist.[18]

Die Kühnheit dieser These, vor den Toren der höfischen Gesellschaft und von einer Frau ausgesprochen, ist ungewöhnlich. Zu einem Zeitpunkt, an dem alle Welt versucht, sich mit dem Zentrum der Macht ins Benehmen zu setzen, entwickelt die geschmähte Dame Elemente einer Theorie der Marginalisierung, die den Blick auf ihr eigenes Verstummen lenkt. Wissen und Macht fallen für Marie de Gournay auseinander; zugleich weiß die Autorin aus eigener Erfahrung, dass Menschen, die durch ihr Unglück am Rande stehen, von einflussreichen Personen kaum wahrgenommen werden. Wer im Elend steckt, er mag noch so tugendhaft sein, gehört zum Abschaum der Stadt, gilt als Müll am Platz, wird überhört und belacht, wenn er gute Ratschläge gibt (»le pauvre vertueux est ... l'écume de la Ville, le rebut de la Place ... S'il se trouve en conversation il n'est pas écouté, ... s'il donne conseil on s'en moque«). Die Demoiselle ohne Fortune brandmarkt eine perverse Gesellschaft. In ihr geht der Rufmörder straffrei aus, während schon der bloße Gedanke dessen, der als randständig gilt, wie ein Verbrechen geahndet wird (»sa seule pensée est punie comme un crime«).[19] Das beste, was ihn (oder sie) dann noch erwarten könnte, wäre, dass man ihn (oder sie) überhört.

Als Marie de Gournay 1626 in ihren vermischten Schriften die »Apologie pour celle qui écrit« (Apologie für die, die schreibt) zur Veröffentlichung bringt, ist dieser Text vor allem auch eine Anklageschrift, die, wäre sie nur zur Kenntnis genommen worden, die intellektuelle Tradition des *J'accuse* in Frankreich hätte begründen können.[20] Der oben zitierte erste Satz aus der Verteidigungsrede ist eine Kriegserklärung gegen die eigene Zeit. Gleichzeitig teilt die Autorin mit, warum sie geschwiegen hat, ohne doch schweigen zu wollen, indem sie den Teufelskreis ihres glücklosen Lebens aufzeichnet. Seit der Kindheit (dès le bas âge) von Ludwig XIII. hat Marie de Gournay im Buch ihres Lebens Lügengeschichten und Verleumdungen zusammengetragen, bis sie im *Ombre* sich endlich öffentlich wehrt.[21]

Die Selbstverteidigungsschrift gibt darum auch indirekt Aufschluss über die Gründe der verspäteten Wortmeldung der Marie de Gournay und über die Dialektik im Prozess der Zivilisation. Der Geldbeutel regiert und mit ihm ein neuer Antihumanismus und Antiintellektualismus.[22] Wohlstand erzeugt gleichsam strukturell Unwissenheit, da der Reiche, immer von falschen Freunden umgeben, kaum Gelegenheit hat, das in Erfahrung zu bringen, was sich dem Elenden Schritt für Schritt offenbart. Die Wahrheit dieser Zeit und Gesellschaft ist: Wem es schlecht geht, der wird auch noch schlecht gemacht.

Vor allem drei Sorten von Menschen ziehen am Hof das Gerede auf sich. Erstens fällt das Gerücht über die Armen her. Ihnen ist alles zuzutrauen; daher werden sie bei einem Verbrechen als erste verdächtigt. Zweitens gibt es für die Höflinge nach der Armut nichts Lächerlicheres als einen oder eine – ausdrücklich nennt der Text auch die weibliche Form –, der oder die die Dinge unvoreingenommen betrachtet und weise prüft. Drittens nämlich ist der Gipfel der Lächerlichkeit in der höfischen Meinung eine Frau, die sich, wie Marie de Gournay, um Aufklärung und Wissen bemüht (»Il n'est rien pour lui de sot ni de ridicule, après la pauvreté, comme d'être clairvoyant et savant: combien plus d'être clairvoyante et savante, ou d'avoir simplement, ainsi que moi, désiré de se rendre telle?«).[23] Über gebildete Frauen reimt sich der gemeine Mann die tollsten Geschichten zusammen. Ist eine Frau nicht bloß gebildet, sondern darüber hinaus auch noch arm, wird sie beinahe zwangsläufig zur Zielscheibe des obszönen Geredes am Hofe, wo sich die Verächter des weiblichen Geschlechtes (ces mépriseurs du Sexe) nur so tummeln.[24] Wo man ohnehin die Wahrheit verachtet, werden studierte Frauen erst recht nicht geschätzt. Allenfalls eine Frau im Zentrum der Macht wäre vor bösem Leumund geschützt und könnte aufgrund ihrer Stellung etwas bewegen.

Im zweiten sozialgeschichtlich interessanten Teil der Apologie steht die Zurückweisung von Verleumdungen, die sich auf die wirtschaftliche Situation Marie de Gournays beziehen, im Vordergrund. Marie de Gournay legt über ihre finanziellen Verhältnisse Rechenschaft ab. Wir erfahren von den Schulden, in die sich die Mutter Madame le Jars nach dem Tod des Vaters und in den Zeiten des Bürgerkrieges stürzte. Wir hören, dass im Unterschied zum ältesten der Brüder, der das Schloss von Gournay erbt, die übrigen fünf Geschwister sich nicht nur zwei Häuser, sondern auch die Schulden der Mutter teilen müssen, so dass im Endeffekt für Marie de Gournay wenig übrigbleibt. Schon 1595 hatte die Klage, die im Text *Grief des Dames* dreißig Jahre später fast wörtlich wiederkehrt, im Leben der damals noch jungen Frau eine konkrete materielle Bedeutung: »Glücklich bist du, Leser, wenn du nicht dem Geschlecht angehörst, dem man alle Güter untersagt hat.« Zwar war Marie le Jars de Gournay das älteste Kind, aber sie war eine Tochter, so dass ihr die Bürde zufiel, für die jüngeren Geschwister zu sorgen, und ihrem ältesten Bruder das Schloss von Gournay. Als Frau konnte sie nicht wie ein Mann ein Studium ergreifen, einen Beruf erlernen, ein Amt bekleiden. Spätestens mit dem Ende des Bürgerkriegs, als sich die Verhältnisse in Frankreich allmählich normalisieren, merkt Marie de Gournay, dass ihr ungewöhnliches Lebensprojekt von ihrer eigenen kleinen Erbschaft nicht abgedeckt wird und nicht zur zivilisatorischen Perspektive der Neuerer am Hof gehört. Marie verfolgt in ihrem Selbstverständnis und in ihrem praktischen Handeln das genaue Gegenteil dessen, was man(n) von ihr als Frau erwartet und was man(n) ihr als Frau realiter zugesteht. Weder will sie, wie zwei ihrer Schwestern, Gattin und Mutter sein, noch hat sie im Sinn, sich wie die dritte Schwester in ein Kloster zurückzuziehen. Sie möchte nicht nähen, sondern studieren und schreiben. Nur bräuchte sie dazu eine ökonomische Basis. Man kann nicht schreiben, wenn man kein Geld hat. Schon gar nicht ist eine fast mittellose Frau in der Lage, Schriften zu verfassen und zu publizieren.

Schritt für Schritt weist die *Apologie* auf die strukturellen Barrieren, die eine Frau daran hindern, als Gelehrte zu leben, und nähert uns damit auch einer Klärung der Frage, was Marie de Gournay in der Mitte ihres Lebens an Veröffentlichungen hindert. Die *fille d'alliance* führte über Jahrzehnte hinweg einen Überlebenskampf. »Meine Küche«, schreibt sie in einem Dankesgedicht an eine ungenannte Gönnerin, vielleicht ist es Margarete von Valois, die erste Frau Heinrichs IV., »war kalt und leer«. Erst als Marie de Gournay ihre Zuwendung erhält, wärmt endlich ein Topf auf dem Feuer die unfreundliche Wohnung. Indes bleibt die Behaglichkeit unbeständig. Mal ist die Küche kalt, mal ist sie warm, so dass sich die Dichterin eine Erkältung holt, die noch immer nicht völlig ausgeheilt ist.[25] Etliche Gedichte und Epigramme aus dem *Bouquet de Pinde* dürften in der Erwartung oder auch als Dank für die eine oder andere Zuwendung an die fröstelnde Gelehrte entstanden sein. »Struggle for independance« nennt Gournays Biographin Marjorie Ilsley die Jahre der geringfügigen Produktion, die zugleich Jahre der geringfügigen Mittel sind.[26] Es kann nicht die Rede davon sein, dass sich Marie auf ihren Lorbeeren ausruht. Aber man sieht dem Schweigen den Teufelskreis der Armut nicht unmittelbar an.

Die *Apologie* berichtet, was Marie de Gournay alles anstellte, um die materielle Situation zu verändern. Sie steckte etwas Hoffnung und Geld in die Alchimie, nicht nur ohne Erfolg, sondern mit der Folge neu kursierender Gerüchte, die wissbegierige Dame gebe ein Vermögen für okkulte Praktiken aus. Diese verteidigt zwar das Forschungsinteresse, beteuert aber, ihre Studien stets nur in einem finanziell vertretbaren Maße betrieben zu haben, da sie das bisschen Geld, das für die Versuche erforderlich war, sich an anderer Stelle ersparte. Elyane Dezon-Jones hat in ihren Recherchen herausgefunden, wie häufig die alleinstehende Frau im ersten Jahrzehnt des neuen Jahrhunderts ihre Wohnung wechselt, wohl, weil sie ein preiswerteres Domizil nehmen muss.[27] Schließlich wohnt Marie de Gournay viele Jahre lang im dritten Geschoss unterm Dach in der *Rue de l'arbre sec*, der Strasse zum trockenen Baum, die sich als schmale Gasse zwischen der Rue Saint-Honoré und der Seine erstreckt. Indessen kann eine Dame, die auf ihren Ruf achten muss, ihre Bedürfnisse nicht auf nichts reduzieren. Marie überlegt sich, wie sie es anstellen könnte, um in den Genuss einer staatlichen Unterstützung zu kommen. Gibt es nicht Zeitgenossen genug, die schon für ein paar mehr oder weniger gelungene Verse eine Rente erhalten? Wir kennen aus der Zeit Ludwig XIV. umfangreiche Listen mit Namen von Dichtern und Gelehrten, die unter der Finanzhoheit von Colbert einen staatlichen Zuschuss bezogen.[28] Verdient jemand, der die Schriften des großen Montaigne mit unermüdlicher Hingabe und Sorgfalt ediert, nicht ebenfalls eine Staatspension? Marie de Gournay sucht nach Wegen, sich Fürsprecher und Förderer am Hof zu verschaffen, weshalb sie Leute einlädt, die dem Hof nahe stehen.[29] Aber erstens verursachen solche Einladungen selbst wieder Kosten, die den Vorwurf eines zu aufwändigen Lebensstils nach sich ziehen, zweitens schafft Marie de Gournay es nicht, das Verhalten der Schönlinge des Hofes selbst zu adaptieren. Das ist eine Sache, die ihr ganz und gar nicht liegt (»chose totalement hors de ma capacité«), gibt sie offen zu.[30] Die Lage ist oft zum Verzweifeln. Um ihre Traurigkeit zu verjagen, habe sie einige Zeit, verteidigt sich Marie de Gournay, ein junges Mädchen beschäftigt, das ihr das Flötenspiel beibringen sollte.[31] Selbstverständlich wird ihr auch dieser Luxus verübelt.

Die Verteidigungsschrift ist voll von Beispielen dieser Art: Jeder Versuch, der Misere zu entkommen, kostet schon wieder Geld und nährt die Gerüchteküche. Recht besehen beschreibt die *Apologie* einen Circulus vitiosus. Glück beruht auf Geld. Ohne Geld ist das weitere Unglück schon vorprogrammiert. Marie de Gournay versucht einen beinahe schizophrenen Balanceakt: Sie versucht, sich den Hof gewogen zu machen, und greift zugleich dessen Günstlinge an. Da man(n) Frauen auf ein allgemeines Muster ihres Geschlechtes festnagelt, kann und darf sie diejenige nicht sein, die sie ihrem Selbstverständnis nach ist: eine studierte Frau und Partisanin der Wahrheit (»femme studieuse et partisane de la vérité«). Man(n) glaubt ihr nicht nur nicht, sondern sie schadet sich meistens nur selbst, wenn sie sagt, was sie denkt und erkennt (»Or je suis partisane de la Vérité, que je ne la puis même nier, où elle me nuit, quand je suis obligée de parler«).[32] Marie de Gournay besitzt ein klares Bewusstsein von ihrer perversen Situation.

Nicht nur der Text der Apologie zeigt die Widersprüche in ihrem Verhalten, die der ausweglosen Logik der Verhältnisse entsprechen. Kurz nach der Vermählung von Heinrich IV. mit Maria von Medici verfasst Marie anlässlich der Schwangerschaft der jungen Königin im Jahr 1601 einen Erziehungsratgeber, der die außerordentliche Bedeutung der Erziehung für den künftigen Prinzen sowie auch für jeden Bürger im Staate hervorhebt. Aber so sehr die Autorin darum bemüht ist, das Augenmerk des Königs auf sich zu lenken, brüskiert sie mit dem, was sie sagt, doch den Hofstaat des Königs. Erstens führt sie soziale Differenzen auf Erziehungseffekte zurück: Bei einer entsprechenden Erziehung des Volkes, lässt die Dame verlauten, wären bei ihm dieselben zivilisierenden Folgen wie beim Adel zu erwarten. Zweitens erklärt die Verfasserin nicht nur die Moral zur wichtigsten der Wissenschaften, sondern verlangt, den Wert jeder Wissenschaft nach der Bedeutung zu bemessen, den sie für den Menschen und für sein Leben besitzt.[33] Marie de Gournay ist Humanistin. Der Mensch und nicht der Hof, der Mensch und nicht der Mann sind das Zentrum ihres Denkens. Schließlich ermahnt die Schrift den König, auf jeden Fall den Fähigsten zum Erzieher des Prinzen zu machen und nicht etwa einen in seinen Sitten verdorbenen Höfling: So wie es ein Irrtum wäre, einen Arzt nach dem Gesichtspunkt seiner Hautfarbe oder Nationalität statt nach seiner Kompetenz auszusuchen, gehe es auch bei der Wahl desjenigen, der für das Wohl der Allgemeinheit zuständig ist, ausschließlich darum, den Fähigsten zu gewinnen, gleichgültig, ob er der Sohn eines Edelmannes, eines Bürgers oder eines Bauern sei. Marie wagt nicht zu sagen, dass es auch eine Frau sein könnte. Aber als Angehörige eines Geschlechts, das nicht sein darf, was es ist, weist die »Partisanin der Wahrheit« zu einem Zeitpunkt, als der Hof dem Höhepunkt seiner absolutistischen Pracht erst noch zustrebt, schon auf die höfische Differenz zwischen Schein und Sein. Wer einen König erziehen soll, muss nicht von Geburt aus, sondern dem Begriff nach adelig sein. Adel ist eine Frage der inneren Größe und nicht der Geburt. Ein vulgärer Mensch kann sich durchaus am Hof herumtreiben und ist hier zu Haus, während Sokrates als ein einfacher Bürger durch die Straßen Athens lief. Schon für einen Mann des frühen siebzehnten Jahrhunderts waren solche Gedanken ein Wagnis. Hatte Marie de Gournay so gesehen gar das Glück, als Frau bloß belacht und nicht ernst genommen zu werden?

Beharrlich bleibt die Demoiselle dennoch am Ball. Sie verfasst zur Geburt des zweiten königlichen Sohnes eine weitere Erziehungsschrift.[34] Wir wissen nicht, ob sie Heinrich IV. jemals zur Kenntnis nahm. Der *Apologie* ist jedoch zu entnehmen, dass Marie de Gournay vom König just vier Wochen vor seinem Tod aufgefordert wurde, sich am Hof häufiger blicken zu lassen.[35] Konnte sie sich endlich Hoffnung auf eine Rente machen? Erneut kommt ein schreckliches Unglück dazwischen. Der König wird ermordet und

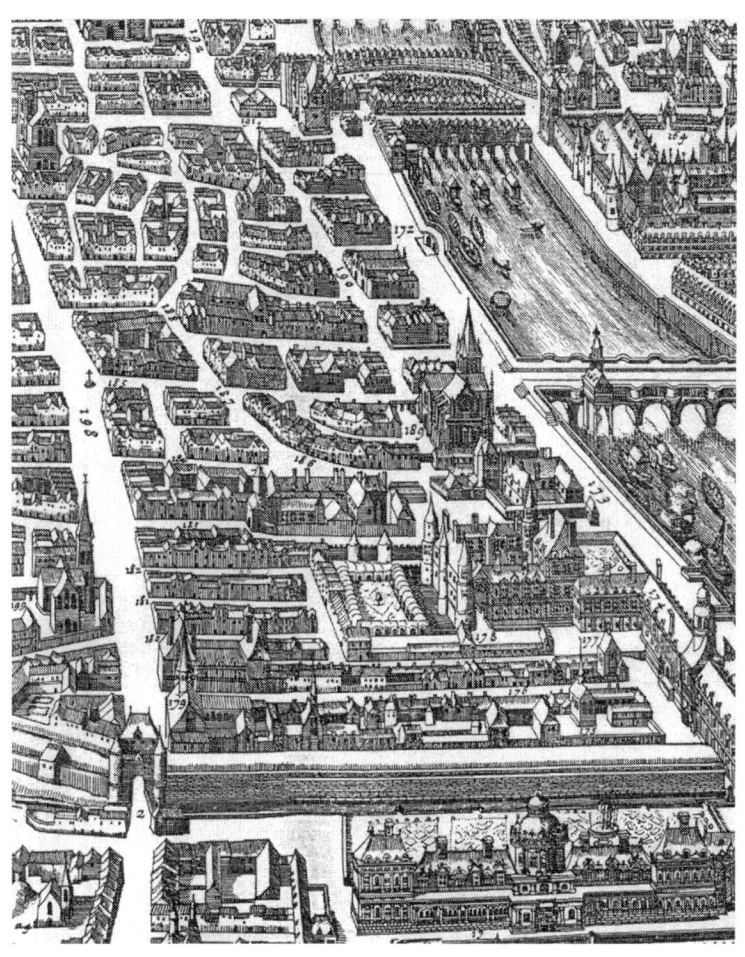

Abb. 5: Das Pariser Viertel, in dem Marie de Gournay zu Hause war.
Planausschnitt von Paris (1618): Im Vordergrund vor der Stadtmauer der Louvre; ausgehend von der Pforte St. Honoré die Rue Saint-Honoré, in der Marie de Gournay seit dem Ende der zwanziger Jahre bis zu ihrem Tod wohnte. Im rechten Winkel von der Rue Saint-Honoré führt die Rue de l'arbre sec an der Kirche St. Germain l'Auxerois vorbei zum Pont Neuf. Hier war Marie de Gournays vormalige Wohnung im dritten Stock unterm Dach.

hinterlässt die hoffnungsvolle Untertanin wieder in ungesicherten Verhältnissen. Mehr als andere zeigt sich Marie betroffen. Sie setzt sich hin, nicht bloß um einen Nachruf auf den Verstorbenen zu schreiben, sondern auch um ihren Emotionen Luft zu machen. *Exclamation sur l'assassinat déplorable de l'année mille six cens dix* (Aufschrei über den erbärmlichen Mord im Jahr 1610) nennt Marie de Gournay ihren dramatischen Text, in dem sie die Zeit gleichsam zurückspult, um dem Mörder noch selbst in die Arme fallen zu können.[36] Tatsächlich scheint Mademoiselle de Gournay in einen gescheiterten Versuch, das Komplott zu verhindern, verwickelt gewesen zu sein.[37] Willst du dein gramerfülltes Vaterland zur Waise und Witwe machen? (»Veux-tu rendre ta désolée patrie orpheline & veuve?«), ruft die Patriotin mit theatralischer Gestik, so als zögere der Mörder noch und könne durch die Kraft der Argumente von der Tat zurückgehalten werden.[38] Noch immer lebt Marie de Gournay also im Konjunktiv: Hätte sie doch die Macht gehabt, diesen Mord zu verhindern, unter dem die ganze Nation und der Frieden der Völker leiden. Ein einzelner Mensch stirbt und die Welt ist verändert. Für Marie de Gournay ruft dieses Ereignis vergangene Traumata wach. Mit elf Jahren verlor das Mädchen seinen leiblichen Vater, mit achtundzwanzig Jahren entriss der Tod der jungen Frau den geistigen Vater. In der Mitte ihres Lebens, als die Fünfzigjährige es endlich geschafft hat, die Gunst des Königs auf sich zu ziehen, wird dieser getötet. Frankreich ist Waise, aber Marie de Gournay ist es zum dritten Mal und zwar gerade als sie sich Hoffnung machte, ihr Elend werde ein Ende haben. Noch einmal durchlebt sie einen Zustand tiefster Verzweiflung. Der klügste Mann in Frankreich starb, der mächtigste Mann im Land wurde ermordet. Wie hinfällig sind die Macht und der Ruhm des menschlichen Lebens: nichts als der Traum eines Schattens – »Le songe d'une ombre«.[39]

Erstmals klingt an dieser Stelle das Motto von Marie de Gournays weiterem Werk an, das Pindars pythischen Oden entnommen ist. Der Mensch ist der Traum eines Schattens. Aufsteigend aus der Schattenwelt kehrt er in sie als vergängliches Wesen zurück. Alle Wehmut und Trauer, von denen die Verfasserin jetzt überwältigt wird, sind in diesem Vers des Pindar schon vorempfunden. Und dennoch gibt Marie de Gournay auch nach dieser weiteren großen Enttäuschung nicht auf. In der Absicht, der Wahrheit dienlich zu sein, mischt sie sich in die Beschuldigungen ein, die in den Jesuiten die Mörder des Königs ausmachen, und ergreift für die Verdächtigten Partei. Interessant an dieser Verteidigung ist nicht nur, dass Marie de Gournay durch die Schrift, wie könnte es anders sein, selbst zur Zielscheibe öffentlicher Kritik wird, sondern dass ihr diese Kritik noch im selben Jahr die zweifelhafte Ehre einer Schmähschrift mit dem Beinamen eines »Anti-Gournay« zuteil werden lässt.[40] Das Pamphlet dient auf einem Nebenschauplatz des großen Welttheaters der Entehrung der streitbaren Dame. Kein Mann wird in dieser Weise niedergemacht. Mademoiselle de Gournay, heißt es in hämischer Zweideutigkeit, sei dem Publikum immer zu Diensten gewesen (»a toujours bien servi au public«). Statt sich mit ihren Argumenten auseinander zu setzen, zieht der Schreiberling die fünfzigjährige Jungfrau (»pucelle de cinquante ans«) selbst in den Schmutz.[41] Noch am Ende des Jahrhunderts wird in Anknüpfung an die Vorkommnisse die Anekdote kolportiert, ein guter Freund habe der Demoiselle geraten, sich vor ihrem Buch malen zu lassen, um zu beweisen, wie unmöglich besagte Nachrede sei.[42]

Es lässt sich also nicht länger behaupten, dass Marie in der Mitte ihres Lebens verstummt war. Aber eine Frau, die öffentlich auftritt und spricht, kann nichts anderes sein als ein Freudenmädchen. Man hört allenthalben das Gelächter über den schlechten Witz, der noch einmal bestätigt: Sokrates hätte keine Frau sein können. Fast noch beleidigender ist es freilich, wenn man(n) zur Ehrenrettung der Dame ins Gesicht sagt, sie sei so hässlich, dass es niemand überhaupt in den Sinn kommen könnte, sie begehrenswert zu finden.

2. Auftakt zur fortgesetzten Rede: Marie de Gournays wiedergefundene Sprache

Die Anekdote spielt darauf an, dass die Demoiselle, die auch noch im achten Lebensjahrzehnt mit Eifer und Ausdauer werktätig ist, der dritten und letzten Ausgabe ihrer vermischten Schriften im Jahr 1641 auf dem Frontispiz ein Portrait vorausschickt, das eine junge Frau von ansprechendem Äußeren mit einem ovalen, von Löckchen umrahmten Gesicht, hoher Stirn, einem kleinen, fast etwas trotzig geschlossenen Mund, wachen und kecken Augen zeigt. Die nach einer Vorlage des Malers und Graveurs Matheus gedruckte Abbildung ist die einzige, die wir als autorisiertes Portrait von Marie de Gournay kennen. Sie dient der späteren Lithographie von Nicolas

Henri Jacob als Vorlage.[43] Ebenfalls in die Ausgabe von 1641 erstmals aufgenommen ist ein schriftlich verfasstes Selbstportrait, das Marie de Gournay, zum Gespött böser Buben, fünfzigjährig in der irrigen Meinung entwarf, der englische König wünsche die Vita des französischen Fräuleins und, wie Tallemant des Réaux in seiner Anekdotensammlung, den *Historiettes,* ergänzt, auch ihr Bild in ein Kompendium über Gelehrte des Jahrhunderts mit aufzunehmen.[44] Die Autorin beschreibt sich in dieser Selbstdarstellung als Person von mittlerer Größe, gut gewachsen, mit hellbraunem Teint, kastanienbraunen Haaren und einem runden Gesicht, das man weder schön noch hässlich nennen könne (»qui ne se peut appeler ni beau ni laid«).[45] Möglicherweise ließ sich Marie de Gournay von Jean Matheus porträtieren, der zu dieser Zeit in Paris tätig war, um der Vita für den englischen König ein Bild beizufügen. Mit unseren Schlüssen über das Aussehen Marie de Gournays müssen wir dennoch vorsichtig sein, da der überlieferte Stich ein jugendliches Gesicht zeigt, während das Fräulein damals schon fünfzig Jahre alt war.

Auch aus der fünfundzwanzig Jahre nach der Abfassung des Selbstportraits verfassten Erklärung der nunmehr wirklich betagten Dame lässt sich noch das Ausmaß der einstigen Kränkung ablesen, gegen die Marie de Gournay zu ihrer späten Ehrenrettung beschließt, der Neuauflage der gesammelten Werke eine Abschrift der früheren Vita hinzuzufügen, bevor das Original, wie der Text lakonisch bemerkt, zu Grabe getragen sein wird.[46] Vordergründig heißt diese Vita »Copie de la vie de la Damoiselle de Gournay«, weil es sich ja um eine Zweitschrift der früheren Fassung handelt, die hintergründig, wie die Autorin wohl weiß, vom Leben selbst nur ein Abklatsch war. Aus demselben Grund ist es auch schwierig, sich Marie de Gournays Biographie zu nähern, da Lobpreisung und Rufmord, Selbstverteidigung und Anklage, Nachrede und Gegenrede, Traum und Trauma, Abbild, Retuschierung und Fälschung unentwirrbar miteinander verflochten sind. Bis ans Ende ihrer Tage setzt sich die Demoiselle gegen die Vielzahl an Karikaturen, die das Original zum verspotteten Original überzeichnen, mit Witz und Empörung zur Wehr. Auch aus letzter Hand spiegelt das Buch des Lebens die Knebelung der Verfasserin durch das Urteil und die Wertvorstellungen des siebzehnten Jahrhunderts. Das Lebenswerk als ganzes ist Korrektur und Umschrift, Gegendarstellung und Palimpsest, hinter denen alte und böse Geschichten stehen und woraus weitere Histörchen und Nachreden folgen.[47] Nichts von allem im Detail mag wahr sein und ist dennoch Bestandteil einer authentischen Lebenserfahrung, die vom Urbild dessen, was sich das Original vom Leben erträumte, immer weit entfernt blieb. Um die Wahrheit über das Leben Marie de Gournays zu erfahren, muss man die Übertreibungen und Spottbilder deshalb ernster nehmen, als das anzügliche Genre es gemeinhin verdient.

Als die Dame Gournay sechzigjährig endlich das Buch vom *Schatten* als Lebenswerk an die Öffentlichkeit bringt, ist die Autorin sich ihrer gebrochenen und zusammengesetzten Vita bewusst. Sie müht sich ab und zeigt Beharrungsvermögen, aber der Erfolg ihrer Bemühungen lässt auf sich warten. Auch wenn die *fille d'alliance* ihrem geistigen Vater auf Schritt und Tritt folgt, wird sie doch nie in seine Fußstapfen treten. Eine Frau ist nicht Sokrates und wird durch anhaltende geistige Kindschaft auch kein Montaigne. Mademoiselle de Gournay macht sich in ihren späten Jahren selbst nichts mehr vor. Ihre vermischten Schriften können sich mit den *Essais* nicht messen. Sie sind keine Versuche des Lebens, sondern, wie der Titel verkündet, allenfalls dessen Schatten, ja weniger noch als ein Schatten, nämlich ein Schatten des Schattens. Marie de Gournay ist zu alt, um ihrem Leben einen ganz neuen Anstoß zu geben. Sie packt das Gemisch ihres Daseins zusammen und packt zugleich aus: Was hat man ihr angetan und warum?

Nicht dass sie überhaupt an die Öffentlichkeit tritt, kann überraschen, dergleichen war seit langem zu erwarten. Die Frage steht vielmehr noch immer im Raum, warum nach Jahrzehnten verhaltener Produktion Marie de Gournay *jetzt* ihr Sammelwerk an die Öffentlichkeit bringt. Das späte Glück einer endlich bewilligten staatlichen Altersrente wird ihr erst nach dem Erscheinen des Buches zufallen und kann daher nicht zur Erklärung des Zeitpunkts dienen. Marie de Gournay selbst legt nirgendwo Rechenschaft ab, was sie zur Drucklegung des zweibändigen Œuvres führt und befähigt.

Wer anders als das Buch selbst könnte eine Antwort geben? Aber *L'Ombre*, das schwergewichtige Opus mit dem bescheidenen Untertitel »œuvre composé de meslanges« ist eine Komposition aus in zwei Büchern zusammengestellten vermischten Schriften, die keine schnelle Antwort auf unsere Frage erlauben. Das zweite Buch enthält überarbeitete und erweiterte Übersetzungen und theoretische Aufsätze, die Marie de Gournay zu Fragen der Übersetzung verfasste, sowie einen bunten Strauß von Gedichten, das *Bouquet de Pin-*

de.[48] Das erste Buch des *Ombre* ist demgegenüber umfangreicher, provokanter, aber auch heterogener. Es umfasst die pädagogischen Schriften (die schon anlässlich der Geburt der Söhne von Heinrich IV. geschrieben wurden), drei Texte, die nach der Ermordung von Heinrich IV. entstanden, eine größere Anzahl moralphilosophischer, gesellschaftskritischer und sprachphilosophischer Essays, eine Neuauflage des *Proumenoir*, die Verteidigungsschrift der *Apologie* und gleichsam eingestreut in diese Mixtur des Lebens die kurze Beschwerde *Grief des Dames* und die längere Abhandlung über die *Égalité des hommes et des femmes*. Im großen und ganzen erfolgt die Komposition der Beiträge dieses Buches in chronologischer Reihenfolge, wobei die Jugendschrift des *Proumenoir* wohl darum so weit nach hinten rückt, weil Marie de Gournay sie als Neuauflage bezeichnet.

Die Annalen der Autorin enthalten keinen erkennbaren Hinweis auf das Erscheinungsdatum des Buches. 1625 hatte Marie de Gournay die *Essais* neu herausgegeben und dafür die zahlreichen Zitate Montaignes ins Französische übersetzt. 1624 veröffentlichte sie die Schrift »Remerciment au Roy« (Dank an den König), in der sich die peinliche Fälschung eines Gedichts von Pierre de Ronsard befindet, die Marie de Gournay bald zurücknehmen muss und die im Buch von 1626 keine Erwähnung mehr findet.[49] Lediglich eine einzige Veröffentlichung im Vorfeld des *Ombre* fällt aus der Reihe und verdient damit unsere Aufmerksamkeit. Denn vier Jahre vor der dickleibigen Werkausgabe veröffentlichte Marie de Gournay bereits jenen kleinen Traktat über die Gleichheit der Männer und Frauen, den wir vorauseilend bislang schon mehrfach erwähnten. Es ist dieser Traktat, der den roten Faden der Jugend aufnimmt, den Marie de Gournay noch zu Lebzeiten Montaignes, doch getrennt von ihm, in die tragische Erzählung von Alinda einspann. Rein äußerlich ist unschwer festzustellen, dass die alternde Frau sich jetzt dieser frühen Gedanken entsinnt (oder müssen wir sagen, an sie erinnert wird?) und damit den Sinn ihrer Rede zurückgewinnt. Ganz offensichtlich schließt sich eine Lücke des Lebens. Ist die Überlegung erlaubt und so abwegig nicht, dass darum in diesem Traktat von 1622 und nicht erst im Buch vom *Schatten* der Schlüssel für den zweiten Teil unserer Frage nach der späten Werktätigkeit liegt?

Der Einwand liegt auf der Hand, dass eine derartige Überlegung den bisherigen Versuch, Gründe für das Erscheinungsdatum des *Ombre* zu finden, um bloße vier Jahre zurückdatiert. Tatsächlich ist die Chronik der Ereignisse des Jahres 1622 auf den ersten Blick nicht dazu angetan, eine Rückkehr der alten Dame zu ihren feministisch argumentierenden Anfängen zu erklären. Hatte es Marie de Gournay etwa missfallen, dass die Königinmutter den jungen Maler Rubens beauftragte, ihre Fleischlichkeit auf immer und ewig dem Publikum darzubieten? Gewiss ist kein größerer Gegensatz denkbar als die ausgebreitete Opulenz einer Maria von Medici neben den Bildern der Dürftigkeit, die Marie de Gournay von sich selbst in Gedichten und Schriften zeichnet. Da hockt sie, ein paar Minuten vom Louvre und dem Zentrum des Luxus entfernt, im Dachgeschoss der *Rue de l'arbre sec* inmitten von Manuskripten, Folianten und Katzen und verfasst eine Schrift über die Gleichheit von Männern und Frauen, an deren Anfang die Ergebenheitsadresse an die junge Königin Anne d'Autriche ihrer königlichen Hoheit recht unmissverständlich erklärt, sie sei von einer Pest von Schmeichlern umgeben. Schwer vorstellbar ist, dass die sehr ergebene Dienerin ihrer Majestät sich mit dieser Art der Huldigung eine finanzielle Unterstützung erhoffen konnte.[50]

Die Autorin führt sich, kaum macht sie den Mund auf, als ungeschminkte und belehrende Querdenkerin ein. Ohne weitere Umschweife geht sie denn auch nach dem Ritual der Widmung in medias res. Gleich der erste Absatz skizziert ein neues Programm. »Die Mehrzahl derer, die für die Sache der Frauen und gegen den dünkelhaften Vorrang eintreten, den sich die Männer anmaßen«, beginnt die Schrift über die Gleichheit, »drehen den Spieß einfach um und geben stattdessen den Frauen den Vorzug«. Genannt ist, worum es im Folgenden geht, nämlich die Sache der Frauen. »Da ich für meinen Teil alle Extreme meide«, fährt Marie de Gournay nun aber fort, »begnüge ich mich damit, sie [die Frauen, B. R.] den Männern gleichzustellen, denn auch in dieser Hinsicht widerspricht die Natur der Überhöhung genauso wie der Erniedrigung«.[51] Schon im zweiten Satz setzt sich die Autorin in ein erstaunliches Abseits. Zur Mehrheit derer, die sich für die Sache der Frauen einsetzen, indem sie Frauen über die Männer stellen, zählt Marie de Gournay sich ausdrücklich nicht. Was sie sagen wird, kam den Zeitgenossen folglich erst selten zu Ohren, was sie ausspricht, ist in ihrer Zeit unerhört.

Dabei scheint die Eröffnung der Schrift durchaus harmlos zu sein. Marie de Gournay zeigt sich maßvoll und ist auf Bescheidenheit sichtlich bedacht. In Wirklichkeit ist diese Bescheidenheit ein

Trojanisches Pferd. In ihm ist eine umwälzend neue Botschaft versteckt: Männer und Frauen sind von Natur aus gleich. Marie de Gournay zögert nicht, schon im ersten Absatz dieses Programm zu verkünden. Es unterscheidet sich nicht nur von der Mehrheitsmeinung, sondern verkündet im Geschlechterverhältnis eine gedankliche Revolution. Wo hätte man(n) bislang gehört, die Frau gleiche dem Mann? Wird nicht vielmehr in allen Gassen der Hauptstadt herumposaunt, informiert uns der zweite Absatz, dass es den Frauen an Würde und Tüchtigkeit fehlt?[52] Marie de Gournay springt auf den fahrenden Zug eines stadtbekannten Disputes. Gleich der erste Satz resümiert den bisherigen Stand. Paris ist erfüllt vom geschwätzigen Zeitgeist, der sich darin gefällt, über wen auch immer, vorzugsweise aber auch Frauen, Satiren, Späße und übles Gerede in Umlauf zu bringen.[53] Nach den schlimmen Jahrzehnten des Bürgerkrieges haben die Leute nun den Frieden, das zu bereden und durch die Gosse zu ziehen, worum alles sich dreht. Die um ein halbes Jahrhundert zurückgedrängte Frage, welche Fähigkeiten und Rechte Frauen besitzen, wird erneut virulent und zum Stadtgespräch. Umso weniger kann dieser Diskurs überraschen, als in Paris die ersten von Frauen geführten Salons entstehen. Auch Marie de Gournays Wohnung ist ein Ort der Begegnung für intellektuelle Gespräche; berühmt werden die Salons der Marquise von Rambouillet und der Madame Des Loges, bei der auch Marie de Gournay verkehrt. Aber noch jede Veränderung in der Geschlechterordnung brachte die Frauenverächter prompt auf den Plan.[54] Der erste Satz des Traktats gibt Kunde von einem erneuerten Streit.

Mehrere schnell aufeinander folgende Publikationen in den Jahren vor dem Erscheinen des Gleichheitstraktates stützen diese Interpretation des Eingangssatzes. Die *Querelle* der Geschlechter, jahrzehntelang schwelend, ist mit spitzer Feder wieder voll entbrannt; ein Feuerwerk an Pamphleten und Schriften ergießt sich über die Metropole. Gustave Reynier hat in seinem Buch über die Frau im siebzehnten Jahrhundert zahlreiches Material gesammelt.[55] Wenn nicht jetzt, wann sonst wäre der Zeitpunkt gekommen, an dem eine alte Dame sich im Streit der Männer über Frauen das Rederecht nimmt.

Weder die Erniedrigung zum öffentlichen Mädchen, das dem Publikum immer zu Diensten sei, noch die hinterlistige Täuschung der Fünfzigjährigen bei der Formulierung ihrer Vita im Jahr 1616 hat Marie de Gournay vergessen. Indessen war dies eine persönliche

Abb. 6: Alles Schlechte kommt von den Frauen: Der große Streit der Geschlechter
Illustration aus dem *Tableau historique des ruses et subtilités des femmes* (1623),
Paris, Bibliothèque de l'Arsenal.

Schmach, gegen die sie sich nur persönlich wehren und rechtfertigen kann. Nun erscheint, wenig später, im Jahr 1617, in Paris das 430 Seiten starke Werk eines Unbekannten, das Marie de Gournays ganzes Geschlecht anprangert und die misogynen Klassiker der Vergangenheit weit in den Schatten stellt. Der Titel dieses Buches mutet im ersten Teil nahezu wissenschaftlich an. Es handelt sich um ein Alphabet, das von A bis Z sein Thema abhandelt; kein Jota darf bei dem großen Opus fehlen, das die Unvollkommenheit und Arglist der Frauen aufzeigt. Der Verleger braucht bei dieser Absicht des Werkes nicht um den Absatz zu fürchten. Bis zum Jahr 1650 erreicht das *Alphabet der Unvollkommenheit und Arglist der Frauen* (L'Alphabet de l'imperfection et malice des femmes) mit seinem alttestamentarischen Motto, unter tausend Menschen habe er nur einen guten gefunden, aber darunter keine einzige Frau[56] und einer süffisanten Widmung an die schlimmste von allen (la plus mauvaise du monde) immerhin achtzehn Auflagen. Allerdings provoziert es auch umgehend Kritik. Noch im Jahr der Ersterscheinung, also 1617, verfasst der Capitaine Vigoureux eine Verteidigung der Frauen gegen das Alphabet ihrer vorgeblichen Arglist und Unvollkommenheit (*Defense des Femmes, contre l'Alphabet de leur pretendue malice & imperfection*), in der er gegen den Anonymus die Auffassung vertritt, Mann und Frau seien notwendig eins, da die Frau ja als Teil des Mannes geschaffen wurde, weshalb die Laster der Frauen aber nicht nur auch Laster der Männer seien, sondern diesen vor allem zur Last gelegt werden müssten: Die Frau mache, dem Mann unterworfen, allenfalls das, was der Mann aus ihr macht. Capitaine Vigoureux dreht den Spieß, so wie Marie de Gournay im ersten Satz ihres Traktates moniert, also um. Gleichwohl preist Capitaine Vigoureux die Weisheit der Frauen, die statt Widerstand zu zeigen, ihre Unterwerfung unter den Mann sogar akzeptierten.[57]

Wir sehen die zweischneidige Argumentation der Verteidigung. Dennoch liefert der Anonymus, diesmal unter dem Namen eines gewissen Jacques Olivier, Lizensierter des Rechts, noch im selben Jahr eine wieder 250 Seiten starke Antwort auf die Unverschämtheiten des falschen Zeugen Capitaine Vigoureux über die Verteidigung der Frauen (*Responce aux Impertinences de l'aposte Capitaine Vigoureux: sur la defense des femmes*).[58] Die Herren sind ins Gefecht getreten, das die Gespräche der Stadt über Jahre aufrecht erhält. Ein Jahr später folgt aus der Feder des Chevalier de L'Escale ein Gegenalphabet weiblicher Vortrefflichkeit und Vollkommenheit (*Alphabet de leur excellence et perfection*) unter dem langen Titel »Kämpfer für die Frauen, der behauptet, dass sie vollkommener und in allem tugendhafter als die Männer sind« (*Le Champion des Femmes qui soutient qu'elles sont plus parfaites et en tout plus vertueuses que les hommes*). Tatsächlich kehrt der Ritter de L'Escale die Vorzeichen des ersten Alphabets einfach um. Wo der Anonymus schreibt, die Frau sei die unvollkommenste Kreatur des Universums, der Abschaum der Natur und ein Monster (»la plus imparfaite créature de l'univers, l'écume de nature ... un monstre en nature«), hält der Chevalier dagegen, Frauen seien nicht nur um vieles vollkommener als Männer, sondern derjenige sei ein Monstrum, dessen unlauterer Mund sich erdreiste, mit seinem stinkenden Atem den unsterblichen Glanz des weiblichen Geschlechts zu verfinstern (»dont l'impure bouche s'est efforcée de ternir avec sa puante haleine le lustre immortel de votre sexe«).[59] Auf beiden Seiten wird nicht an drastischen Worten und Beleidigungen gespart. Wo für den Frauenverächter die Frau als Urheberin aller Übel, Quelle aller Streitigkeiten und Sünden und der Schwäche des Geistes erscheint, trägt für den *Champion* gerade die Frauenverachtung an all den Lastern die größte Schuld.

Ein neues Schlachtfeld ist wortreich abgesteckt und zieht Kombattanten an. Es ist wieder Krieg unter den Bürgern, nur hat sich das Thema verlagert und die Mittel haben sich gewandelt. Die Glaubensfrage der Männer ist nicht mehr die Wahrheit der Religion, sondern die des Geschlechtes.[60] Aber die Religion leistet den Streitenden wie im Bürgerkrieg Gottesdienste. Neue Eiferer melden sich zu Wort. 1619 erscheint in der Nachfolge der Schmähschrift des Anonymus ein Pamphlet mit dem Titel *Das Purgatorium der verheirateten Männer. Mit den Strafen und Qualen, die sie unaufhörlich durch die Arglist und Bösartigkeit der Frauen erleiden* (Le purgatoire des hommes mariez. Avec les peines et les tourmens qu'ils endurent incessamment au subject de la malice et meschanceté des femmes) sowie die nahezu zweihundertseitige starke Schmähschrift über die Boshaftigkeit der Frauen (La méchanceté des femmes).[61] Wieder ein Jahr später, 1620, schreibt Dydimus des Armosins eine Hymne an die Frauen mit dem hochtrabenden Titel: *Die himmlischen Ruhmeszeichen, wo man die hochherzigen und unsterblichen Taten der berühmten Frauen sehen kann, eine Sammlung von mehreren schönen neuen Reden dieser Zeit, die zu Ehren der Damen gesammelt sind* (Les Trophées célestes, ou se peuvent voir les généreux et immortels faits des Femmes illustres. Ensembles de plusieurs autres discours nouveaux de ce temps recueillis à l'honneur des Dames).[62] Auch hier ist der Tenor deutlich: Die Frau ist das letzte und vollkommenste Werk Gottes, der kostbarste Schatz der Natur; die erhabene weibliche Stirn ist der Sitz der Gottheit, und der ist wahrhaft verblendet, der dies alles nicht sieht.

Eine wortreiche Redeschlacht ist über das weibliche Geschlecht entbrannt. Dennoch bleibt die Frau in dieser *Querelle* als Zielscheibe sowohl der Erniedrigung als auch der Erhöhung ein Gegenstand männlicher Wortgewalt. Nirgendwo taucht in diesen Schriften der Gedanke auf, das weibliche Geschlecht dem männlichen gleichzustellen, ihm dieselben Rechte und dasselbe Recht auf Bildung wie Männern zu geben. Die Frauen sind *sujet,* was nichts anderes bedeutet, als dass sie ein dem Diskurs der Männer entstammendes und ihm dauerhaft unterworfenes Thema und nicht Autorinnen ihrer Rede und ihres Lebens sind.[63] Man(n) macht aus ihnen gar nichts oder schon wieder zu viel. Im Ganzen offenbart die *Querelle* ein doppeltes Dilemma: Die Verachtung der Frauen ist zwar ein Skandalon, aber die Hochachtung der Frauen ist ein Paradoxon. Der Kämpfer für die Frauen, leidenschaftlich darum bemüht, ihnen Würde zu verleihen, rühmt sie als die schwächeren, aber besseren Menschen, weshalb es den kräftigeren, schlechteren Männern obliegt, für diese edlen und schwachen Geschöpfe zu sorgen. Aus demselben Grund und in derselben Diktion sind die Frauen als ruhender Pol der Menschheit und als Krone der Schöpfung das überaus glückliche, engelsgleiche Geschlecht. Der *Champion* erzählt die spätere Fabel von Herr und Knecht in der Rollenverteilung von Herrin und Mann. So wie das Pferd seinem Herrn, der Untertan seinem Fürsten und die Menschen der Gottheit, müssten die Männer den Frauen dienen und für sie Heldentaten vollbringen.[64] Welche Dialektik wird mit diesen Analogien aber freigesetzt?

Die Frau ist der Inbegriff des Glücks. *Bienheureuse* erscheint dem Mann die Frau, denn wo er nicht für sie kämpft und sein Leben einsetzt, liegt er der Dame zu Füssen und ist allein für sie da. Das steht in krassem Widerspruch zu der Klage, die Marie de Gournay, damals erst dreißigjährig, anstimmte: *Bienheureux est-tu,* glücklich bist du, wenn du *nicht* dem Geschlecht angehörst, dem man alles versagt hat, hieß es in dem bald wieder zurückgezogenen Vorwort zur Neuausgabe der *Essais* von 1595. Der Text *Grief des*

Dames im Sammelwerk *Ombre* knüpft wörtlich an diesen Passus an. Welten liegen zwischen diesem empörten Protest und dem Ruhmesblatt, das der Chevalier de L'Escale zur Verteidigung der Frauen verfasst. Wer ist nun wirklich glücklich, der Mann oder die Frau? Wer kann beurteilen, wer glücklich ist? Gewiss, auch L'Escale verschweigt nicht das Joch, unter das die männliche Tyrannei das Geschlecht der Frauen zwingt. Aber er preist (wie schon der Capitaine Vigoureux) auch die Engelsgeduld und das Schweigen der Frauen, mit denen sie das Joch der Tyrannen ertragen, und nimmt so einem Aufruhr den Wind aus den Segeln. Es finden sich, sagt der Frauenfreund, um den weiblichen Ruhm unermesslich zu machen, weniger Frauen, die sich an den tyrannischen Männern rächen, als Männer, die bereit sind, den Frauen ihre Fehler zu verzeihen. Frauen vergessen die ihnen zugefügten Schmähungen einfach. Das grenzt für L'Escale an ein Wunder, das er ganz wunderbar findet.[65] Sie sind die Krone der Schöpfung, der kostbarste Schatz der Natur und den bösen Männern weit überlegen. Man(n) hat den Spieß umgedreht, aber das Grundmuster der Ungleichheit beibehalten. Das ist es genau, was Marie de Gournay wütend macht. Die Vorstellung, schreibt sie in ihrem Traktat, »dass eine große Frau sich einen großen Mann (Menschen), nur mit vertauschtem Geschlecht, nennen könnte«, ist den Frauenverehrern ebenso fremd wie den Frauenverächtern.[66] Hier wie dort ist die Basis der *Querelle* die Einstimmung in das Geschlechtergefälle.

Oh *Champion des femmes*! Beim Lesen seiner Verteidigungsschrift lässt sich ermessen, wie die Demoiselle in Rage gerät. Wie viel leichter ist es da noch, sich gegen die Abscheulichkeiten eines Anonymus zu wehren als gegen eine Ruhmesrede, die dem engelsgleichen Geschlecht inmitten seines vollkommenen Glücks das Recht zur Klage moralisch verwehrt. Marie de Gournay, zurückgezogen in ihrer erhabenen Dachstube lebend, so dass manchem Besucher die Puste vergeht, zwar von Katzen umschnurrt, aber niemals von Männern auf Händen getragen, Marie de Gournay, altes Mädchen vergangener Zeiten und Träumerin ausstehender Tage, wacht auf. Das Maß der Geduld ist nun überschritten. Die Posaunen der Gegenwart wecken eine Tagträumerin auf und nötigen sie auf die Spuren ihres frühen Protestes zurück. Fast sechzigjährig schlägt Marie de Gournay die Brücke zwischen der frühen Herausforderung durch die *Essais* und der späten Provokation durch die neuesten Stadtgespräche. Ich wäre zufrieden, sagt sie, mehr verlangt sie nicht, *je me contente*, wenn Männer das weibliche Geschlecht dem ihren gleichstellen würden. Was zu viel ist, ist zu viel! Die Frau braucht keine Vergötterung, sondern Bildung und Rechte. Was macht dieser edle Ritter, der sich verbal für die Frauen schlägt, in Wirklichkeit anderes, als dass er die Mädchen und Mütter in höchster Bewunderung ihres Fleißes in der Gefangenschaft ihres Spinnrockens belässt?[67] Unterstreicht eine Ehrbezeugung, die dem weiblichen Geschlecht attestiert, auch ohne jeden Unterricht und ohne Lebenserfahrung (wie Schildkröten bewege sich dies Geschlecht kaum vom Fleck) sei ihm ein Wissen instinktiv angeboren, die Forderungen nach Bildung oder das Vorurteil derer, die eine Schulbildung für Frauen als überflüssig oder gar schädlich ansehen?[68]

3. Nichts als Geschwätz

Marie de Gournay begreift als einzige und erste die neue Gefahr, die von den Verteidigern des weiblichen Geschlechtes ausgeht und nicht bloß von seinen Verächtern. Ausgerechnet die Überhöhung der Frauen schwächt den von den Humanisten im sechzehnten Jahrhundert formulierten Bildungsanspruch mehr als das niederträchtige, dumme Geschwätz der Frauenfeinde. Wer vom einen Extrem der Erniedrigung in das andere Extrem der Idealisierung fällt, ändert nichts an der Geschlechterordnung.

Der Traktat von der Gleichheit legt seiner Leserschaft nahe, dass er sich an die Tugend der Mitte hält. Marie de Gournay meidet in Übereinstimmung mit der traditionellen Tugendlehre Extreme und geht damit scheinbar weniger weit als die männlichen Verteidiger des weiblichen Geschlechts. Dennoch trifft der Text von 1622 erstmals und gleich im ersten Satz den Nagel auf den Kopf. Die Vollkommenheitsadresse an die Frauen ist das Pendant ihrer Unvollkommenheitserklärung in der Realität. Das ganze Arrangement der Gesellschaft baut auf der Ungleichheit und Unvollkommenheit der Menschen auf. Marie de Gournay erhebt hier Einspruch. Nur die Gleichstellung, bloße Gleichstellung in den Rechten und Chancen, verhindert eine faktische Diskriminierung. Die Autorin bezeichnet diese Position zwar als genügsam, aber Marie de Gournay ahnte wohl oder wusste es auch, dass der Hintersinn dieser Genügsamkeit die scheinbare Radikalität derer weit übertraf, die, indem sie bloß die Vorzeichen der Ungleichstellung verdrehten, es beim Prinzip der Ungleichheit der Geschlechter beließen. Eine Höherstellung der Frauen lag im Rahmen der Ordnungsvorstellungen des ausgehenden Mittelalters und des beginnenden Absolutismus näher als ein wie auch immer begründeter Gleichheitsanspruch. Das Gesetz der Gleichheit, von dem schon im *Proumenoir* die Rede ist, widersprach der Erfahrung. Auch Marie de Gournay räumt dies ein und weicht auf das Bild von der in ihrer Geschlechtlichkeit nicht identifizierbaren Katze oder dem Kater auf der Fensterbank aus. Allenfalls konnte es in den Kategorien der Zeit um eine verteilende Gerechtigkeit im Rahmen ungleicher Strukturen oder um einen Ausgleich des Unrechts gehen, weshalb Agrippa von Nettesheim seiner Verteidigungsrede zugunsten der Frauen den Titel *Von dem Vorzug und der Vortrefflichkeit des weiblichen Geschlechts vor dem männlichen* gibt, und die Italienerin Lucretia Marinella zu Beginn des siebzehnten Jahrhunderts in ihrer Schrift vom Adel und der Vortrefflichkeit der Frauen und von den Fehlern und Mängeln der Männer (*Le Nobiltà et l'Eccellenze delle Donne et i Diffetti e Mancamenti de gli Huomini*) Gründe anführt, die dem weiblichen Geschlecht von Natur aus ein Gegengewicht geben.[69] Eine Gesellschaft, für die es zum Wesen der natürlichen Ordnung gehört, dass es Hierarchien und im Rahmen dieser Hierarchien ein Recht zur Beherrschung und Erniedrigung anderer gibt, ist für einen Diskurs der Gleichheit nicht vorbereitet. Die Rangordnung ist evident und wird Tag für Tag neu inszeniert. Empirisch kann sich ihr niemand entziehen. Allein mit dem Titel ihres Traktats legt Marie de Gournay einen sozialen Sprengsatz.

Wir haben nach einem Jahrhunderte währenden Gleichheitsdiskurs, dessen Dialektik das Bedürfnis zur Anerkennung von Differenz im Schlepptau führt, heute vielleicht Schwierigkeiten, uns die Wucht dieses Sprengsatzes vorzustellen. Marie de Gournay stellt nicht in Frage, sondern bestätigt sogar, dass die Frauen viel seltener zu der Stufe von Vortrefflichkeit gelangen, auf die hin sich die Männer durch Bildung bewegen. Es sei angesichts des Mangels an guter Erziehung, die Frauen erhalten, und der Gewöhnung an diese Lage sogar noch ein Wunder, dass die Rückständigkeit bei den Frauen nicht weit größer sei.[70] Die wirkliche Ungleichheit zwischen Männern und Frauen ist der beste Beweis für das erste Axiom der Geschlechtergleichheit: Frauen werden zu Frauen gemacht, die den Männern nicht gleichen. Mehr als dreihundert Jahre später wiederholt Simone de Beauvoir zu Beginn der modernen Frauenbewegung diesen Gedanken, ohne die fast vergessene Feministin vom Beginn der Neuzeit jemals gelesen zu haben. Noch bevor die Naturrechtstheorien des siebzehnten und achtzehnten Jahrhunderts das Bewusstsein von der natürlichen Gleichheit der Menschen in Umlauf bringen und dabei auch die der Geschlechter voraussetzen müssen, stellt Marie de Gournay die unerhörte Frage: Was hat das Machwerk der Geschlechter noch mit Natur zu tun? Von Hobbes über Locke bis Rousseau wird die Philosophie bemüht sein, für die Ungleichheit der Geschlechter im gesellschaftlichen Zustand Gründe zu finden.[71] Diese Gesellschaft hat, so wird man erklären, den bloßen Naturzustand überwunden. Marie de Gournay ist theoretisch und methodisch noch an einer anderen Stelle. Gleich im ersten Absatz benennt der Gleichheitstraktat diesen entscheidenden Punkt: Was überall gleich ist, wie die Ungleichheit der Geschlechter, verkündeten die Naturrechtstheorien seit Aristoteles Zeiten, entspricht folgerichtig einem Gesetz der Natur. Eben dieses Gesetz bestreitet der Gleichheitstraktat. Die Natur widersetzt sich, behauptet eine Frau, die sich nach besagtem Gesetz der Natur gar nicht äußern dürfte, dem Prinzip des Vorrangs der einen über die anderen. Nicht die Natur schafft jene Extreme von oben und unten. Was verschieden ist in der Funktion der Geschlechtlichkeit, kennt in der Natur nur den gemeinsamen Zweck der Reproduktion und keinen Rang der Geschlechter. Jede Rangordnung unter den Menschen ist von Menschen gemacht und lässt sich nicht natürlich begründen.

Marie de Gournay ist nicht so naiv, die sichtbaren Unterschiede unter den Menschen zu leugnen. Sie streitet noch nicht einmal ab, dass es eine Rechtfertigung für soziale Differenzen gibt. Aber sie bezweifelt, dass es natürliche oder gar göttliche (und d.h. biblisch überlieferte) Gründe sind, die eine Ungleichstellung der Geschlechter und Menschen verlangen. Die Differenz der Geschlechter betrifft von Natur aus nur die Erhaltung der Gattung. Abgesehen von der Fortpflanzung sei das menschliche Tier (l'animal humain) weder Mann noch Frau (n'est homme ni femme). Die Argumentation der Demoiselle, die sich auf wenig ausgeprägte Unterschiede in der Tierwelt beruft, bewegt sich in der Tradition Platons. Der freilich verwies auf das Beispiel der Hunde. Die Freundin der Katzen ihrerseits scherzt: Man schaue sich auf der Fensterbank eine Katze an, nichts ähnelt ihr mehr als der Kater.

Die Natur ist es nicht, die Frauen und Männer ungleich macht.

Die Ungleichheit der Geschlechter ist wie die Ränge und Klassen ein Produkt der Gesellschaft. Eine wirkliche Bruchstelle in der Geschlechterordnung tut sich hier auf. Gibt es, wenn denn die Natur keine Rangordnung kennt, in einer zivilen Gesellschaft dennoch Rechtfertigungsgründe für die ungleichen Rechte und Kompetenzen von Männern und Frauen? Marie de Gournay lässt sich nicht aufs Glatteis führen. Wohl existieren Erklärungen, aber keine vernünftigen Gründe. Der Beweis für diese These liegt für jeden gebildeten Europäer auf der Hand. Hat man nicht an zahlreichen Beispielen beobachten können, dass Frauen in Frankreich oder England, wo sie mehr Gelegenheit zur Konversation als in Italien hätten, im großen und ganzen weltläufiger seien? Warum sollte eine entsprechend gute Erziehung Frauen nicht in die Lage versetzen, den intellektuellen Abstand zu überwinden, der sie von Männern trennt? Die Frauenrechtlerin kommt immer wieder auf diese praktische Forderung einer Bildung für Frauen zurück. Wenn Männer und Frauen von Natur aus gleich sind und wenn der Verstand ein Produkt seiner Bildung ist, dann gibt es keine vernünftigen Gründe, Frauen weiterhin an den Spinnrocken zu fesseln und ihnen eine allgemeine Erziehung und selbst die Ausbildung für die Staatsgeschäfte zu verweigern, die man Männern gewährt. Der Mensch ist ein Produkt seiner Umwelt, von Erziehung und Konventionen. Alles, was auf Konvention und Erziehung beruht, ist nicht von Dauer, sondern veränderbar. Die Konvention einer Erziehung zur Ungleichheit ist widernatürlich, wenn die Natur keine Ungleichheit kennt, und wider die Vernunft, wenn sie diese Vernunft einem Teil der Menschheit verwehrt, und sogar wider die Religion und ihre Autorität.

Letzteres ist, wie Marie de Gournay weiß, das heikelste Thema. Im selben Jahr, als der Traktat von der Gleichheit erscheint, wird der junge Libertin und begabte Dichter Théophile de Viau ob seiner Mitarbeit am *Parnasse satirique*, einer Sammlung satirischer Gedichte, des Atheismus bezichtigt und dazu verurteilt, bei lebendigem Leibe verbrannt zu werden. Die Nichtvollstreckung des Todesurteils schmälert die Lebensgefahr derer nicht, die es wagen, von kirchlichen Lehren abzuweichen.[72] Marie de Gournay ist sich, so ist zu vermuten, der Risiken wohl bewusst. Gerade die Frauenverächter nehmen die Religion und Kirche zur Untermauerung ihrer Thesen in Anspruch. Niemand kann sich in dieser Zeit Gehör verschaffen, wenn er sich bloß auf die Autorität und Vernunft heidnischer

Philosophen stützt. Es ist fast schon gewagt, wenn der Traktat über die Gleichheit dennoch mit ihnen beginnt und das Zeugnis der Kirche und Heiligen Väter »als größten Schatz« des Traktates an sein Ende stellt. Man(n) muss sich erst bis zu diesem Ende durchbeißen, bevor man(n) zur feministischen Exegese der Bibel und einiger Kirchenheiliger vordringt. Wie abgeschmackt ist derjenige, wird dem männlichen Interpreten dann immerhin vorgehalten, der sich Gott weiblich oder männlich vorstellt. Dass Gottes Sohn dennoch nur als Mann auf die Welt kommen konnte, hat dieselben Gründe, die Marie de Gournay schon im *Proumenoir* erwähnt. Dort bezog sich die junge Autorin auf die Väter der Philosophie und der Kirche, Sokrates und Paulus. Wenn Sokrates eine Frau gewesen wäre! Das ist der Beginn der großen Gleichheitsepistel. Auch Jesus als Frau wäre, ergänzt Marie de Gournay jetzt ihren früheren Gedanken, ein Skandal gewesen. Marie de Gournay, selbst als Dirne bezichtigt, weil sie, anders als die Schicklichkeit es von Frauen erwartete, sich öffentlich einmischte und sogar publizierte, hat das, was sie ausführt, am eigenen Leibe erfahren. Eben darum stellt sich die Frage, wie groß der Unterschied zwischen dem Eklat, den eine Tochter Gottes vor zweitausend Jahren hervorgerufen hätte, und Marie de Gournays Provokation vom Geschlechtertausch ist.

Man hätte daher nach der Schrift über die Gleichheit einen Aufschrei erwarten können. Da spricht eine Frau und kanzelt in ihrer Rede nicht nur die Männer ab, sondern interpretiert die Sohnwerdung Gottes gesellschaftskritisch mit dem Sittenkodex, der Frauen einen Aufenthalt auf den Strassen und damit jede Art von Mission unmöglich machte. Aber hört man(n) überhaupt zu, was sie sagt? Da redet doch bloß eine Frau. Und, ergänzt Marie de Gournay in der vier Jahre später erscheinenden Klageschrift, dies sagt man(n) mit einer Geste stummer Beredsamkeit, einem bloßen Lächeln oder einer leichten Kopfbewegung.[73] Obschon Marie de Gournay mit dem, was sie sagt, das Äußerste wagt, nämlich Gleichheit für die Geschlechter zu fordern, regt doch niemand sich auf. Marie de Gournay hat ihr Schweigen gebrochen, aber Kritik oder Zustimmung bleiben gleichwohl aus.

*

Durch eine in chronologischer Abfolge vorliegende Auflistung der Bücher und Pamphlete dieser Zeit haben wir Informationen über mögliche Repliken auf Marie de Gournays Schrift.[74] Danach gibt es nur eine einzige öffentliche direkte Reaktion auf den Traktat von der Gleichheit. Sie erfolgt nahezu unmittelbar, noch im Sommer des Jahres 1622, und zwar im Rahmen und als Abschluss einer Reihe von Satiren, die unter dem Titel *Les Caquets de l'Accouchée* (das Geschwätz bzw. Geschnatter der Niedergekommenen) sich mit dem Lieblingsthema dieser auf Komik erpichten Zeit, nämlich den Frauen, befassen und sich dementsprechend auch gut verkaufen. Die Einleitung der 1855 von Edouard Fournier besorgten kritischen Edition der *Caquets* spricht von einer der bemerkenswertesten Satiren des siebzehnten Jahrhunderts. Die Rahmenhandlung ist einfach. Der Erzähler, der seinen Namen nicht preisgeben will, ist von einer Krankheit genesen und lässt sich nun von zwei Ärzten beraten, was einer schnellen Rekonvaleszenz förderlich sei. Der eine verordnet ihm Spaziergänge und frische Landluft, der andere rät ihm, sich gut zu unterhalten und viel zu lachen. Als besonders günstige Gelegenheit für spaßige Unterhaltungen empfiehlt er, versteckt den Besuchen beizuwohnen, die Nachbarinnen und Verwandte am Wochenbett einer Wöchnerin absolvieren. *Les Caquets de l'Accouchée* ist nichts anderes als ein (fingierter) Report dieser geheimen Besuche und damit zugleich eine Art Sittengemälde weiblichen Tratsches, den der schon wieder gesunde Kranke bei einer just niedergekommenen Base in wechselnden Verstecken belauscht. Nun wird das Geheimnis der Frauen gelüftet, und alle Welt wird es kennen. Abraham Bosse, der begabte Graveur des siebzehnten Jahrhunderts, hat eine Szene der Schnatterweiber porträtiert.[75]

In der Tat enthält die Satire ein interessantes Stück Sozial- und Alltagsgeschichte. Die Schwatzbasen, täglich sind es andere, kommen aus allen Schichten und Straßen der Hauptstadt zusammen und bequatschen, so wie ihnen der Schnabel gewachsen ist, all das, was Paris und das Volk von Paris gerade beschäftigt: Geschäfte, Affären, Skandale, Fragen der rechten Moral, der guten Politik und wahren Religion, wobei die Frage natürlich nicht ausbleiben kann, ob es Frauen (die zu Zornesausbrüchen neigen und dumm sind) überhaupt ansteht, sich in Angelegenheiten der Politik und Religion einzumischen.[76] Das ganze ist freilich eine bloße Demonstration: Frauen reden selbst große und wichtige Themen nur klein. Das Gerede der Frauen ist bloßes Geschnatter. Es bedurfte nur eines versteckten Lauschers, um den Männern dieses Geheimnis vor Augen zu führen. Der Höhepunkt der Lächerlichkeit des Weibertratsches ist am sechsten und letzten Tag der Woche erreicht, der in verschiedenen Editionen den Titel »Antwort der Damen und Bürgerinnen von Paris auf das Geschwätz bei der Wöchnerin« (La Response des Dames et Bourgeoises de Paris au Caquet de l'Accouchée) trägt. Es handle sich, lautet der Kommentar in der Neuausgabe der Pamphlete durch Edouard Fournier, um eine ebenso bösartige wie amüsante Spottschrift auf das weibliche Geschlecht.[77] Fournier übersah noch den Anlass und Hintergrund. Denn diese Glosse ist nichts anderes als eine Parodie auf Marie de Gournays gerade erschienenen Gleichheitstraktat.

Die Antwort der Damen und Bürgerinnen von Paris auf die *Caquets de l'Accouchée* spielt im Sommer, im Zeichen des Krebses. Das gibt einen Anhaltspunkt für das Erscheinen der Texte. So heiß sei es nämlich seit einigen Tagen, erklärt das Pamphlet, dass die Frauen zu ihrer Erfrischung im Badehaus Zuflucht suchten. Das Zimmer der Wöchnerin ist also (jedenfalls in der ersten Fassung) mit dem Bade vertauscht. Der Schauplatz der Versammlung setzt der Phantasie eines Voyeurs keine Grenzen, mögen die Frauen noch so sehr Anstalten machen, ihren Versammlungsort zu verriegeln, um zu verhindern, dass man(n) ihre Gespräche belauscht. Man(n) sieht förmlich das empörte Geschnatter der ins kalte Wasser getauchten Gevatterinnen, die sich der Verspottung durch die Männer nicht zu erwehren wissen. Nach einigen anzüglichen Reden reißt schließlich eine Frau aus dem Quartier Saint-Honoré das Wort an sich, um dem Protest eine philosophische Basis zu geben. Sie sei, anerkennen die Badenden um sie herum, eine sehr gelehrte und wissenschaftlich gebildete Dame, die sich auf Philosophie verstehe und die alten Sibyllen.

Es kann, auch wenn der Name nicht fällt, für das halbwegs informierte Publikum keinerlei Zweifel geben: Marie de Gournay kühlt im Bad ihren Zorn und doziert den ungebildeten Frauen. Seite für Seite, von Anfang bis Ende zitiert die Glosse den Traktat über die Gleichheit. So dicht, zum Teil sogar wortgetreu ist der Spaßvogel Marie de Gournay auf den Fersen, dass wir uns heute fragen müssen, worin die Ironie dieser seltsamen Abschrift besteht. Nur an wenigen Stellen fügt der Erfinder der Erfrischungsrunde der Position des Gleichheitstraktates noch etwas hinzu. Schon die bloße Kombination von Bild und Wort reicht für das Gelächter der Herrenwelt. Eine gebildete Dame spricht nackt, wie der Herrgott sie schuf, vor den Frauen über die natürliche Gleichheit von Männern und Frauen. Man(n) erheitert sich schon, wenn man dem Getratsche am Wochenbett beiwohnt, man(n) ergötzt sich, wenn man die Frauen im Bad überrascht. Die überaus lächerliche Rede einer Philosophin im Bad erfüllt gar den Gipfel der Lächerlichkeit. Welch eine Vorstellung, die sich diese Frau anmaßt! Wieder einmal tritt das ein, was einst Platon und später Thomas Morus vorausgesagt hatten: Der Effekt der Satire entsteht bei allem, was ungewohnt ist und das Geschlechterverhältnis berührt. Nur den Schauplatz des Bades bzw. der Niedergekommenen erfindet der Spötter zu dem, was Marie de Gournay selber ausführt, hinzu, sonst äfft er sie lediglich nach. Zur Komik reicht diese Spiegelung. Der Autor kritisiert die Schrift über die Gleichheit nicht, er wiederholt nur die Idee von der Geschlechtergleichheit und nimmt allein dadurch dem Gleichheitsgedanken den kämpferischen Anspruch auf Ernsthaftigkeit. Diese Ernsthaftigkeit von Marie de Gournay ist gleichsam der größte Witz. Man(n) denke sich nur: die Gleichheit von Männern und Frauen! Für Jahrzehnte (oder Jahrhunderte?) wird dieses leichte Grinsen oder Kopfschütteln der herrschende Tenor bleiben. Noch Simone de Beauvoir wird den Namen ihrer verspotteten Vorläuferin bloß am Rande zitieren, während die Komödie von den *Femmes savantes*, den gelehrten Frauen, noch immer gespielt wird.

Was bleibt Marie de Gournay in Anbetracht dieser männlichen Reaktionen? Wir wissen, dass Marie de Gournay nach dem Erscheinen des Traktats über die Gleichheit sich von niemandem und durch nichts mehr das Wort nehmen lässt. Vier Jahre nach dem Traktat veröffentlicht sie ihr Sammelwerk vom Schatten, in dem die Schrift von der Gleichheit von neuem erscheint. Wie zur Ergänzung oder als Nachhall fügt sie den kurzen Text von der *Klage der Damen* hinzu. Aber die Frau, die da spricht und sich für die Gleichheit der Geschlechter erwärmt, stützt sich nicht mehr auf historische Beispiele oder auf Autoritäten der Philosophie und der Kirche, sondern beschreibt einen nie ausgestandenen Kampf. Auf welch ungerechte Art und Weise wird dieses Geschlecht, dem Marie de Gournay zugehört, normalerweise behandelt, *je vous prie*, ich bitte Sie, meine Herren, sobald es sich in Versammlungen und Gespräche einmischt, in denen die Männer unter sich bleiben wollen. Hier folgt zur Bekräftigung der bekannte Satz: *C'est une femme qui parle*.

Ein bloßer Vergleich dieser Stelle mit der Erstfassung der Klage im Vorwort der *Essais* von 1595 verdeutlicht, auf welche Erfahrungen diese Satzwiederholung zurückgreifen kann. Schon in dem frühen Text war es darum gegangen, deutlich zu machen, wie glücklich diejenigen sind, die nicht dem Geschlecht angehören, dem man kein Vermögen erlaubt, Freiheit und alle Tugenden verwehrt, einfach indem man es von der Macht ausschließt, bei deren Ausübung man all die hehren Fähigkeiten, die man Männern zuschreibt, überhaupt erst erwirbt. Der entscheidende Punkt ist bereits hier, dass Frauen daran gehindert werden, Tugenden zu erwerben, die das Ansehen eines Mannes begründen. Im Text von 1626 wird die Argumentation durch das wiederkehrende Wort der *conférence* (Zusammenkunft, Besprechung) erweitert, die das weibliche Geschlecht zwar nicht explizit ausschließt (Marie de Gournay könnte sonst selbst nicht dabei sein), aber sobald es sich einmischt, voller Verachtung behandelt. Ohne es auszusprechen, gibt man(n) zu erkennen: Da spricht ja bloß eine Frau. Und ich habe mir dabei, ergänzt nun Marie de Gournay, so wenig oder besser gesagt viel Ruhm zugezogen, dass ich mich nicht (mehr) scheue einzugestehen, dass ich es aus eigener Erfahrung weiß.

Marie de Gournay weiß, was Spott bedeutet, und kennt ihre Spötter. Gleich zu Beginn des zweiten Teils ihrer großen Abhandlung von der üblen Nachrede (*De la médisance*) heißt es daher: Der Spott verdoppelt, auch wenn er harmlos zu sein scheint, die zerstörerische Wirkung des Rufmordes noch, weil er den, über den gelästert wird, im Gelächter seiner Ehre entblößt. Marie de Gournay zieht einen gewagten Vergleich: Auch wer einen sehr schönen Körper habe, werde sich in der Öffentlichkeit ohne Kleider doch schämen. Die Wahl dieses Bildes legt immerhin nahe, dass die Autorin das schallende Gelächter über die Glosse im Bad wohl vernahm und verstand. Gleichwohl hat Marie de Gournay mit der Schrift über die Gleichheit von Männern und Frauen ihren toten Punkt überwunden. Sicher werde noch immer manch einer von diesen geistreichen Herren, die sich über das weibliche Geschlecht auslassen, so schließt die Schrift über die Verleumdung, voller Geringschätzung über Marie de Gournays Hiebe lachen. Dennoch müssten sie lernen, fährt die Dame nicht ohne Selbstbewusstsein fort, dass, damit es ihnen ansteht, einen Angriff zu verachten, es nicht reicht, von den Fähigkeiten eines Sprechers einen schlechten Eindruck zu geben, der sich selbst vorteilhaft dargestellt habe. (»Quelqu'un encore de ces bons seigneurs considérants mon sexe, rira par dédain, des touches que je donne à leur exercice. Mais il leur faut apprendre, que devant qu'avoir bonne grâce à mépriser une atteinte, ce n'est pas assez d'avoir donné mauvaise impression de la capacité du parlant, qui ne l'a donnée bonne de soi parmi le marché«).[78] Marie de Gournay lässt sich nicht mehr das Wort verbieten, auch wenn sie weiß, dass ihr Wort bei der Mehrzahl der geistreichen Herren auf taube Ohren trifft. Bis ans Ende ihres Lebens wird Marie de Gournay auf ihre Erfahrungen pochen, so als führe jede weitererzählte schlechte Erfahrung zu guter Letzt über sie doch noch hinaus.

IV. C'est une femme qui parle
Sprachbeherrschung und Geschlechterkontrolle

1. Diskurs, Macht und Geschlecht

Die Ausgangsfrage dieses Buches war, welche Bedeutung und Funktion die Geschlechterordnung in Epochen des Umbruchs erhält. Wankt auch sie oder wird sie zur letzten Bastion einer längst aus den Fugen geratenen Zeit? Deutlich wurde am Schluss des letzten Kapitels, wie in Frankreich schon bald nach dem Ende der Bürgerkriege eine hitzige *Querelle* der Geschlechter beginnt, in der auch Marie de Gournay, ihr langjähriges Schweigen brechend, mit der These von der Gleichheit von Mann und Frau Stellung bezieht. In diesem Kapitel geht es nun um den Sachverhalt, dass zeitlich fast parallel zur *Querelle* der Geschlechter sich ein weiterer großer Streit über die Ordnung und den rechten Gebrauch der französischen Sprache anbahnt und dass auch diesmal die Demoiselle ihren Beitrag leistet. Nun ist eine solche Beteiligung ja nicht von vornherein aufsehenerregend, zumal Marie de Gournay sich bereits früher, etwa bei der Ermordung Heinrichs IV., in strittige Fragen einmischte, was bei einer Frau nur mehr als bei Männern auffällt. Auch dann bleibt aber erklärungsbedürftig, weshalb genau diese Frau, einzigartig genug, die sich für die Anerkennung der Gleichheit der Geschlechter einsetzt, ein Sprachverständnis vertritt und zäh gegen zahlreiche Spötter verteidigt, das die meisten ihrer gelehrten Zeitgenossen für rückständig halten. Auf den ersten Blick erscheint dieses Verhalten widersprüchlich. Warum wendet sich eine Dame, die den Konventionen der Geschlechterordnung resolut widerstreitet, so entschieden gegen eine Reform der französischen Sprache? Die Frage lässt sich natürlich nicht beantworten, solange nicht klar ist, welche Ziele die Reform der Sprache verfolgt. Bei dieser Klärung geht es dann aber um einen entscheidenden Punkt: Was hat die Sprache mit dem Sprechen, die Reform der Sprache mit einer geschlechtlichen Praxis der Diskurse zu tun? Stellen sich linguistische Fragen jenseits von Macht und Geschlecht oder berühren sie auch die Geschlechterordnung? Warum wird der Streit um Worte so heftig geführt? Geht es doch um mehr als nur Worte? Und weiter gefragt und in die Zukunft gedacht: Was bedeutet der Streit für die noch unentschiedene Entwicklungsdynamik in der ersten Hälfte des siebzehnten Jahrhunderts, und wo ist in dieser Dynamik die Geschlechterordnung plaziert?

Querelle d'allemand oder: Wer hat das Wort?

Marie de Gournays Sammelband *L'Ombre* enthält zwei Typen von Schriften zur Sprache. Ein Teil der Abhandlungen, von denen wir bereits hörten, bezieht sich auf die Sprache als Mittel der Kommunikation und Diskurse. Sprachanalyse wird hier betrieben als Diskursanalyse und Machtkritik. Eingeschlossen in diese Kritik sind die feministischen Einzelbeiträge und Passagen des Lebenswerks. In einem anderen Teil ihrer Schriften wendet sich Marie de Gournay vehement gegen die von François de Malherbe vertretene Sprachdoktrin, die seit der Ankunft des Dichters 1605 in Paris von der literarischen Avantgarde propagiert und gefeiert wird.[1]

Noch bevor die Philosophie das Prinzip der Klarheit und Einfachheit des Gedankens aufstellen wird, verwirft die Sprachkritik jüngerer literarischer Zeitgenossen das humanistisch inspirierte altvordere Sprachkonzept der Pléiade und erhebt den Anspruch zum Grundsatz der Modernität, die französische Sprache vom Ballast der schweren und dunklen Wörter zu befreien. Die Sprache ist der Transporteur des Gedankens. Eine nuancenreiche Sprache mit vielen Synonymen bleibt immer ins deutungsoffene Sprachspiel verwoben, sie kann nicht den Zwang eines Kalküls ausüben. Die Sprache der Logik und des Rationalismus wird auf Eindeutigkeit pochen. Zum idealen Paradigma selbst des politischen Denkens avanciert schließlich die einfache Beweiskraft der Geometrie. Ganz im Einverständnis mit diesem Trend zur Befreiung vom Ballast der Vieldeutigkeit fordern die Sprachreformer, dass man die zivilisierte Sprache von den Bestandteilen reinigt, die der Forderung nach Genauigkeit und Verständlichkeit widersprechen. Marie de Gournay hingegen bewundert die Dichterschule des sechzehnten Jahrhunderts, vor allem Pierre de Ronsard und Du Bellay, huldigt der Freiheit und dem lebendigen Reichtum der Sprache Montaignes, verteidigt ihre Bedeutungsvielfalt und Dunkelheit, auch ihre Volkstümlichkeit und kraftvolle Schmiegsamkeit und setzt sich für das mit Archaismen und Neologismen operierende Sprachkonzept der Pléiade umso heftiger ein, je mehr sich die Modernisierer am Hof, zentriert um die Figur Malherbes, in den Vordergrund drängen und an Einfluss gewinnen. Über Malherbe, der wie Marie de Gournay noch dem sechzehnten Jahrhundert entstammt und einer Generation zugehört, die von den Dichterfürsten der Pléiade geprägt worden war, urteilt seine Kritikerin, sein Werk erscheine ihr wie eine Bouillon aus klarem Wasser (»un bouillon d'eau claire«), womit sie auf die Kraftlosigkeit und Armut der Sprache des neuen Lehrmeisters zielt. Malherbes Schüler Racan rächt sich, indem er Marie de Gournays pointenlose Epigramme mit einer schlecht gewürzten Suppe *à la grèque* (auf griechische Art) vergleicht.[2]

Noch schwankt der Zeitgeist zwischen einem Leben in barocker Üppigkeit und angemahnter Gesetzesstrenge, zwischen Freimütigkeit im Geist des Aufbruchs und der Verregelung des Denkens und vorab seiner Sprache. Aber der politische Absolutismus ist im Prinzip bereit, auch den grammatischen Wildwuchs von oben zu zügeln, und bildet alsbald eine zentrale Kulturinstanz aus. Eine Sprache, deren Begriffe wie bei Montaigne freisinnig schaukeln und die sich vor mundartlichen Redeweisen nicht scheut, wird von den höfisch distinguierten Autoren des neuen Purismus verpönt. Sie suchen nach klaren, zentral vorgeschriebenen eindeutigen Regeln, die der Unbildung des freiblühenden Ausdrucks einen Riegel vorschieben, und sie weisen Archaismen wie Neologismen, Wiederholungen in der Sprache so wie den Gebrauch von Metaphern zurück. Neben der Rationalisierung dient die Spracherneuerung zunächst einmal auch der Distinktion. Am Hof spricht man anders. Das ist eine Norm, die von den Reformern aufgestellt wird und damit zum guten Ton der Moderne gehört, der sich von der hergebrachten Rede des Volkes unterscheidet. Die Kunst des gehobenen Ausdrucks gehört zur feinen Art des höfischen Lebens. Molière wird sich schließlich über »die lächerlichen Preziösen« mokieren. Marie de Gournay, lange zuvor, nennt sie verächtlich eine Bande von Doktoren, Zensoren, Papageien und Imitatoren.[3]

Die wechselseitigen Zuschreibungen im Eifer der kleinen Gefechte zeigen, dass die eifernde Dame den Herren Paroli zu bieten versteht. Aber Marie de Gournay hat lange kämpfen müssen und der von ihr wiederholt erhobene Vorwurf der Diskriminierung von Frauen beruht auf eigenen Erfahrungen, wir sahen es schon, die sie vor allem in literarischen und linguistischen Debatten machte.[4] Sobald eine Frau sich in die gelehrten Versammlungen der Männer einmengt, heißt es in der Klageschrift *Grief des Dames*, wird sie ungerecht behandelt, nämlich anders als diese. Marie de Gournay spricht von einer *Querelle d'allemand*, die das stärkere Geschlecht anzettle, um den Hieben der Frauen auszuweichen.[5] Die Herkunft dieser Redewendung ist nicht ganz klar. Ein Deutungsversuch besagt, dass die Deutschen Streit um nichts und wieder nichts beginnen. Das große *Dictionnaire universel du XIXe siècle* bringt zur Erläuterung des Wortsinns das Beispiel der Fabel vom Wolf und dem Lamm. Die *Querelle d'allemand* ist demnach ein verbaler Streit, den der Stärkere vom Zaun bricht, um seiner Überlegenheit den Anschein eines Grundes zu geben; in Wirklichkeit hat das Lamm keine Überlebenschance mehr, sobald es sich, statt zu fliehen, aufs Argumentieren einlässt. Das Lamm mag reden oder schweigen, am Ende ist es ohnehin mundtot gemacht. Übertragen auf Frauen behauptet das Bild, dass sie strukturell immer den Kürzeren ziehen, gerade wenn sie sich wehren und sich auf die verbalen Attacken der Männer einlassen.

Dennoch enthält der Satz von der *Querelle* in der Klageschrift der Frauen eine Unstimmigkeit: Warum bricht der ohnehin stärkere Mann einen Streit vom Zaun, wenn er damit die Absicht verfolgt, wie es in der Textstelle heißt, den von Frauen vorgetragenen Argumenten auszuweichen? Würde ohne dieses Ausweichmanöver die Frau den überlegenen Mann etwa treffen? Ist der Stärkere im Prinzip schwächer, als der Ausgang des Streites nahe legt? Dann wäre das Sinnbild der *Querelle* ein Vexierbild. Wie stimmt es mit der empirischen Übermacht der Männer überein? Will Marie de Gournay zeigen, dass Männer zugeben müssten, dass sie im Unrecht sind, wenn sie sich auf die Argumente von Frauen einließen, und dass sie daher die *Querelle d'allemand* als Machtmittel einsetzen?

Tatsächlich demonstriert das scheinbar sinnlose Wortgefecht, immerhin, dass die Zeiten vorbei sind, wo der Stärkere bei der Ausübung eines Unrechts auf Gründe verzichten kann und dass die humanistische Idee vom Ersatz militärischer Waffen durch das Werkzeug der Sprache seit der Renaissance Schule machte. Selbst der Stärkere ist auf den Anschein einer Rechtfertigung angewiesen. Im Triumph des Intellekts, der sich in Wortgefechten verfeinert und in der Rhetorik kultiviert, siegt der höfische Mensch über die ungehobelte rohe Natur. Baldassare Castiglione führte diese Verfeinerung an den abendlichen Diskussionsrunden am Hof von Umbrien vor.

Auch mit der Sprache lassen sich Siege erringen. In dieser strategischen Absicht müssen die Zöglinge der Jesuiten am Ende des sechzehnten Jahrhunderts in Redeturnieren ihre geistigen Waffen als ein Rüstzeug zur Vernichtung des Gegners erproben.[6] Marie de Gournay lehnt sich mit ihren Begriffen wörtlich an die symbolische Kampfführung an.[7] Die Autodidaktin hat nicht nur früh verstanden, dass die Sprache die einzige Waffe sein kann, die dem weiblichen Geschlecht zur Verfügung steht, sondern dass in den sachlichen Disputen, in die eine Frau sich einmischt, auch das Ganze der Geschlechterordnung verhandelt wird. Daher dieser alarmierende Satz: Da spricht eine Frau. Mit dem Topos von der *Querelle d'allemand* identifiziert Marie de Gournay den kämpferischen Hintersinn in der symbolischen Interaktion der Geschlechter.

Marie de Gournays Sprachkritik ist Machtkritik und als Machtkritik Geschlechterkritik. Die Asymmetrie der Geschlechter wird in Mustern der symbolischen Interaktion eingeübt und fixiert. Der kommunikative Wahrheitsanspruch, mit intelligenten Argumenten ohne Ansehen der Person in der Sache verstanden zu werden, gilt für Frauen eben nicht. Nicht, *was* eine Frau zur Sache sagt, sondern *dass* eine Frau es sagt, wird vernommen und qualifiziert. Man(n) weiß, dass eine Frau nichts zu sagen hat, nichts jedenfalls, was bedeutungsvoll wäre. Man(n) braucht einer Frau darum nicht zuzuhören, man(n) kann das, was sie sagt, mit einem Kopfschütteln abtun. Nahezu lautlos ereignen sich auf einer zweiten Ebene des Wortgefechts die eigentlich treffenden und verletzenden Attacken: ein Kopfnicken, ein Stirnrunzeln, ein erhabenes Lächeln, intelligenter Sarkasmus wirken wie Schläge unter die Gürtellinie. Die weibliche Seite errötet oder erbleicht, verliert die Fassung und wird emotional, wirkt umso verlegener und zieht sich beschämt zurück.

Marie de Gournays Lebensgeschichte ist, bevor sie sich mit ihrer Schrift zur Gleichheit von Männern und Frauen wieder zu Wort meldet, voll von diesen Rückzugserfahrungen. Dann aber erfährt sie als Antwort auf ihre herausfordernde Schrift, so als hätte sie nichts gesagt, ein vernichtendes Schweigen. Man(n) debattiert über diese absolut lächerlichen Gedanken einer alten Jungfer selbstredend nicht. Jeder kennt die Regeln der Schicklichkeit: Frauen haben den Mund zu halten, wo Männer das Rederecht haben; wenn sich eine Frau trotz dieses Verbots die Freiheit zum öffentlichen Einspruch anmaßt, verstummen folgerichtig die Männer. Keine Zustimmung, keine Ablehnung, kein Kommentar: Totschweigen ist die Alternative zum Mundtotmachen. Nur eine weitere Reaktion ist darüber hinaus möglich: nämlich lautes Gelächter. Spott und Hohn sind für Marie de Gournay die dritte Grunderfahrung. Man(n) lacht schallend über die Philosophin im Bade, die es wagt, von der Gleichheit der Geschlechter zu reden, und rückt damit die Normalität der natürlichen Ordnung ohne Brutalität und Waffengewalt, leichthin und geistreich, wieder zurecht. Man(n) lacht nun immerfort. Bald nach der Veröffentlichung des *Ombre* kursiert eine neue Karikatur: Alt ist diese Dame, uralt, und das, was sie sagt, noch dazu.

Die alte Jungfer und ihre alten Wörter

Marie de Gournay hat schließlich erreicht, dass sie nicht mehr ignoriert werden kann. Der Preis ist indessen, dass die Demoiselle, die schon zuvor dem Gelächter ausgesetzt war, jetzt regelrecht zur Zielscheibe von Satiren wird. Kaum ist Marie de Gournay aus dem Alter heraus, in dem es noch um Fragen der Schönheit ging, spotten die Spaßvögel über die alten Wörter, die eine alte Jungfer mit Zähnen und Klauen verteidigt. Die alte Jungfer und die alten Wörter: Das ist das nächste hässliche Kapitel im Leben einer Frau, die es wagt, die Ordnung der Geschlechter durch Schrift und Tat zu missachten. Wäre sie ein Mann, wäre das, was sie tut, ja nicht spektakulär, denn sie verfasst, wie männliche Zeitgenossen auch, Abhandlungen zu verschiedenen Themen der Zeit und veröffentlicht sie als vermischte Schriften in einem dickeren Buch. Da sie indes eine Frau ist, verbietet der so genannte Anstand ihr genau diesen Weg in die Publizität. Marie de Gournay verletzt ungeschriebene Regeln der geschlechtlichen Ordnung, die Frauen zum öffentlichen Leben den Zugang verbieten. Noch Jahrzehnte nach Marie de Gournay werden Autorinnen wie Mademoiselle de Scudéry oder Madame de La Fayette sich öffentlich nicht zu ihren Werken bekennen.[8] Weder das Beispiel Marie de Gournays noch die scharfe Kritik des Philosophen (und Franziskanermönchs) Jacques Du Bosc an der Tyrannei des Brauchtums, das Frauen daran hindere, ihre Werke zu publizieren und der Nachwelt zu überlassen (»que ce nous est une perte & un malheur extrême, de ce que la tyrannie de la coutume en empêche plusieurs de donner leurs œuvres au public, & de laisser leurs écrits à la postérité«)[9], haben die herrschende Auffassung umwäl-

Abb. 7: Perrette, die Verwegene – eine Karikatur auf Marie de Gournay? Aquarell aus der Sammlung: Ballet der Waldfeen von Saint-Germain (1625) Mehrere Details weisen auf Marie de Gournay: 1. Der Name Perrette war seit François Villon mit Obszönität assoziiert. Marie de Gournay wurde wegen ihrer Parteinahme für die Jesuiten (1610) als Straßenmädchen gescholten, das dem Publikum immer zu Diensten sei (Kap. III, Anm. 41). In Kenntnis dieser doppelten Anspielung nennt Saint-Amant Marie de Gournay in der Verssatire vom Sudelversmacher (1631) ebenfalls Perrette (Kap. IV, Anm. 10). 2. Marie de Gournay galt als Person, die nicht mit der Mode ging und klobige, mit dicken Sohlen versehene Schuhe (patins) trug (Kap. V, Anm. 4). Auch die Figur auf dem Bild trägt diese Schuhe und einen gezattelten Rock, der schon im Rosenroman als unmoralisch galt und später zum Narrenkostüm wird (Oestreich, 2000). 3. Besonders interessant an dem Bild ist, dass eine Katze den Brautschleier der Frau trägt. Marie de Gournay war Katzenliebhaberin und hatte in ihrer Schrift über die Gleichheit (1622) am Beispiel der Katzen auf die natürliche Gleichheit der Geschlechter verwiesen. 4. Auffällig ist, dass Perrette (nicht die Katze) einen feinen Schnurrbart hat, dessen Haare im Stehkragen grob verlängert werden. Der Bart wurde im Geschlechterstreit von beiden Seiten als Synonym für Männlichkeit gebraucht. In der Vorrede von 1595 schreibt Marie de Gournay, auch wenn ein Mann dreißig Dummheiten sage, werde er wegen seines Bartes obsiegen (Millet, 1995: 87). Frauen mit männlichen Verhaltensweisen wurden ihrerseits als Monster mit Bart ausgelacht (vgl. Kap. IV, Anm. 26), auch wenn berichtet wird, Frauen hätten sich Schnurrbärte an die Ohren geheftet, um schön auszusehen (Godard de Donville, 1976: 159). 5. Verwegen ist Perrette offenbar nicht nur, weil sie auf unweibliche Weise den Taktstock schwingt, sondern weil sie aus der Reihe der Frauen tanzt.

zen können. Marie de Gournay eilt mit ihrer Position und in ihrem Verhalten der Zeit weit voraus. Gleichwohl verhöhnt diese Zeit sie als verstocktes Fossil eines verblichenen Jahrhunderts. So spricht man nicht mehr, schallt es dem Fräulein entgegen. Der Spaß über ihr altjüngferliches Wesen und die alten Wörter gehören untrennbar zusammen. Selbst die Aufgeschlossenheit der Demoiselle für Wortneuschöpfungen, worüber die hübsche Anekdote zur Einführung des Wörtchens »raffinage« (Verfeinerung) in den französischen Wortschatz berichtet, belegt ja nur die Nähe zum Sprachkonzept der Pléiade und mithin Rückständigkeit.

Mit zu den schlimmsten Zerrbildern der Dame Gournay gehört die 1631 anonym veröffentlichte Verssatire *Le Poète crotté* (der Sudelversmacher) von Antoine Girard de Saint-Amant, der Marie de Gournay unter dem Decknamen Perrette als alte Sibylle und gelehrte Maitresse eines verrückten Poeten dem Gelächter preisgibt. Keine Grobheit fehlt, kein Schimpfwort lässt der sudelnde Dichterling an seinem grotesk aufgemachten Weibsbild aus: wiederkäuende Kuh, alte Katze, Querkopf, Triefnase, Rotauge, Grünschnabel mit einem Körper, mager wie ein Skelett, dem Hals eines Wiesels und einem abgerissenen Teint. Ein großer Kübel mit wüsten Abartigkeiten und Obszönitäten, auf die allein der Name Perrette verweist,[10] gemischt mit empirischen Anzüglichkeiten, ergießt der Liederjan über die Ausgeburt seines poetischen Spleens, über deren Identität schon darum kein Zweifel besteht, weil das Buch *Ombre* und die dem Publikum allseits bekannten alten Worte und Diminutive, die Marie de Gournay so entschlossen verteidigt, wörtlich aufgeführt sind.[11]

Schon drei Jahre später erscheint mit Bezug auf das Spottgedicht vom sudelnden Dichter unter dem Titel: *La furieuse monomachie de Gaillard et Braquemart* (Die wütende Selbstzerfleischung von Gaillard und Braquemart) eine weitere Farce auf Marie de Gournay, die diesmal unter voller Namensnennung zusammen mit dem ebenfalls real existierenden Dichter Louis de Neuf-Germain herbeigerufen wird, um als echte alte Muse (vieille muse authentique), tausendjährige Jungfrau (pucelle de mille ans) und bis zu den Zähnen gelehrte Metaphysikerin den Dichterstreit über die hohe Kunst der beiden Poeten Gaillard und Braquemart kompetent zu entscheiden, dann aber schließlich von Neuf-Germain als alte Verrückte, die nicht mit der Mode geht und im Altertum lebt, in ihrem Richteramt disqualifiziert und als *femme lettrée* erneut bloßgestellt wird.[12] Marie de Gournay ist zum leibhaftigen Schaustück des Überholten geworden: So spricht man nicht mehr.

Marie de Gournay ist alt und die Positionen, die sie vertritt, sind veraltet, dennoch tritt sie nicht ab, sondern wird immer häufiger auf die Bühne gezerrt. Auch in den beiden Komödien über die Mitglieder der Akademie zur Reform der französischen Sprache (*Comédie des académistes pour la réformation de la langue française*) und »Die Akademiker« (*Les Académiciens*), die, anonym verfasst, Saint-Evremont zugeschrieben werden, erscheint Marie de Gournay vor der jungen *Mann*schaft der gerade aus der Taufe gehobenen Französischen Akademie als Bittstellerin für den Erhalt alter Wörter.[13] Wenn schon die Wörter *moult* (sehr viel) und *ainsy soit* (es geschehe) nicht zu retten seien, so möge man wenigstens die Begriffe *blandice* (Schmeichelei), *angoisse* (Todesangst) und *los* (Lob) nicht verbieten, fleht die Demoiselle die Herren Sprachhüter an.[14] Obwohl Saint-Evremont den Reformeifer dieser Herren durchaus lächerlich macht, lässt er sich die weitere Gelegenheit doch nicht entgehen, das bekannte Alter der um den Erhalt alter Wörter kämpfenden Dame für die Zwecke der Situationskomik auszunutzen, indem er Marie de Gournay in beiden Komödien einen Zahn verlieren lässt, an dem die Zeit längst genagt hat.[15] Die Demoiselle mit den fehlenden Zähnen hielt fälschlicherweise denn auch Saint-Amant für den Verfasser der Komödie.[16]

*

Was macht die Anziehungskraft einer Frau, die auf die achtzig zugeht, für die zeitgenössische Kritik und Satire aus? Geht es dabei um die Sache (den Streit um Wörter und die richtige Sprache), die Person (die streitbare Dame) oder, wie diese selbst vermutet und darlegt, um das Geschlecht der Person? Für jede dieser Vermutungen gibt es plausible Gründe. Die Sprachreform ist als Jahrhundertprojekt im Vormarsch begriffen, die Person Marie de Gournays bietet in vielerlei Hinsicht Angriffsflächen und verletzt darüber hinaus die Erwartungen an ihr Geschlecht. Gerade in der Einheit von Geschlecht, Person und Sache braucht Marie de Gournay für den Spott nicht zu sorgen. Die alte Jungfer mit den alten Worten und ihrer Anhänglichkeit an die alten Meister eignet sich doppelt und dreifach als Witzfigur. Gäbe es Marie de Gournay nicht, müsste man(n) sie zum Spaß der Zeitgenossen erfinden, die in einer Zeit außer Rand und Band ohnehin aufs Lachen aus sind und in Hohn und Gelächter den Weg zur Moderne beschreiten.

Wir haben schon konstatiert, dass der Witz in Schwellenzeiten an Bedeutung gewinnt. Man lacht über das, was befremdlich ist, aber Humanisten wie Erasmus oder Rabelais setzten die Komik auch dazu ein, um die Lächerlichkeit des allzu Vertrauten zu zeigen. Marie de Gournay liegt als Witzfigur gleichsam am Kreuzungspunkt dieser beiden Strategien. Einerseits entzündet nichts mehr als die Vorurteilslosigkeit dieser Frau das männliche Vorurteil. So etwa erzählt Tallemant des Réaux, man habe Marie de Gournay bezichtigt, die von der Kirche so scharf verurteilte Unzucht nicht für sündig befunden zu haben, und sie habe, als man sie fragte, ob die Päderastie kein Verbrechen sei, die Antwort gegeben, Gott gefalle es nicht, dass sie das verurteile, was der erhabene Sokrates praktizierte.[17] Andererseits liegt es aber nahe zu fragen, ob das neue Zeitalter nicht nur Spaßes halber, sondern mit vollem Ernst eine Figur wie Marie de Gournay braucht, um in der Polarität zu dem, was alt und unzeitgemäß ist, den Geist der Moderne etablieren zu können. Noch hat sich der Geschmack am Neuen in den Köpfen und Haltungen nicht vollends durchgesetzt. Umso gelegener kommt es, wenn an der Jungfer Gournay das Exempel der Lächerlichkeit überkommener Traditionen statuiert werden kann. Als leibhaftige Person verkörpert die alte Dame das Gegenprinzip zur Moderne auf hervorragende Weise: Zum einen ist sie eine welke Jungfer mit den Gebrechen des Alters, die sie öffentlich zeigt. Sie trägt, erzählt eine der vielen Anekdoten, auf die auch die Komödie der Akademiker weist, ein Gebiss aus Strandwolfzähnen, das sie, um beim Essen mithalten zu können, geschickt entfernt und schnell wieder einsetzt, um beim Gespräch wieder gut vernehmbar zu sein.[18] Zum anderen ist die Gelehrte in ihrem intellektuellen Engagement rückwärtsgewandt, eine Verteidigerin überholter Werte und Wörter.

Obwohl nicht alle Anekdoten, die über Marie de Gournay kolportiert und gesammelt wurden, bösartig sind, verzichtet kaum eine auf den Spaß der alten Wörter. Die hübsche, von Tallemant des Réaux kolportierte Geschichte, wie Richelieus Sekretär, der Dichter und Literat Boisrobert, dem Kardinal eine kleine Pension für die alte Dame abhandelt, zeigt Marie de Gournay in durchaus freundlichem Licht. Richelieu, der in das Gespräch bewusst viele veraltete Wörter einflicht und sein Lachen dabei kaum zurückhalten kann, ist beeindruckt, als Marie de Gournay ihm ihrerseits zugesteht, er möge sich ruhig über sie lustig zu machen; alle Welt müsse sein großes Genie unterhalten.[19] Natürlich geht es bei der Anekdote nicht um das Vergnügen des Kardinals, sondern um das Amüsement derer, die von der Geschichte erfahren. Indem das Publikum aber lacht, lernt es zugleich seine Lektion. Man muss mit der Zeit gehen. Das Unzeitgemäße ist komisch und lächerlich. Marie de Gournays lebensgeschichtliche Tragik ist, dass sie weder im Alter noch in der Jugend mit der bloßen Gegenwart Schritt halten konnte. Wer zu früh kommt, wird vom Leben genauso bestraft, wie einer oder gar eine, der oder die der Zeit hinterherhinkt. Die Vorstellungen der jungen Demoiselle eilten ihren Zeitgenossen weit voraus. Allein darum galt sie als hässlich. Die entschiedene Kritik der alten Dame an den sprachreformerischen Ansätzen des siebzehnten Jahrhunderts bringt ihr nunmehr den Ruf ein, eine altvordere Gestalt der Vergangenheit, Sibylle und Grabeshüterin, Groteske und Antiquität zu sein. Die Würfel für die Moderne sind gefallen, nur Marie de Gournay verkennt die entschiedene Situation.[20]

Marie de Gournay ist eine ungleichzeitige Figur. Die Zeit schreitet voran, aber nicht so, wie sich die geistige Tochter Montaignes den Epochenwechsel erträumte. Als Marie de Gournay noch im Alter der jungen Herren war, die nun über die alten Wörter der alten Dame die Nase rümpfen, überhörte man(n) sie, weil sie bloß eine Frau war: *C'est une femme qui parle*. Jetzt hat sich der frühere Gemeinplatz, bezogen auf dieselbe Dame, gewandelt: *On ne parle plus ainsi*. Was bedeutet diese Verlagerung des Urteils? Die frühere Ächtung traf die gelehrten Frauen. Die jetzige Diffamierung diskriminiert den Konservatismus einer eigensinnigen Alten. Das alte Vorurteil ist damit keineswegs überholt. Man(n) weiß immer auch, dass eine alte *Jungfer* die alten Wörter verteidigt. In gewissem Sinn wird daher auf den früheren Spott noch eins draufgesattelt. Ohne die Frau im Bild wäre der Spaß am überholten Verständnis der Sprache lustlos. Das genau unterscheidet die Satiren von der bloßen Kritik, dass sie sich mit der kleinen gängigen Vorstellungswelt assoziieren und damit das Understatement bedienen. Andererseits wird die rückständige Frau auch zu einem eigenständigen modernen Topos. Unterschwellig erhält der sich anbahnende große Streit zwischen Alten und Modernen durch diese Verlagerung des Urteils eine nicht uninteressante geschlechtliche Dimension.

Denn es gibt in dieser komischen Ära des Umbruchs eine nach

wie vor ungeregelte Frage. Müssten die Lektionen der Modernisierung nicht auch die überlieferten Normen der Geschlechterordnung tangieren? Zu Recht führen Marie de Gournay und einige männliche Mitstreiter an, dass die Tyrannei des Brauchtums das weibliche Geschlecht an das Haus, ans Privatleben und an die Unwissenheit fesselt. Welches andere Prinzip als das einer die Lebensgewohnheiten umwälzenden Moderne könnte Frauen aus den Fesseln des Herkommens lösen? Gerade in der Logik dieses Gedankens bekommt der Vorwurf des Antiquierten eine besonders perverse Pointe: Könnte die Beibehaltung der Geschlechterordnung im Prozess der Moderne dann gerechtfertigt werden, wenn sich zeigen ließe, dass eine Frau, die für die Gleichstellung der Geschlechter eintritt, eben nicht modern, sondern rückständig ist? Faktisch färbt sich der Streit zwischen dem, was als veraltet angesehen wird, und dem, was als modern gilt, durch die Witzfigur von der altmodischen Jungfer sexistisch ein und schreibt den Männern das Attribut der Moderne zu. Fast unmerklich lagert sich damit der Disput über die Sprache an den Geschlechterkampf an. In beidem ist Marie de Gournay die Schlüsselfigur, die, weil sie nicht nach der Mode geht, für jüngere Frauen kein Vorbild sein kann.

Eine Probe aufs Exempel: Was man(n) halböffentlich sagt

Besonders eindrucksvolle Hinweise auf die Vermischung der beiden Ebenen des Streits enthält der Briefwechsel von Jean-Louis Guez de Balzac. Im Jahr 1624 veröffentlicht der ehemalige Zögling eines Jesuitenkollegs seine für einen Siebenundzwanzigjährigen schon recht ansehnliche Korrespondenz, deren brillante Sprachkompetenz und Stilsicherheit das Publikum besticht. Balzac schreibt geistreich und berührt in der lockeren Form kommunikativ ausgerichteter Essays wichtige Themen der Zeit. Die *Lettres du Monsieur de Balzac* werden ein unmittelbarer Erfolg und geben zugleich Anlass für literarische Auseinandersetzungen, in denen es um Fragen der moralischen Qualität, Würde und Freiheit von Literatur geht. Es handelt sich um einen der zahlreichen Auftakte zum Streit des Jahrhunderts zwischen Alten und Modernen, der für die künftigen Lager und Zäsuren Maßstäbe setzt. Philosophen, Wissenschaftler, Dichter und Politiker ergreifen Partei. Die literarische Jugend in Paris rühmt den bestechenden Witz der Briefe, René Descartes beglückwünscht den nahezu gleichaltrigen Verfasser zu seiner überragenden Freiheit des Geistes.[21] Auch die fast sechzigjährige Demoiselle kann es nicht lassen, dem frisch gekürten Star einen Brief zu übersenden. Das Schreiben selbst ist nicht erhalten, wohl aber die Antwort Balzacs vom 30. August 1624, die alsbald im Anhang einer Neuauflage der Briefe dokumentiert werden wird.

Wir können dieser Antwort entnehmen, dass Marie de Gournay, die zu diesem Zeitpunkt das Opus ihrer vermischten Schriften noch nicht veröffentlicht hat, die Klageschrift *Grief des Dames* inhaltlich vorwegnimmt, wo sie sich über die ihrem Geschlecht auferlegten Restriktionen und Vorurteile beschwert. Guez de Balzac repliziert Punkt für Punkt und zwar ebenso scharf wie doppelzüngig. Erstens betont er, teile er die Auffassung Marie de Gournays, dass die Qualitäten der Seele durch das Wort und nicht durch das Äußere eines Menschen zu beurteilen seien. Marie de Gournay hätte mit dieser Antwort wohl zufrieden sein können, wäre die Bemerkung nicht vor allem dazu angetan gewesen, das Stereotyp von der Hässlichkeit des gelehrten Fräuleins in Erinnerung zu rufen, was im Folgenden noch verstärkt wird, wenn Balzac mit spitzer Feder notiert, die Menschen (Männer) hätten zwar neue Gesetze gemacht, einen anderen Gott in die Welt eingeführt und aus ehemaligen Tugenden seien nun Laster geworden; trotz dieser bemerkenswerten Veränderungen und seltsamen Revolutionen sei festzuhalten, dass der Ruf und dass die Schönheit Marie de Gournays (die den Mönchen und Philosophen Liebe einflöße) nicht mit der Jugend vergangen sei, sondern unverändert bis in die Gegenwart reiche.[22]

Balzacs gekonnte Assoziationstechnik besteht in der Kunstfertigkeit, die frivolen Spitzen seiner Antwort gleichsam im Hinterhalt zu plazieren und indirekt zu evozieren. Obwohl es nicht eigens im Text steht, liest die Leserin und das auf Anspielungen lauernde Publikum, dass die Angeschriebene hässlich, alt und altmodisch ist. Darüber hinaus wirft der junge Spötter Marie de Gournay explizit vor, sie schere sich viel zu sehr um das allgemeine Gerede der Welt, obwohl Lügen und Feindschaften doch einfach zum Leben gehören. Auf den ersten Blick scheint es, dass Balzac die Adressatin aufmuntern will, wenn er versichert, das lobende Zeugnis der Herren Lipsius und Montaigne sei gegen die Wahrscheinlichkeit schlechter Nachreden die beste Arznei. Schon die Rede von der Wahrscheinlichkeit widerstreitet indes einer wohlwollenden Lesart des Satzes. Liefert der eloquente Schreiber wirklich ein Gegengift oder viel-

Abb. 8: Weibergeschwätz bei der Wöchnerin
Kupferstich von Abraham Bosse, 17. Jahrhundert

mehr den Nährstoff für weitere Gerüchte? Wie kam beim damaligen Publikum die Erklärung an, mit vielen anderen Irrtümern sei auch die Überzeugung aufgekommen, es gehöre zum guten Ruf einer Frau, dass sie vieles nicht weiß und dass niemand sie kennt? Noch Rousseau wird sich fast anderthalb Jahrhunderte später dieses alten Argumentes bedienen. Indem Balzac es gebraucht, belebt er die fast schon vergessenen früheren Gerüchte, ob es mit der Tugend der Dame wohl zum Besten bestellt war, als man(n) sie öffentlich lobte. Geschicktes Jonglieren mit der Zweideutigkeit, die aus der Intimität in die Publizität überführt, gehört zur Virtuosität und Perfidie des freien höfischen Geistes. Selbst wenn er, versichert Balzac als ein Mann von Welt, sich in Anbetracht der öffentlichen Ordnung der allgemeinen Auffassung von der Tugendhaftigkeit der Frauen anschließen würde, müsste ihn das nicht an der Annahme hindern, dass die Natur ohne Tadel die von ihr gesetzten Grenzen auch überschreiten könne. Selbstredend ist der Tadel schon da. Denn die Ausnahme bestätigt ja nicht nur die Regel, sondern wird von dem jungen Balzac mit Spott und Hohn überzogen. Wenig später wird sich ganz Frankreich daran ergötzen, wie der junge Edelmann die alte Jungfer bloßgestellt hat.

Nichts kommt der allgemeinen Ordnung gelegener als der Ausnahmefall. Je größer die Regelverletzung, desto mehr verklärt sich das goldene Maß, das gebührend ins Recht zu setzen Balzac nicht versäumt. Niemand könne die Gesetze der Schicklichkeit (*bienséance*) ungestraft überschreiten, heißt es in einem Brief an Madame Des Loges, in deren Salon Balzac häufig zu Gast war. Balzac hielt die Geschlechtergrenzen für unverrückbar. Frauen müssten voll und ganz Frauen sein, denn die Tugenden ihres Geschlechtes und die des männlichen seien verschieden, und je mehr Frauen die Männer imitieren wollten, umso mehr entfernten sie sich von ihrer Bestimmung (»Il faut que les femmes soient tout à fait femmes. Les vertus de notre sexe ne sont pas celles du leur, & plus elles veulent imiter les hommes, plus elles s'éloignent de leur fin«).[23] Daher ist für Balzac eine Frau mit Bart zwar ein abscheuliches Monster, aber nicht schlimmer als eine Frau, die Eigenschaften hat oder gar öffentlich kultiviert, die nur Männern anstehen. Tapferkeit wie Gelehrsamkeit sind für Balzac Qualitäten, die zu Frauen nicht passen. Es widerstrebt ihm zutiefst, wenn ein Geschlecht sich die Vorrechte des anderen anmaßt (»Je m'oppose, Madame, à ces usurpations d'un sexe sur l'autre«). Obschon der Virtuose der Briefkunst die gebildete Schwätzerin, über die Madame Des Loges sich beschwerte, weniger gefährlich als Amazonen einschätzt, zieht er Frauen mit Doktorhut denen zu Pferd doch nicht vor. Wie sich eine Frau nach den Regeln der Schicklichkeit zu verhalten habe, erläutert Balzac dann am Beispiel seiner Adressatin, die zwar unendlich viel wisse, ohne sich doch, wie ihr Gegenbild, als gelehrt darzustellen. Auch wenn Madame Des Loges den Beinamen einer zehnten Muse trage, sei bei ihr die Welt noch in Ordnung, da hier nur Stickzeug, Seide und Nadeln ausliegen, während Papiere und Bücher dem Auge entzogen sind. Wie entsetzlich ist es doch, stöhnt Balzac, da es sich offenbar nicht vermeiden ließ, mit der abnormen Dame zusammenzutreffen, mit anhören zu müssen, wenn sie über Philosophie redet, Beleidigungen auf Griechisch vorbringt, alle Regeln der Dichtkunst kennt und über ihre eigenen Veröffentlichungen spricht. Wenn ich einen Todfeind hätte, bringt der Schreiber seine Abneigung zum Schluss auf den Punkt, dann wäre dies die Frau, die ich ihm wünschen würde, um mich an ihm zu rächen.

Der Brief datiert vom 20. September 1628. Es ist daher nicht ganz unwahrscheinlich, dass die Schmährede auf die Marie de Gournay gemünzt ist, die ebenfalls im Salon von Madame Des Loges verkehrte und diese nur zu gerne als Bündnispartnerin für sich gewonnen hätte.[24] Dennoch geht es Balzac vor allem um einen Typ von Frau und die Aufmachung dieses Typs zur weiblichen Schreckgestalt im Rahmen einer an die Sichtbarkeit gekoppelten Grammatik der Geschlechter. Auch die so genannten Tugenden sind sichtbare Eigenschaften: Sie zeigen sich im alltäglichen Tun in einer wohlanständigen Lebensweise. Balzac ist ein unermüdlicher Verfechter der *bienséance*: Eine ehrbare Frau verbessert die Welt durch ein vorbildliches Leben und nicht durch die Gewalt (sic!) ihres Geistes (»une honnête femme réforme le monde par l'exemple de sa vie, & non pas par la violence de son esprit«); es ist die Pflicht der Frauen, allein für ihre Schönheit zu sorgen und alles zu meiden, was ihnen Falten mache, belehrt Balzac seine Schwester.[25] Aus dem Eifer des unermüdlichen Korrespondenten lässt sich schließen, dass er Anlass für seine gesteigerten Sorgen hat. Je mehr gebildete (und pflichtvergessene) Frauen es gibt, umso sarkastischer werden die brieflichen Kommentare. Im Brief an Madame Des Loges hatte Balzac das gelehrte Weibsstück, das für ihn nicht weniger schlimm war als eine Frau mit Bart, noch seinem schlimmsten Feind an den Hals gewünscht. Zehn Jahre später bekennt Balzac in einem Schreiben an Jean Chapelain, dass er sogar eher eine Frau mit Bart ertrage als eine, die sich als gelehrt ausgibt (»que je souffrirais plus volontiers une femme qui a de la barbe, qu'une femme qui fait la savante«). Deshalb will er nun nicht mehr bloß seine Feinde, sondern die unerträglichen Frauen selber bestrafen: Hätte er die Macht eines Polizeichefs von Paris, phantasiert Balzac weiter, würde er diese geistigen Transvestiten, die Bücher schreiben wollen und ihren Rang in der Welt durchbrochen haben (»qui se travestissent par l'esprit; qui ont rompu leur rang dans le Monde«), zum Spinnen verdonnern. Der Mann weiß, was für Damen, die über die Verse und Prosa von Männern so kühn wie über ihre Spitzen urteilen, eine wirkliche Höchststrafe ist.[26]

Der neue Frauenfeind bezieht sich in dem zuletzt genannten Brief aus dem Jahr 1638 auf die Mittwochstreffen der Gräfin Madame d'Auchy, die ihrem Salon den Charakter einer gelehrten Akademie (académie pédante) zu geben versuchte. Dennoch bleibt die Autorin der Schrift über die Gleichheit von Männern und Frauen für Balzac das Original des Schreckbilds vom geistigen Transvestiten. Als

Chapelain sich durch Briefe von Mademoiselle Scudéry und der Marquise de Sablé bedrängt sieht, rät Balzac, sich von dieser Sorte von Damen (cette espèce de dames) nicht die Zeit stehlen zu lassen, und rühmt sich, wie er Marie de Gournay einst durch stumme Würde (also eisiges Schweigen) erfolgreich abschütteln konnte.[27]

Wirklich losgeworden ist Balzac die Frau, die durch Geschlechtertausch (quand elle avait changé de sexe) die Grenzen der Schicklichkeit sprengte, allerdings nie, so sehr Balzac auch bemüht war, sich das Monster von Weib mit Spott und Sarkasmus vom Leibe zu halten. In einem Brief zu Fragen des grammatischen Geschlechts, in denen Balzac sich wie überall an die Gepflogenheiten (*l'usage*) hält, bekennt er nicht ohne Zweideutigkeit und mit taktischem Feingefühl für die Regulative der Sprache, er würde Mademoiselle de Gournay eher als Dichter denn Dichter*in* und Philosoph als Philosoph*in*, aber als Schönredner*in* statt Schönredner und Übersetzer*in* statt Übersetzer bezeichnen.[28] Reden und übersetzen sind offenbar Tätigkeiten, die Frauen, ohne das Geschlecht zu wechseln, ausüben können. Sollten sie aber Philosophie und Dichtkunst betreiben wollen, was Kreativität und männliche Tugend voraussetzt, haben sie die Grenzen des Schicklichen weit überschritten.

Nicht verletzt ist das Schamgefühl bei Balzac, als er im Sommer 1644 den Fauxpas wieder auszubügeln versucht, den er beging, als er der inzwischen schon recht betagten Demoiselle kein Exemplar seiner gerade erschienenen Œuvres diverses vermachte. Ihm sei versichert worden, schwört Balzc seinem Intimus Jean Chapelain, die Mademoiselle sei tot, und er habe keinen Grund gesehen, die Nachricht in Zweifel zu ziehen, da Marie de Gournay ihm zuvor mitgeteilt hatte, sie schreibe ihm nunmehr zum letzten Mal, weil ihr die Geduld fehle, auf dieser Welt seiner Antwort zu harren. Welche Unverschämtheit von Seiten Balzacs diesem Brief vorausging, wissen wir nicht. Der eifrige Korrespondent jedenfalls beharrt darauf, er habe die Demoiselle, die für das Paradies niemals schwärmte, nur beim Wort genommen und sie als Bewohnerin der Champs Elysées angesehen.[29] Vier Wochen später überschreitet Balzac in einem weiteren Schreiben an Chapelain die letzten Grenzen der Scham im privaten Bereich, wenn er sich nunmehr beklagt: »Sie hätte mir eine große Freude gemacht, wenn sie so, wie sie es mir versprochen hatte, verstorben wäre«, da er sich dann nämlich ein Exemplar seines Buches und fünf oder sechs Zeilen hätte sparen können, die er der lebendigen Alten nunmehr zusenden müsse, nachdem das Verhältnis (noch immer) nicht so schlecht sei, dass er es ganz aufkündigen könne.[30] Der Brief ist ein Musterbeispiel für die Doppelbödigkeit der *bienséance*, die es ermöglicht, in der Öffentlichkeit die Maske des Gentlemans zu tragen, um desto ungenierter hinter verschlossenen Türen agieren zu können. Die Gebote der *bienséance* schützen diese Doppelmoral.

Tatsächlich gehören die zuletzt zitierten Briefe nicht zu dem Teil der Korrespondenz, der schon zu Lebzeiten Balzacs herausgegeben wurde. Erst zweihundert Jahre später hat Tamizey de Larroque die der Öffentlichkeit vorenthaltenen und für sie auch nicht bestimmten Dokumente eines männlichen Meisters der Briefkultur doch publiziert. Ihnen ist zu entnehmen, dass der unruhige Geist der Demoiselle den armen Balzac selbst nach ihrem Tod noch verfolgt. Fast ein Jahr nach ihrem verspäteten Ableben im Juli 1645 muss Balzac zu seinem Entsetzen erkennen, dass ihm die Ehre einer Würdigung in dem gerade erschienenen Buch des Gelehrten Nicolas Heinsius nicht ungeteilt zukommt. Die Mademoiselle werde genauso gut oder sogar noch besser behandelt als er, empört sich Balzac. Aus dieser Gesellschaft ziehe er keinen großen Vorteil.[31]

2. Ein Streit um Worte oder ein Streit ums Prinzip?
Vom Hintersinn der Geschlechter im Diskurs der Moderne

Brauchtum, Mode, Geschlecht

Völlig untröstlich wäre Balzac wohl gewesen, hätte er noch miterleben müssen, dass sein langjähriger Busenfreund im Jahr 1656, sechzigjährig, unter dem Titel *La pucelle* – so nannte die Zeit auch die Jungfer Marie de Gournay – ein Versepos über die Nationalheldin Jeanne d'Arc publiziert, in dem Balzacs Verständnis von den Geschlechtergrenzen auf den Kopf gestellt ist. Gewiss datierte das Projekt der Jungfrau von Orleans schon aus Chapelains Jugendzeit, und Marie de Gournay hatte den jungen Literaten, obwohl sie ihn für einen Schüler von Malherbe hielt, in seinem Vorhaben damals ausdrücklich bestärkt. Betrieb Chapelain in seinen Briefen also ein Spiel mit verdeckten Karten? Oder verändert sich mit der Zeit seine Sichtweise? So schreibt Chapelain am 28. November 1632 zwar an Antoine Godeau, er habe das Fräulein des Herrn Montaigne glücklicherweise verfehlt, als er zusammen mit Valentin Conrart sie kürzlich besuchen wollte. Er bitte Gott, dass das immer so sein möge und er damit die Grobheiten von Saint-Amant vermeiden könne, der gerade im Jahr zuvor *Le poète crotté* veröffentlicht hatte.[32] Wenig später, am 10. Dezember desselben Jahres, teilt Chapelain Marie de Gournay indes mit, er denke keinen kleinen Gewinn aus dem Besuch gezogen zu haben, den er ihr in den vergangenen Tagen abstattete. Handelt es sich um denselben Besuch oder hat Chapelain die Dame gleich bei der nächsten Gelegenheit erneut aufgesucht? Belügt er also Godeau oder macht er sich über Marie de Gournay doppelt lustig, indem er selbst ihr nicht verhehlt, von ihrer Abwesenheit profitiert zu haben?[33] Warum besucht er sie dann überhaupt und warum schreibt er ihr einen mehrseitigen Brief über literarische Fragen?

Sicher ist nur, dass Chapelain sein Opus über die Jungfrau von Orleans erst neun Jahre nach dem Tod von Marie de Gournay und zwei Jahre nach dem Ableben seines Freundes Guez de Balzac fertig gestellt hat. Fast scheint es, dass Chapelain für die Beendigung seines Werkes den Tod des Frauenfeindes abwarten musste. Denn hier erst recht steht der Geist der Marie de Gournay wieder auf, wenn sich Chapelain in der Rechtfertigung seiner Schrift gegen diejenigen wendet, die den Frauen Tugend, Tapferkeit und seelische Größe absprechen. Chapelain versteift sich jetzt nicht nur darauf, dass Frauen nur aufgrund der bestehenden Sitten (*par le constant usage*) vom Kriegshandwerk fern gehalten würden, sondern dass es auch zahlreiche Beispiele gibt, wo Frauen im Krieg wie im Frieden die Herrschaft innehatten. Ganz anders als Balzac behauptet nun Chapelain, das, was sich für Männer schicke, könne für Frauen nicht unschicklich sein, weshalb Frauen, ohne zu schockieren und ohne die Schicklichkeit (*bienséance*) zu verletzen, sich auch bewaffnen und kämpfen könnten. Es sei nicht einmal gegen die natürliche Ordnung, erkühnt sich der Dichter vorzutragen, wenn Frauen regieren und heldenhafte Taten vollbrächten, und selbst wenn die Sitten Frauen üblicherweise davon ausnähmen, seien doch immer Ausnahmen möglich.[34]

Chapelains Rechtfertigung weist auf deutliche Verschiebungen in der *Querelle* der Geschlechter in der Mitte des siebzehnten Jahrhunderts, die sich auf dem Terrain der Schicklichkeit und der guten Sitten vollzogen. Diese Verschiebungen lassen sich als Erfolg jener verbuchen, die wie Marie de Gournay für eine Gleichstellung der

Frauen vor allem durch das Recht auf Bildung eintraten. Man mokiert sich zwar weiterhin über die *Femmes savantes* und erntet dafür auch öffentlich Beifall, aber die höfische Gesellschaft kennt inzwischen derart viele gebildete Damen, in deren Salons sich Männer von Rang und Namen versammeln, dass eine Ausgrenzung der Frauen aus dem gesellschaftlichen Leben und aus der Konversation längst nicht mehr vorstellbar wäre. Oder doch? Wie oberflächlich bleibt der Glanz der Frauen in den Kreisen der höfischen Gesellschaft angesichts der mit der fortschreitenden Machtfülle des Absolutismus einhergehenden Ausdifferenzierung und Festsetzung der Zentren der Macht in ausschließlich männlich bestimmten und besetzten Regelwerken und Institutionen?

Immerhin weisen die Entwicklung von Chapelain so wie die erstaunliche Rechtfertigung seiner Dichtung über die Jungfrau von Orleans auf ein von Balzac und anderen offenbar unterschätztes systematisches Problem. Balzacs Briefe argumentieren mit der normativen Faktizität der *bienséance* bzw. des *bon usage*. Natürliche Elemente sind darin zwar noch verwoben, aber nicht mehr allein bestimmend und ausschlaggebend. Nicht das verborgene Gesetz der Natur, sondern das sichtbare Reglement des Wohlverhaltens wird von Balzac und anderen ins Feld geführt, um die zarte Opposition eines kleinen Kreises von gelehrten Frauen am Wachstum zu hindern. Was zählt, ist Erscheinung. Madame Des Loges darf gebildet sein, sie soll es nur nicht zugleich öffentlich zeigen. Wohlanständig, schick und modern ist der oder die, die oder der weiß, was sich öffentlich schickt. Selbst in der deutschen Sprache hallt die Überlappung der Bedeutungen nach. Was sich schickt, ist schick; wer den Schick der Moden mitmacht, verhält sich den guten Sitten entsprechend korrekt und modern. Eben in dieser Neuerung liegt eine reale Chance für den Wechsel, aber auch die Gefahr, das Heft aus der Hand zu verlieren. Was zum guten Ton gehört, steht nicht mehr dauerhaft fest. Der junge Balzac führte die Beschleunigung der Zeit gegen die Konstanz der antiquierten Dame Gournay ins Feld: Die Gesetze der Menschen und sogar ihre Götter, alles, was scheinbar feststand, hatte sich binnen weniger Jahrzehnte verändert. Nur Marie de Gournay hielt unbeirrbar an alten Tugenden fest. Am Ende wird dann der flinke Balzac sogar von seinem besten Freund gnadenlos überholt. Die *bienséance* und der *bon usage* sind unsichere Stützpunkte in Zeiten des Umbruchs. Wer für die Mode ist, weiß letztlich nicht, was ihm morgen blüht. Gilles Ménage, der zwar knapp zwanzig Jahre jünger als Chapelain und Balzac ist, aber die alten gallischen Wörter verteidigt, bringt in einer Persiflage der Sprachreformer das Dilemma auf den richtigen Punkt: Diese hätten stets auf den Gebrauch als Kriterium verwiesen; der sei jedoch derart unbeständig, dass das, was man heute schön finde, morgen schon aus der Mode sei. Am Schluss werde man sich bloß noch mit Zeichen verständigen müssen, weil alle Wörter verworfen seien. Daher schließt Ménage mit dem Ersuchen: »Lasst euer Vokabular, verlasst eure Grammatik, erneuert nichts, macht nichts mit der Sprache und ihr werdet es gut machen«.[35]

So einsichtig die systematische Seite der Kritik von Ménage ist, so sehr übersieht sie, dass sich im Aufwind der schnellen Sitten und Moden ein neues mächtiges Prinzip bereits durchsetzt und zum Tragen kommt. Moden regen zur Nachahmung an und bestätigen darum den, der den neuen Ton angibt. Jenseits der Moden geht es um diese Kunst, den Ton anzustimmen, und das heißt um politische Fragen der Macht: Wer macht den anderen vor, was zeitgemäß ist? Nicolas Faret, ebenfalls ein Freund Balzacs, erfasst mit seinem Buch *L'Honneste Homme ou l'Art de plaire à la Court* (Der Ehrenmann oder die Kunst am Hof zu gefallen) diesen politischen Hintergrund der Moden und des höfischen Schicks ziemlich genau. Nur auf den ersten Blick ist der Ehrenmann eine oberflächliche und langweilige Figur, die bloß funkelt und glänzt und ohne Neigung und Fähigkeit zu philosophischem Tiefgang und geistiger Freiheit ist, die hundert Jahr zuvor den Hofmann auszeichnen. Faret schreibt im ersten Drittel des siebzehnten Jahrhunderts mit einer eleganten Verbeugung vor dem erblühenden Absolutismus und mit einem neuen Gespür, dass sich politische Macht der äußeren Erscheinung bedienen müsse.

Die Kunst am Hof zu gefallen benennt zwei für die weitere Entwicklung entscheidende Punkte. Erstens wird die Sprachkompetenz zum wesentlichen Merkmal des Höflings. Eleganz und Eloquenz, der höfische Schliff und die Gewandtheit der Rede gehören untrennbar zusammen. Zwei Drittel des Buches befassen sich auf die eine und andere Weise mit der Konversation: mit Unterredungen und der Kunst, Gespräche zu führen, mit der Frage der gewählten Worte und des guten Tons zur richtigen Zeit am angemessenen Ort. Redet einer mit seinesgleichen, mit Untergebenen oder mit dem anderen Geschlecht? Der Höfling muss erst die Schule des höflichen Benehmens durchlaufen, bevor er kunstfertig ist. Niemals handelt es sich freilich um das Prinzip *l'art pour l'art*. Denn zweitens wird eben der Hof – und darin besteht die hintergründige Bedeutung der oberflächlichen Moden – zum Maß schneidernden Mittelpunkt der modernen Gesellschaft. Die Moden mögen wechseln und unbeständig sein, aber sie färben ab, breiten sich aus und schaffen derart ein kulturelles Zentrum der neuen absolutistischen Macht. Bei Erasmus beklagten die auf Distinktion bedachten adeligen Damen des Frauensenats noch, dass das Bürgertum dem Adel in Kleidung und Aufmachung nicht mehr nachsteht. Faret denkt umgekehrt in Kategorien des Machtzuwachses und der Expansion. Gerade weil die *bienséance* in den meisten Aspekten rein äußerlich bleibt, kann sie die Grenzen des Hofes leicht überwinden. Die Kunst am Hof zu gefallen zieht weite Kreise. Faret entwirft das Modell einer vom Zentrum des Hofes aus sich schrittweise nach außen entfaltenden Zivilisierung. Auch wenn eine Frau arm ist, heißt es im Kapitel über die Konversation der Frauen, könne sie ihre Erscheinung pflegen und habe sie Kleider, Haare und Zähne sauber zu halten. Die Tatsache, dass Faret an dieser Stelle die Frauen erwähnt, über die er sonst nicht eben viele Worte verliert, zeigt, welche Rolle er ihnen als Vermittlerinnen im Prozess der Zivilisation und der höfischen Machtentfaltung zuerkennt.[36] Freilich ist es eine Zivilisation, die nun ohne große philosophische Streitgespräche über die Geschlechterordnung auskommen kann. Selbstverständlich ist es für den Ehrenmann Ehrensache, die Damen zu respektieren und sie untertänigst zu ehren. Sehr viel mehr fällt Faret zum Verhältnis der Geschlechter nicht ein.

*

L'Honneste Homme ou l'Art de plaire à la Court erscheint erstmals im Jahr 1630. Drei Jahre später veröffentlicht Jacques Du Bosc als erkennbares Gegenstück *L'Honneste femme* (Die ehrenwerte Frau). Du Bosc ist ein geradliniger Kritiker dieses »Zeitalters der Künstlichkeit und der Maskierung aller Gedanken«. Einen schrecklichen Verlust, klagt der Mönch und Philosoph, müsse die Welt und Nachwelt erleiden, solange Frauen durch die Tyrannei des Brauchtums von der Wissenschaft ausgeschlossen und an der Veröffentlichung ihrer Werke gehindert würden.[37] Zwei Jahre später bringt Du Bosc als erklärtes Pendant zu den in letzter Zeit erschienenen Briefsammlungen von gelehrten Männern die fingierte Korrespondenz von

Damen heraus (*Recueil de lettres des dames de ce temps avec leurs réponses*), in der die Lage von Frauen erörtert wird.

Im Mittelpunkt steht der Gedankenaustausch zweier Freundinnen über das, was sich für ihr eigenes Geschlecht ihrer Ansicht nach schickt. Die ältere der beiden verurteilt studierende Frauen, die jüngere weist auf den Widerspruch hin, dass die Freundin gegen weibliche Gelehrsamkeit und Eloquenz nur darum überhaupt etwas einwenden könne, weil sie selber gelehrt und sprachgewandt sei. Auch wenn die Jüngere zugibt, zu wenig zu wissen, um selber eine Verteidigungsschrift für gelehrte Frauen verfassen zu können, nennt sie doch klar ihre Sympathien und wehrt sich gegen die Ungerechtigkeit, die ihrem Geschlecht durch den Irrglauben zugefügt werde, unschuldig sei es nur dann, wenn es unwissend ist.[38] Die Entgegnung lautet, die Bildung einer Dame sei bis zu dem Punkt erträglich, wo diese anfange, Bücher zu schreiben, da es für eine Frau ein großes Unglück bedeute, wenn sie sich hervortue oder hervortun möchte. Das Argument taucht auch in der Korrespondenz von Balzac auf. Anders als Männer (die für den Ruhm arbeiten), sollen Frauen Wissenschaft nur im Rahmen des Nützlichen und Notwendigen betreiben. Sie behaupte nicht, erklärt die fiktive Schreiberin, dass Frauen künstlerisch und wissenschaftlich unbegabt seien, bloß dürften sie eben kein Wissen begehren, das ihrem Geschlecht widerspricht, noch Tugenden besitzen, die nicht üblich sind (»qui ne sont point en usage«). Immerhin kommt die Gegnerin studierter und schriftstellernder Frauen zu zwei interessanten Schlussfolgerungen. Mit der ersten Überlegung nimmt sie Rousseau vorweg. Der Ruf der Frau hängt von der Meinung anderer ab. Mit dem zweiten Gedanken widerspricht sie perspektivisch Rousseau: Vielleicht würde es ja gebräuchlich und damit auch anständig werden, wenn mehrere Damen zu schreiben anfingen. Bevor es zu dieser Normalität käme, sei für diejenigen, die durch eigene Veröffentlichungen die guten Sitten verletzten, die Gefahr der Verspottung aber größer als die Chance, nachgeahmt zu werden (»mais sans cela, celles qui commencent, sont plus en danger d'être moquées, que d'être imitées«).[39] Die Befürworterin des Brauchtums hat das Dilemma deutlich erkannt und benannt: Nicht die Natur, sondern die Gepflogenheiten regeln die Ordnung der Geschlechter. Wer sie durchbrechen will, erntet Spott und Hohn. Erst wenn immer mehr Frauen das Gelächter der anderen ertrügen, würde das heute Unübliche morgen normal. Ähnliche Worte hatte schon Erasmus von

Rotterdam der gebildeten Magdalia im Gespräch mit dem Abt in den Mund gelegt.

Kennt Du Bosc Marie de Gournay? Wohl wissend, dass es sich um ein Problem der Geschlechterordnung handelt und dass jede Namensnennung Frauen persönlich diskriminiert, nennt der Autor keine Personen. Aber die Argumentation erklärt, warum es für Marie de Gournay und andere so wichtig ist, den Namen von Frauen in Erinnerung zu bringen, die durch Worte und Taten Berühmtheit erlangten. Das Unübliche soll als etwas Übliches erscheinen. Tatsächlich entstehen in der Mitte des siebzehnten Jahrhunderts etliche Schriften, die explizit oder implizit den Beweis antreten, dass Frauen zugleich ehrenhaft und berühmt sein können.

Hilarion de Coste versammelt in seinem dicken Hauptwerk aus dem Jahr 1630 über »Lob und Leben der Königinnen, Prinzessinnen, Damen und Fräuleins, die wegen ihrer Barmherzigkeit, ihres Mutes und ihrer Weisheit berühmt wurden und in unserer und der Zeit unserer Väter in Blüte standen« (*Les Eloges et Vies des Reynes, Princesses, Dames et Damoiselles Illustres en Pitié, Courage & Doctrine, qui ont fleury de nostre temps, & du temps de nos Pères*) die Portraits von hundertzwanzig Frauen. Der größte Teil der Genannten ist berühmt aufgrund der Barmherzigkeit, halb so viele haben sich durch ihr Wissen ausgezeichnet. In der dritten Auflage von 1647 zählt zu diesen Frauen auch Marie de Gournay.[40] 1642 veröffentlicht Madeleine de Scudéry unter dem Namen ihres Bruders die Schrift *Die berühmten Frauen oder die Ruhmesreden* (Les femmes illustres ou les Harangues héroiques): In zwanzig Reden wird über heldenhafte Taten von Frauen der Antike berichtet. Ein Jahr später publiziert Jacquette Guillaume, und zwar unter eigenem Namen, ein Buch mit dem Titel *Die hochherzige Frau* (La femme généreuse, qui montre que son sexe est plus noble, meilleur politique, plus vaillant, plus savant, plus vertueux, & plus économe que celui des hommes), das in der Tradition von Agrippa von Nettesheim zeigt, dass das weibliche Geschlecht edler, politisch besser, wachsamer, gelehrter, tugendhafter und haushälterischer als das männliche sei.[41] Im Jahr 1645 erscheint, wieder von Jacques Du Bosc, das Buch über *Die heldenhafte Frau* (La femme héroique);[42] 1647 bringt der Jesuit und Dichter Jean Le Moyne das Werk *Die Galerie der starken Frauen* (La galerie des femmes fortes) heraus. In bewusster Hinwendung zur humanistischen Tradition von Erasmus von Rotterdam verfasst Samuel Chappuzeau 1656 seine komische

Unterhaltung über den *Kreis der Frauen* (Le cercle des femmes, entretien comique tiré des Colloquia d'Erasme), der fünf Jahre später die Sittenkomödie *Die Akademie der Frauen* (L'académie des femmes, comédie de mœurs) folgt. Sowohl Jean de La Forge mit seinem Versepos von 1663 *Der Kreis der gelehrten Frauen* (Le cercle des femmes savantes) als auch Molière mit seinen Komödien *Die Schule der Frauen* von 1663 und *Die gelehrten Frauen* von 1672 knüpfen an Chappuzeau unmittelbar an.[43]

Gerade die sechziger Jahre des klassischen Zeitalters bewirken noch einmal einen Schub an Publikationen mit ähnlicher Thematik. Jacquette Guillaume veröffentlicht 1665 ein weiteres Buch mit dem Titel *Die berühmten Frauen* (Les Dames illustres), in dem sie wiederum den Nachweis zu führen versucht, dass das weibliche Geschlecht das männliche übertrifft (ou par bonnes & fortes raisons, il se prouve, que le sexe féminin surpasse en toute sorte de genres le sexe masculin); und Marguerite Buffet berichtet 1668 im Rahmen ihrer *Neuen Beobachtungen über die französische Sprache* (Nouvelles observations sur la langue française) ausführlich auch über Leben und Werk gelehrter und berühmter Frauen, darunter auch über Marie de Gournay.[44] Schließlich setzt François Poullain de La Barre mit seiner Schrift *Über die Gleichheit der beiden Geschlechter* (De l'égalité des deux sexes) ein halbes Jahrhundert nach Marie de Gournay ihr Thema erneut auf die Tagesordnung.[45]

Interessant ist die Verschiebung in der Begründung der Argumentation. Marie de Gournay knüpfte, durchaus ironisch gemeint, aber doch publikumswirksam pointiert, an die äußere Ununterscheidbarkeit von Katze und Kater an. Für Poullain de La Barre hingegen liegt der schlagende Beweis für die Gleichheit auf der geistigen Ebene. Der Geist hat kein Geschlecht (L'esprit n'a point de sexe).[46] Damit widerspricht Poullain de La Barre der von Jean de Meung im Rosenroman vertretenen These, eine Frau habe keinen Verstand. Dennoch kann sich gerade mit Poullain de La Barre nach einer Phase der Hervorhebung berühmter Frauen ein neues Vergessen ausbreiten. Wenn man dem Verstand sein Geschlecht nicht ansieht, braucht man es in Verstandesfragen auch nicht eigens zu erwähnen. Die Frage der Geschlechterdifferenz kann den gebildeten Menschen durchaus gleichgültig sein. Darüber sprechen sie nicht, so dass diejenigen schnell in Vergessenheit geraten, die über die wirkliche Ungleichheit Reden führen und klagen. So kommt es, dass selbst in der feministischen Historiographie des zwanzigsten

Jahrhunderts nicht die Streitschrift und Klage von Marie de Gournay, sondern die Abhandlung über die Gleichheit von Poullain de La Barre die Geschichte der Frauenbefreiung anführt.

Welche Schule der Frauen?
Sprachreform und die Politik der Geschlechter

Nun ist eines festzuhalten. Die Frauenrechtlerin Marie de Gournay hat sich gerade bei Frauen ihrer Zeit nicht beliebt gemacht. Marie de Gournay, die kein Blatt vor den Mund nimmt, empört sich über die zuckersüßen, affigen Damen des Hofes mit ihren hochempfindlichen Ohren, die gewisse Wörter und mit den Wörtern die Realitäten des Lebens nicht ertragen und wahrnehmen wollen und darum aus ihrem Wortschatz verdammen.[47] Die Dame Gournay hätte mit ihrer Kritik an den Preziösen mit Molière durchaus an einem Strang ziehen können. Charles Sorel führt in seiner satirischen Darbietung von Gesuchen zur Reform der französischen Sprache aus »den großen Tagen der französischen Eloquenz« vom Jahr 1634 (*Rôle des Présentations faites aux grands jours de l'Éloquence françoise sur la réformation de notre langue*) eine Marquise vor, die, um zweideutige Gedanken beim Gebrauch des Wortes *conception* (in der Doppelbedeutung von Vorstellung und Empfängnis) zu vermeiden, die Herren Sprachhüter ersucht, das anstößige Wort durch die Reinform des »Denkens« zu ersetzen.[48] Sorel hat das Beispiel Marie de Gournays Abhandlung über die Metaphern entnommen. »Dieses Sonett ist gut gedacht (pensé), sagen sie«, zitiert Marie de Gournay die albernen Sprachpuristen, »wenn sie darauf hinweisen wollen, dass es gut konzipiert (conçu) ist. Oh unlautere Gestalten! Müssen sich die silbernen, klaren und jungfräulichen Bäche des Parnass in Kloaken verwandeln, sobald sie in eure niederträchtige Vorstellungswelt geraten!«[49] Sorel zeigt in seiner Satire die lächerlichen Konsequenzen der Sprachreform, wenn er im Rahmen der Darbietungen auch eine Bittstellerin mit dem unanständigen Namen Margot-pisse-à-terre (Margot-pinkelt-auf-den-Boden) auftreten lässt, die als Vorsteherin eines Vermittlungsbüros für die Pariser Ammen eine Bescheinigung haben möchte, dass die Ammen den kleinen Kindern gutes Französisch beibringen.[50]

Wo lernt die Nation ihre Muttersprache? Margot-pisse-à-terre führt mit ihrem ungewöhnlichen Gesuch auf die Erdenschwere der ersten Bildung zurück. Offensichtlich liegt die Vorschule der Zivilisation nicht bei Müttern, die sich zu fein sind, so schmutzige Wörter wie *conception* oder *poitrine* (Brust) im Munde zu führen, sondern bei Frauen des einfachen Volkes, die für ein geringes Entgelt den Kindern von Rang und Stand mit der Muttermilch der am Hof aus dem Wortschatz getilgten Brust auch die niedrigen Wörter der gewöhnlichen Leute einflößen. Selbst der große Dichter Corneille muss sich unter Verzicht auf das geächtete Wort *poitrine* in seinem Meisterwerk des *Cid* mit einem offenen Magen (estomac ouvert) begnügen, den der Held im Zweikampf vor dem Schwert des Gegners entblößt.[51] Nur in der Burleske und der Komödie finden die Wörter von niederer Herkunft jetzt noch literarische Zuflucht. »Oh Gott! Welche Geisteskrankheit greift bei gewissen Dichtern und Zensoren um sich!«, entsetzt sich Marie de Gournay. Sie kämpft keineswegs nur um die alten Wörter, sondern gegen die zartbesaitete Sorte von Herren und Damen, die der Wahrheit aus dem Wege gehen und durch die Kunstsprache zugleich eine künstliche Welt hervorbringen. Lasst uns doch nachsehen, ob die großen Herren in ihren Schriften und Briefen uns ein anderes Französisch beibringen als das, welches uns unsere guten Ammen gesungen haben (»que celui que nos bonnes nourrices nous ont chanté«), sagt Marie de Gournay in ihrer Abhandlung zur Verteidigung der Poesie und der Sprache der Dichter (Défense de la Poésie et du langage des Poètes).[52]

Marie de Gournay hat das Übel der bösen Zungen vielfach benannt und beklagt. Aber sie glaubt nicht, dass dies Übel durch Zensur aus der Welt zu schaffen ist. Die Grobheiten wie Feinheiten der Sprache sind für die leidenschaftliche Humanistin Elemente der menschlichen Bildung und Kultivierung. Wer die Sprache um ihre Fülle und ihren Erfindungsreichtum beraubt, heißt es im Traktat über die französische Sprache, nimmt den Menschen die Hoffnung auf Vervollkommnung, Bereicherung und Zivilisation.[53] So wie die Reformer hat auch Marie de Gournay den Blick auf die Kultivierung der Menschen gerichtet und der Sprache dabei einen zentralen Ort zugewiesen. Aber der Fortschritt der Menschheit verlangt statt einer Nivellierung und Reduktion des kostbaren Schatzes an Wörtern, über den Frankreich verfügt, eine Pflege der lebendigen Bedeutungsvielfalt. Menschen sind für Marie de Gournay Träger und Trägerinnen vielfältiger Emotionen und brauchen deshalb eine Sprache, die dem Reichtum ihrer Gedanken und Gefühle sowie dem

Respekt für die Vielfalt und Individualität der Erfahrungen entspricht.

Für Marie de Gournay geht es also um sehr viel mehr als bloß um alte und auch um mehr als bloß Wörter. Sie illustriert den Sinn ihres Eifers an der Fabel von einem Mädchen, das lauthals den Verlust seiner Puppe beklagte, so dass die Mutter ihm zum Trost eine neue und ebenso hübsche schenkte. Eben dieser Ersatz macht den Kummer des Kindes aber noch viel größer und zwar weniger, weil es so sehr an der verlorenen Puppe hängt, sondern weil es ohne deren Verschwinden nunmehr zwei Puppen hätte.[54] Letztlich befindet sich die *vieille fille* in einem viel größeren Dilemma als das kleine Mädchen. Denn die alte Sprache geht nicht einfach verloren, sondern wird verworfen, um die Sprache von einem Ballast zu befreien. Nicht der Wandel der Sprache steht daher zur Debatte, sondern die Möglichkeit, durch Reformen Macht auszuüben. Marie de Gournay hingegen kämpft für das Wachstum, den Reichtum und die Freiheit der Sprache. Sie verwahrt sich gegen eine Sprachdoktrin, die von oben bestimmt, was gutes Französisch ist. Sie will nicht nur die alten Wörter erhalten, von denen gesagt wird, sie seien jetzt nicht mehr in Mode (»On ne parle plus ainsi, la mode est changée«),[55] sondern verteidigt den Erhalt der Diminutiva als wichtigen Bestandteil des emotionalen Lebens (ohne die sich die Sprache und das Verhalten brutalisiere),[56] setzt sich für den Reichtum an Kraftausdrücken und Bildern in der Sprache des Volkes und der Regionen ein, kurz, sie plädiert für den lebendigen Glanz der Verschiedenheit (»l'émail de la diversité«) und gegen eine Kunstform der Sprache[57], mit der eine Kabale des Hofs (bestehend aus einem Dutzend männlicher Wirrköpfe mitsamt ihren puppenhaften und süßen Weibchen) die Muttersprache per Dekret unter Kontrolle bringt.[58] In ihrer Verteidigung der Poesie und der Sprache der Dichter ereifert sich Marie de Gournay, ein Dutzend Herren würde mit ihrem Refrain, so spreche man nicht mehr, eine variationsreiche, lebendige und kraftvolle Sprache ersticken und diejenigen versklaven, die diese Sprache gebrauchen. Lässt sich eine Sprache, die nicht lebendig erlernt und erhalten, sondern vorgeschrieben und nachgeäfft wird, noch als französische Muttersprache bezeichnen?[59] Und ist derjenige ein Wächter der Muttersprache, der die im Volk gängigen Begriffe mit dem Verweis auf den guten Ton am Hof untersagt? Marie de Gournay ist vom Leben der Sprache und der Bedeutung des Reichtums an Sprachnuancen für das menschliche Miteinander zutiefst überzeugt und verurteilt umso stärker die plappernden Papageien der höfischen Kreise.

Faktisch wirbt Marie de Gournay mit ihrem Plädoyer für den Reichtum und die Freiheit der Sprache für eine andere Moderne als die, die sich anbahnt. Ihre Hauptargumente widersprechen der Kulturpolitik des beginnenden Absolutismus. Die streitbare alte Dame weiß genau, wo der Ort ist, an dem sich die Herren und Damen so fein vorkommen, dass sie nur noch polierte Worte benutzen. Wollen die Herren Dichter, ereifert sie sich, mit ihren zuckrigen Worten eine lebendige, gedankenreiche und edle französische Nation oder ihre Kokotten unterrichten? Wieso kann ein kleiner Teil des Hofes, der selbst wiederum nur ein Teil Frankreichs ist, sich zum Gradmesser für die Sprache des ganzen Landes machen? Kann es gar sein, dass über die Sprache, die derart wichtig für das Zusammenleben aller ist, statt im Rat und durch die Minister im Kabinett der Damen entschieden wird?[60] Noch zwanzig Jahre später regt sich auch Charles Sorel darüber auf, dass einige Damen in der Stadt ein kleines Imperium errichtet hätten, wo der rechte Gebrauch der französischen Sprache festgelegt werde.[61] Claude de Vaugelas hatte in seinen Bemerkungen über die französische Sprache (*Remarques sur la langue françoise*) wenige Jahre zuvor die Gegenposition formuliert, als er dem gesündesten Teil des Hofes die Vorbildfunktion für die französische Sprache zusprach und Frauen ausdrücklich in diesen Teil einschloss (»j'y comprends les femmes comme les hommes«).[62]

Die Geschlechtersituation ist offenbar schon bei Erscheinen des *Ombre* sehr viel verwirrender als es auf den ersten Blick aussieht. Allein aus Sorels Satire über die großen Zeiten der französischen Eloquenz, in der Frauen aus unterschiedlichen Milieus als Bittstellerinnen auftreten, lässt sich schließen, dass es nicht mehr völlig außergewöhnlich war, wenn Frauen an die Öffentlichkeit traten und Eingaben machten. Auch andere Pamphlete schildern, dass Frauen ihre Rechte einklagen.[63] Der Abbé Michel de Marolles, ein junger, aber guter Freund und seit 1636 auch Nachbar Marie de Gournays, berichtet im dritten Band seiner Memoiren, dass die ersten Ideen zur *Académie française* in Marie de Gournays Dachgeschoss in der *Rue de l'arbre sec* entstanden,[64] wo sich Schriftsteller und Dichter von Rang und Namen wie François Ogier, François de la Mothe Le Vayer, Charles Cotin oder Jacques de Serisai täglich versammelten und lange Debatten über die Sprache führten. Die vielfach kolportierte Anekdote über die Aufnahme des Wörtchens *raffinage* in den französischen Sprachschatz wirft einen Blick auf eine solche Versammlung.

Eben diese Anekdote, die Louis Petit in seiner Satirensammlung überliefert, widerspricht, indem sie Marie de Gournay als aufgeschlossene, anerkannte und liebenswürdige Dame vorführt, der stereotypen Behauptung, die »alte Sibylle« habe bloß alte Wörter verteidigt. Louis Petit erzählt, die Demoiselle habe nach dem Erscheinen eines Buches mit dem Titel *Le Raffinage de la cour* (Die Verfeinerung des Hofes) lange überlegt, ob das ungewöhnliche Wort *raffinage* zulässig sei. Unschlüssig habe sie es nach allen Seiten gewendet, als mehrere der selbst ernannten Sprachwächter bei ihr eingetreten seien, denen sie eine Untersuchung des neuen Wortes vorschlug. Man überprüfte die Silben, die Vokale und Konsonanten, sei jedoch zu keiner Entscheidung gelangt. Schließlich kam die Gesellschaft auf die Idee, das Wort aus einem größeren Abstand zu untersuchen, worauf Marie de Gournay ihre treue (und daher fast ebenso alte) Dienerin Jamin anwies, sich ans andere Ende des Zimmers zu stellen, um von dort aus das Wörtchen laut und in mehreren Tonlagen zu artikulieren. Noch waren die Herren, selbst nach mehreren Versuchen, unschlüssig. Da nahm die Mademoiselle die Entscheidung in die Hand, wandte sich liebenswürdig an die versammelte Mannschaft und bekannte, in ihren Ohren klinge das Wort nicht schlecht. Man stimmte ihr erleichtert zu und gestattete dem Ausdruck *raffinage* seinen historischen Einzug in die französische Sprache.[65] Die Geschichte demonstriert nicht nur, dass Marie de Gournay neben alten genauso auch neue Wörter verteidigt, sondern dass sie sich bei den Herren auch Respekt zu verschaffen wusste. Emile Magne behauptet sogar, dass es dem mächtigsten Mann unter Ludwig XIII., dem Kardinal Richelieu, durchaus missfiel, als der Kreis der jungen Reformer, unter ihnen Gilles Ménage, Jean Chapelain und Guez de Balzac, ihre Unterredungen nicht mehr bei Marie de Gournay, sondern bei dem jungen rebellischen Valentin Conrart abhielten.[66]

Aber die jungen Rebellen wurden älter und setzten sich mit ihren Auffassungen durch. Valentin Conrart erhält bei der Gründung der *Académie française* im Jahr 1635 unter den Auspizien von Richelieu und Ludwig XIII. den zweiten Akademiesitz, Jean Chapelain den siebten und Guez de Balzac den achtundzwanzigsten. François Le Metel de Boisrobert, Richelieus Sekretär, dem Marie de Gournay ihre Pension verdankt, nimmt den sechsten Sitz ein, Marc Antoine de Saint-Amant, der mit seinem *Poète crotté* der *vieille fille* kurz vor der Gründung der Akademie so übel mitgespielt hatte, befindet sich auf Platz zweiundzwanzig, Honorat de Racan, mit dem sich Marie de Gournay freundschaftlich stritt, sitzt auf Platz dreißig, Claude de L'Estoile und François de La Mothe Le Vayer, die Marie de Gournay beide testamentarisch bedenkt, haben den fünfundzwanzigsten und dreizehnten Sessel inne. Fast alle Herren, die zu Marie de Gournays Bekanntenkreis gehörten, auch Jacques de Serisai und Pierre de Seguier, Guillaume Colletet und Claude Malleville, wurden zu Mitgliedern der hohen Akademie auserkoren.[67] Das klassische Zeitalter der französischen Sprache nimmt hier seinen förmlichen Ausgang und mit ihm zugleich eine Sprachregulierung, deren erklärtes Ziel ist, die Sprache vom Unrat aus dem Mund des Pöbels zu befreien. Das Volk hat von nun an nicht mehr die Freiheit, so zu reden, wie ihm der Schnabel gewachsen ist. Das ist eine zivilisatorische Großtat, die klaren kulturimperialistischen Absichten entspricht. Nicolas Faret, Autor von *L'Honneste Homme ou l'Art de plaire à la Court* und Inhaber des neunten Sitzes der Akademie, formuliert diese Absicht eindringlich und unverblümt ein Jahr vor der Akademiegründung im »Projekt der Akademie – als Vorwort für ihre Statuten« (*Projet de L'Académie, pour servir de Préface à ses Statuts*).

Schon bei der Vorstellung des *Honneste homme* war die korrekte, geistreiche und eloquente Beherrschung der französischen Sprache von großer Bedeutung. Anknüpfend an dieses höfische Leitbild wird im Projekt der Akademie nun die politische Tragweite einer Sprachreform weiterentwickelt. Es stört die Hegemonialinteressen des aufstrebenden Absolutismus, erklärt Faret, wenn auf der französischen Sprache noch immer der Makel ihrer barbarischen Herkunft liegt, weshalb Gelehrte (wie etwa Descartes, auch Balzac) miteinander lateinisch verkehren. Eine Reform der Sprache unterstützt den Aufstieg Frankreichs zur Großmacht, festigt im Inneren die noch immer umstrittene Zentralität des Hofes und ermöglicht im Gefolge militärischer Eroberungen schließlich die kulturelle Hegemonie in Europa. Frankreich, so hofft Faret, wird zum legitimen Erbe des römischen Reichs und seiner Kultur.[68]

Die entscheidende Frage ist daher, wie sich der Prozess der Modernisierung vorantreiben lässt. Farets diesbezügliche Vorschläge fassen die seit Malherbe im Gang befindliche Reformdiskussion zusammen. Deutlich sind die Analogien zu den übrigen Anstandsregeln des höfischen Menschen. So wie bei den Haaren und Zähnen ist auch in der Wortwahl eine Säuberung nötig. Eine deutliche Spitze der Argumentation richtet sich gegen das barbarische Idiom aus dem Südwesten Frankreichs, das in der Gefolgschaft Heinrichs IV. in der Hauptstadt seinen Einzug gehalten hatte. Die Abwehr des Provinzialismus fördert den Zentralismus. Zentralismus ist eine Bedingung des Absolutismus. Reinheit und Ordnung, Vernunft und Eleganz werden zu linguistischen Schlüsselwörtern der neuen Ära. Der Schmuck einer Sprache liegt in ihrer Klarheit und Eindeutigkeit, in ihrer Regelmäßigkeit und Sicherheit, lautet die Lehre der neuen Zeit. Wie die Vernunft muss die Sprache genau und regelgeleitet sein, ohne dunkle und mehrdeutige Stellen, frei von ermüdenden Wiederholungen und unverständlichen, weil längst überholten Begriffen. Schönheit und Vernunft, Vernunft und Herrschaft liegen dabei nicht weit auseinander. Im Prinzip soll der gute Gebrauch der Sprache am Hof das Vorbild der weiteren Kultivierung des Landes abgeben, eine Sprachakademie soll dann das Ebenmaß der französischen Sprache bewachen und kodifizieren. Das Wörterbuch der französischen Sprache ist eines der ersten Projekte der Akademie. Als Kontrollinstanz ist sie ein wichtiges Instrumentarium zur Sicherung und Entfaltung absolutistischer Macht.

Einige bekannte und hier schon zitierte Namen bleiben aus dem Kreis der Akademie sichtbar ausgeschlossen. So fehlt z.B. Gilles Ménage, der zunächst ebenfalls dem Kreis der jungen Reformer zugerechnet wurde, mit seiner als Bittschrift ausgegebenen Verssatire *Requête présentée par les dictionnaires* gegen den Reformeifer der Akademie aber deutlichen Einspruch erhob. Ménage veröffentlichte die Schrift 1649, dürfte sie aber schon Jahre vorher verfasst haben. Nur die weise Jungfer Gournay, heißt es in dem Gedicht, habe noch dazu aufgefordert, zugunsten der edlen Worte und der alten Meister der Sprache öffentlich hörbar zu klagen. Man hätte es ja gewiss nicht gewagt, spottet der Autor, die Ruhe der Akademiemitglieder nur wegen einiger schöner Worte zu stören, doch habe die Langmut bei der Verbannung des Wörtchens *car* (denn) schließlich ein Ende gehabt, da es sich hier um ein notwendiges, nämlich Verbindungswort handele, das die Vernunft einlasse und den Königen diene. Tatsächlich sei es nebst einigen weiteren Wörtern auch wieder zugelassen worden, während tausend andere das Schicksal der Verbannung, Verkürzung oder Verlängerung erlitten, ihr Geschlecht wechseln und die Schreibweise ändern mussten. Am Schluss folgt die schon zitierte Warnung, angesichts der modischen

Verwerfung vieler Wörter werde man sich schließlich mit einer Zeichensprache begnügen müssen.[69] Ähnlich kritisch zur Reform der Sprache äußert sich Charles Sorel in der schon zitierten Satire *Rôle des Présentations faites aux grands jours de l'Éloquence françoise sur la réformation de notre langue* (Liste der Eingaben, die in den großen Tagen der französischen Eloquenz zur Reformation unserer Sprache ergingen) bereits 1634 und fortlaufend bis 1671 in allen späteren Werken. Indes darf der Autor noch so viel schreiben. Die Unabhängigkeit seines Urteils bekommt ihm schlecht. Am Ende seines Lebens verliert er seine Pension und verarmt. Wir werden im nächsten Kapitel noch über ihn hören.

Auch männliche Kritiker der herrschenden Macht und Moden haben es schwer. Des ungeachtet hätte ohnehin niemand die Frage gestellt, weshalb die alte Dame Gournay, die sich für die französische Sprache so leidenschaftlich interessierte, als Wächterin des Reformprojektes nicht in Betracht kam. Chapelain bezeichnet Marie de Gournay in einem Brief vom September 1639 als unversöhnliche Gegnerin der die Sprache schindenden Akademie (»que vous êtes l'irréconciliable ennemie de l'écorcheuse Académie«).[70] Immerhin schloss die Satzung der Akademie Frauen nicht explizit aus. Niemand ist als Mitglied zugelassen, heißt es im ersten Statut, der nicht einen guten Lebenswandel, einen guten Ruf und einen guten Verstand vorweisen kann und folglich für die akademischen Funktionen nicht geeignet ist.[71] Aber da fing das Problem natürlich schon an: Hätte man(n) den Ruf einer Frau nicht allein durch die Ehre eines Sitzes in der Akademie beschädigt? Konnte man(n) es einer Frau überhaupt antun, sie in die Akademie zu berufen? Umgekehrt erinnern wir uns, was man(n) über den Lebenswandel der Marie de Gournay nicht schon alles geflüstert hatte. Auch die Akademie wäre also ins Zwielicht geraten. Eine ehrwürdige Institution wie die Akademie durfte sich nicht in Misskredit bringen, weder bei ihrer Gründung, noch in den Zeiten danach. Denn es überrascht uns ja nicht, dass Marie de Gournay mit ihrer den Gründungsmitgliedern der Akademie entgegengesetzten Sprachauffassung kein Mitglied wurde, selbst wenn einige Herren die engagierte Dame als eine Art Ahnherrin der Akademie ansahen. Schon bemerkenswert ist indes, dass die Akademie mehr als drei Jahrhunderte lang, bis ins Jahr 1980, ihre Pforten für Frauen verschloss.[72] Hatte die Sprache etwa (nur) ein Geschlecht?

Claude de Vaugelas, Akademiemitglied der ersten Stunde, bestand noch darauf, dass zum gesündesten Teil des Hofes, wo nämlich der gute Ton gepflegt werde, Frauen genauso wie Männer gehören.[73] Eben dieser Gedanke von Vaugelas lässt sich auch von einer anderen Seite betrachten. Wenn statt einer Gesellschaft aus Männern und Frauen nur Männer den guten Gebrauch der Sprache festlegen, ist die Muttersprache dann auch eine von Frauen? Erst am Ende des zwanzigsten Jahrhunderts wurde die Frage gestellt, ob und inwieweit die Regulierung der Sprache durch die Akademie den Ausschluss von Frauen aus dem Diskurs der Wissenschaften gefördert hat. 350 Jahre nach dem Tod Marie de Gournays hat die »Commission générale de terminologie et néologie« als ein Abkömmling der alten absolutistischen Wachinstanz zwar keine Einwände mehr, wenn eine Ministerin mit Madame *la* Ministre angeredet zu werden wünscht, verwahrt sich indessen gegen Veränderungen in den Bezeichnungen, sofern sie öffentliche und juridische Funktionen betreffen. Besonders aufschlussreich ist dabei die mit einer doppelten Verneinung operierende Argumentation der Kommission, es sei nicht uneinsichtig (»il n'est pas déraisonnable«!), die Weigerung einer Person zu respektieren, in einer Art bezeichnet zu werden, die ihrer Identität nicht Rechnung trage. Die politische Seite der Forderung nach weiblichen Titeln und die Geschichte und Konsequenzen der sprachlichen Ausgrenzungen wird genau damit verkannt. Die Frage der Identität, das ist die paradoxe Geschichte, ist für Frauen verwoben mit Nichtidentität. Darum geht es politisch betrachtet auch keineswegs bloß um den Anspruch auf sprachliche Anerkennung einer geschlechtlichen Identität als vielmehr um die Markierung von Nichtidentität bzw. um den Anspruch auf öffentliche Rechenschaft, in welcher Art und Weise Funktionen zwischen den Geschlechtern durch die Kontinuität (das Brauchtum) eines auch sprachlich vermittelten Ausschlussverfahrens verteilt sind.[74] An Faret wurde gezeigt, dass er die Akademie ganz bewusst als ein Instrument des Kulturimperialismus begriff. War sie, weniger bewusst, auch ein Komplott zur Fixierung geschlechtlicher Macht?

3. Zweierlei Träume vom *Discours de la raison*?

Es gibt Fragen, die gestellt werden müssen, auch wenn von vornherein klar ist, dass es auf sie keine klaren Antworten gibt. Wer könnte schon nachweisen, dass die *Académie française* die Ohnmacht von Frauen faktisch befördert hat, und wie ließe sich belegen, dass bei einem gleichberechtigten Zugang von Frauen zu den Schaltzentren der Macht auch eine andere Moderne möglich gewesen wäre? Was sich an Schwellenzeiten allenfalls zeigen lässt, ist, dass die Dinge im Fluss sind. Bis 1635 gibt es noch keine Institution, die den richtigen Ton mit kräftiger männlicher Stimme festlegt und insoweit ist die Geschichte offener als in den Jahren und Jahrzehnten danach. Aber eine ganz andere Frage ist es, ob der Traum von einer anderen Moderne, etwa der Gleichberechtigung von Männern und Frauen, in dieser Epoche Chancen gehabt hätte. Marie de Gournay selbst hat sich keine Illusionen gemacht.

Könnte ich den Wert dieses Buches tiefer ansetzen, als dadurch, dass ich es als *Schatten* bezeichne, fragt Marie de Gournay 1626 im Vorwort zu ihren, trotz aller Nachreden und Witze nunmehr erschienenen vermischten Schriften. Ich tue recht daran, bekennt die »Mutter« ihres Werkes, es aufgrund seiner Nichtigkeit Schatten zu nennen (»j'ai donc raison de le nommer Ombre par sa néantise«), der gleichwohl, ergänzt sie, ohne sich dafür zu schämen, das Abbild meines Geistes und das wichtigste Werk meines Daseins ist (»qu'il exprime la figure de mon esprit, maîtresse pièce de mon être«).[75]

Schon in der zweiten Auflage des Werkes von 1634 drängt der Verleger die Autorin, den dunklen Titel zurückzunehmen, den Marie de Gournay noch immer bevorzugen würde und auf dessen Richtigkeit sie im Vorwort weiterhin beharrt.[76] Die Verfasserin fügt sich unwillig dem Verlegervotum. Der neue Titel *Les Advis, ou, les Presens de la Demoiselle de Gournay* (Nachrichten oder Geschenke der Demoiselle de Gournay) ist im Unterschied zu der Titelfigur, die Marie de Gournay ihrem Werk zugedacht hatte, auffallend neutral und gefällig gehalten. Er gibt seiner Leserschaft keine Rätsel auf.

Marie de Gournay hatte offenbar bei der Wahl ihrer Titel keine glückliche Hand. Schon den befremdlichen Titel des Erstlingswerkes *Le Proumenoir* hätten etliche Leser lieber durch den Namen der schönen Heldin *Alinda* ersetzt, obwohl sich hinter dem Titel bei näherer Betrachtung das wichtigste Schlüsselerlebnis der jungen Autorin verbirgt. Jetzt stoßen sich Verleger und Publikum an der Titelfigur des *Ombre*, den Marie de Gournay noch durch Sinnspruch und Sinnbild ergänzt. Der Mensch, behauptet der Sinnspruch, ist der Schatten eines Traums und sein Werk ist sein Schatten (»L'homme est l'ombre d'un songe, et son œuvre est son ombre«). Ist auch dieser Titel die Deckadresse einer Lebenserfahrung? Die Dame Gournay bekennt es im Leitspruch, der, rätselhaft für die einen, deutlich genug für die anderen, eine, wenn auch verschlüsselte, Botschaft enthält: Das Buch der Demoiselle, wortreich und voluminös, trägt vor sich auf seiner Stirn das Bekenntnis, nichts als der Schatten eines Schattens und zwar Schatten des Schattens eines Traumes zu sein. Schon ist das Original des Lebens fast an sein Ende gelangt und war doch nur Schattendasein von flüchtig erdachten und ungewiss bleibenden Traumgesichten. Zweifelt Marie de Gournay, ob das Leben eines Menschen die Wahrheit des Lebens ist? Ist der Schein die Substanz? Oder gibt es über die Bilder und Projektionen hinaus, die das Leben begleiten und ihm seine Vita verpassen, eine andere, noch ungeschriebene Bedeutung? Der Leitspruch im Ton eines Grabspruchs nötigt dazu, diese Fragen zu stellen.

Schon bald nach dem Erscheinen des Buches kursierten zur Wahl der barocken Titelfigur, wie könnte es anders sein, treffliche Anekdoten. Tallemant des Réaux, Jahrgang 1619 und damit einer anderen Lebenswelt zugehörig als Marie de Gournay, aber mit mehreren ihrer jüngeren Freunde bestens vertraut, berichtet in seiner Historiensammlung zur Frage des Titels, François Le Metel de Boisrobert, der zu Marie de Gournays literarischen Feinden sowie auch zu der alten Dame ein gutes Verhältnis hatte, habe sie nach der Bedeutung des Titels befragt. Sie habe darauf keine Antwort gewusst und in ihrem Sekretär nachsehen wollen, dort aber, obschon sie in allen Schubladen wühlte, keine Begründung gefunden.[77]

Die Episode muss schon darum erfunden sein, weil Marie de Gournay selbst dann noch, als ihr Werk auf Wunsch des Verlegers seinen neuen Titel erhielt,[78] Interpretationshilfen zum Verständnis des Schattens gab, weshalb Tallemants Satire weniger die Verschrobenheit und Vergesslichkeit einer alten Jungfer als die Geschmacksveränderungen und das Unverständnis einer neuen Leserschicht auf den Punkt bringt. Nicht Marie de Gournay versteht den Sinn des Titels nicht mehr, sondern das Publikum hat sich seiner Bedeutung entfremdet. Offensichtlich ist indes, dass die Autorin im Spiel mit den Worten *Ombre* und *Songe*, Schatten und Traum, wie schon im *Proumenoir* ein Vexierrätsel aufgibt. Das erste Rätsel, das man wegen der Vieldeutigkeit der Begriffe fast übersehen könnte, besteht bereits darin, dass der Leitsatz des *Ombre* die bekannten Verse Pindars aus den Pythischen Oden nicht beibehält, sondern verkehrt. Der Grund kann nicht sein, dass Marie de Gournay die Originalfassung der Oden nicht wörtlich kannte. Im Text zur Ermordung von Heinrich IV., der im Sammelwerk des *Ombre* wieder abgedruckt ist, heißt es vielmehr, korrekt zitiert, zu Recht würden die Menschen als Traum eines Schattens (»le songe d'une ombre«) bezeichnet, denn hinfällig sei ihr Leben und Glück.[79] Pindar ist schon im sechzehnten Jahrhundert ein viel zitierter Dichter und Marie de Gournay ist mit dem Originaltext der Oden vertraut:

»Wem aber jüngst ein Erfolg zufiel, der erhebt sich in hoffnungsbeflügeltem Mannesmut/ zu überquellender Wonne, sein Trachten/ lässt Reichtum hinter sich. Schnell wächst bei den Menschen die Freude,/ ebenso schnell fällt sie zu Boden,/ wenn sie durch ein verfehltes Denken um ihren Grund gebracht wird./ Eintagswesen! Was ist einer, was einer nicht? Eines Schattens Traum! Ist der Mensch. Aber wenn gottgeschenkter Glanz kommt,/ ruht helles Licht und freundliches Dasein auf den Menschen.«[80]

Nun fällt, sobald wir den Text als ganzen betrachten, allerdings auf, dass Pindar von zweierlei Licht und Freude spricht. Einerseits beschreibt er den raschen Erfolg und plötzlichen Aufstieg und Glanz der Menschen, der ebenso schnell in sein Gegenteil umschlagen kann: Nichts bleibt, wenn der Mensch den Grund seines Daseins verliert und verfehlt, als der Traum eines Schattens. Der Vers umschreibt die Conditio humana: Ohne sicheren Grund ist am Menschen alles vergänglich und sein Glück ephemer. Andererseits kann der Mensch seinen Grund nicht aus eigenen Stücken erzeugen und finden. Die Ode warnt vor der Selbstherrlichkeit und Überheblichkeit. Was den Menschen trägt, wird ihm durch Gnade zuteil wie ein freundliches Licht; niemand kann seinen Grund von sich aus ergründen oder gar im Ergründen selbst herbeiführen, da das Licht gottgeschenkt strahlt und die Menschen vor der Verfehlung des Denkens bewahrt.

Marie de Gournay ist nicht die erste, die auf Pindars Verse aufmerksam wird; Traum und Schatten sind in den Zeiten des Umbruchs und der Unsicherheit vielfach verwendete und vieldeutig verwendbare Allegorien. Hélisenne de Crenne behandelte in ihrer Schrift *Songe de ma Dame Hélisenne, composé par ladicte Dame* (Traum der Dame Helisenne, von ihr selbst geschrieben) die Würde der Frauen, die imstande sind, der Vernunft zu folgen, in einer Art Traumgesicht. Im Traum findet eine Eröffnung der anderen Wahrheit statt, die im wachen Zustand verborgen ist. Torquato Tasso schreibt in seinem Hauptwerk *La Gerusalemme Liberata* (Das befreite Jerusalem) im vierzehnten Gesang über den Ruhm des Menschen, dieser sei ein Echo, ein Traum und der Schatten eines Traums, der beim geringsten Windstoß verschwindet.[81] Auch Montaigne bedient sich der Bilder von Traum und Schatten: Er gibt dem Satz, Gott habe den Menschen einem Schatten ähnlich geschaffen, der verschwindet, wenn man das Licht entfernt (»Dieu a fait l'homme semblable à l'ombre, de laquelle qui jugera quand par l'éloignement de la lumière elle sera évanouie?«) in der Spruchsammlung auf den Deckenbalken seines Turms einen ehrwürdigen Ort.[82] Der Schatten des Menschen, sagt die Sentenz, entsteht nur dann und ist nur dann sichtbar, wenn ein Licht ihn hervorbringt. Daher ist das Schattendasein des Menschen nicht bloß Zeugnis der Nichtigkeit, sondern des Lichts. Zugleich fragt Montaigne, so wie ein halbes Jahrhundert später sein junger Leser und Kritiker Blaise Pascal, warum wir nicht Zweifel haben, dass unser Denken und Handeln bloß eine Weise zu träumen und das Wachen gar eine Art des Schlafes sei.[83] Calderón de la Barca, der große spanische Dichter aus der ersten Hälfte des siebzehnten Jahrhunderts, lässt sein Drama »Das Leben ist ein Traum« mit dem Resümee enden, der Traum sei ein Lehrmeister, der zur Einsicht verhilft, »dass das ganze Glück der Menschen schließlich wie ein Traum vorbeizieht«.[84]

Als Metapher und Allegorie ist der Traum das Symptom eines den Wirren der Zeit geschuldeten Zweifels. Nichts ist mehr gewiss, noch ist nichts gewiss. Auch das Ende der Glaubenskriege in Frankreich hatte die Unsicherheiten im rechten Glauben nicht beseitigt, so wenig wie Hexenverfolgungen und die Inquisition. Natürlich kann das Publikum lachen, wenn im Vorspiel zu »Der Widerspenstigen Zähmung« der arme, von einer Gesellschaft von Müßiggängern im Vollrausch ertappte Kesselflicker nach seinem Erwachen in feinen, seidenen Kleidern die Geschichte, die man ihm vorträgt, zu glauben anfängt, in Wirklichkeit sei er ein Edelmann, sein Leben als Kesselflicker aber ein Hirngespinst. Dieser einfältige Kesselflicker weiß nur, was er am eigenen Leibe tastend begreift. Mit solchen Späßen vertreibt eine müßige Gesellschaft sich aber nicht nur die Zeit, sondern auch ernsthafte Fragen, welche eine aus den Fugen geratene Welt im Theater aufwirft. Es ist daher durchaus ein Symptom des quälenden Ernstes, dass sich die Spaßvögel überall zeigen und die Komödie dem Trauerspiel den Rang abläuft. Die kopernikanische Wende hat die Evidenz der Sinne des ptolemäischen Menschen in Frage gestellt. Eine dramatische Unsicherheit hat sich nicht nur im fortgeschrittenen Bewusstsein der neuen Zeit eingenistet, sondern droht allenthalben aus den affektiven Dunkelstellen des Unbewussten. Zerstört der Verlust an sinnlicher Gewissheit am Ende gar die kleinen Freuden des Sinnesgenusses und die Botschaft des *Carpe diem* in einer leidgeplagten vergänglichen Welt? Was stören den einfachen Menschen die Himmelsgesetze, sofern nur das Gesetz der Geschlechter besteht? Allein aus dieser Perspektive ist es leicht verständlich, warum der drohende Verlust der geschlechtlichen Normalität zum Stoff von Komödien wird, die ihrem erleichterten Publikum zeigen, dass die Welt doch noch in Ordnung ist. Dennoch überspielen der Witz und das Lachen die Probleme nur, die in Wirklichkeit eine Lösung verlangen. Nach Jahren des wiederkehrenden Streits und des anhaltenden Zweifels harrt das Publikum auf einen Geniestreich, der nicht nur im Staat, sondern auch in der Wissenschaft Sicherheit bringt.

*

Endlich dämmert dem jungen Philosophen René Descartes eine von den Sinnen unabhängige großartige, einfache Antwort, die dem Skeptizismus, der in Frankreich noch immer seine Anhänger zählt, ein fulminantes Ende bereitet. Auch Descartes treibt die beunruhigende Frage um, dass nichts von dem, was ihm jemals »in den Kopf gekommen wäre, wahrer wäre als die Trugbilder meiner Träume« (n'étaient non plus vraies que les illusions de mes songes). Der Zweifel selbst ist der Ausgangspunkt seiner Methode. Woran sich aber bei allem Zweifel nicht zweifeln lässt, demonstriert Descartes und löst damit den vertrackten gordischen Knoten, ist die Tatsache, dass der Zweifelnde, wenn er zweifelt, auch denkt, weshalb sich das Denken selbst, über jeden Zweifel erhaben, als erstes Prinzip der Philosophie erkennt und beweist.[85] Descartes lässt den Spuk der diffusen Träume hinter sich, von denen Marie de Gournay selbst dort nicht ganz lassen will, wo sie sich mit okkulten Versprechen der Alchimie befasst. Das Denken (songer im Sinn von cogitare) und das Träumen (songer im Sinn von rêver) haben in der entstehenden Welt des Rationalismus nichts mehr miteinander gemein.[86] Die Philosophie wird sich klarer Gedanken befleißigen müssen und bedarf dazu einer Sprache und einer Methode, die keine weiteren Zweifel gestatten.

In einem interessanten Brief von Descartes an den Ordensmann und Mathematiker Marin Mersenne vom 20. November 1629 nimmt Descartes zur Idee einer Universalsprache Stellung, die er so, wie sie ihm vorgetragen wurde, zwar zunächst ablehnt, um dann aber seine eigene Vorstellung von einer *langue universelle* in Abhängigkeit von der wahren Philosophie zu entwickeln. Eine solche Sprache könnte jeder leicht und schnell erlernen, weil alles ganz klar und einfach wäre. Wenn jemand nur gut zu erklären verstünde, dass alles, was Menschen denken, von einfachen Ideen ausgeht, dann wäre eine Universalsprache, die der Urteilskraft helfen würde, sich alles ganz genau vorzustellen, ein wirklicher Rückhalt der Wissenschaft, und es wäre fast unmöglich, sich zu täuschen. Sogar die Bauern könnten mit einer solchen Sprache die Wahrheit der Dinge besser beurteilen als derzeit die Philosophen. Denn derzeit hätten die Wörter, an die der menschliche Geist seit langem gewöhnt sei, so konfuse Bedeutungen, dass er kaum je etwas völlig versteht. Dennoch, schließt Descartes seinen Brief über die Universalsprache skeptisch: »Hoffen Sie nicht, sie jemals in Gebrauch zu sehen; denn das setzt große Veränderungen in der Ordnung der Dinge voraus, und die ganze Welt müsste ein einziges irdisches Paradies sein, was man nur im Land der Romane vorschlagen kann (mais n'espérez pas de la voir jamais en usage; cela présuppose de grands changements en l'ordre des choses, & il faudrait que tout le monde ne fût qu'un paradis terrestre, ce qui n'est bon à proposer que dans le pays des romans)«.[87] Wie die Romane gehören auch Träume und Spekulationen nicht zu den Wissenschaften, die sich im siebzehnten Jahrhundert formieren.

Wir brauchen uns bloß vor Augen zu führen, dass Descartes' berühmter Diskurs »Von der Methode des richtigen Vernunftgebrauchs und der wissenschaftlichen Forschung« (*Discours de la méthode pour bien conduire sa raison, et chercher la verité dans les sciences*) im Jahr 1637 erscheint und dass die »Meditationen über die Grundlagen der Philosophie«, die auf eine Abhandlung aus dem Jahr 1629 zurückgehen, 1641, also im selben Jahr veröffentlicht werden, in dem Marie de Gournay die Letztausgabe ihrer Schriften besorgt. Auch die alte Dame verortet sich, anders als ihr geistiger Vater Montaigne, der über die schöne Vernunft (cette belle raison) noch zu spotten wusste, in einem »discours de raison«, dem neuen Diskurs der Vernunft des siebzehnten Jahrhunderts.[88] Freilich hat Marie de Gournays Verständnis vom »discours«, wir sprachen darüber bei der Analyse des *Proumenoir*, mit einer cartesianisch genauen

Vernunft nur wenig zu tun. Die Passagen der in die Erzählhandlung des Romans eingestreuten Diskurse brachten unzeitgemäße Visionen und nicht das zum Ausdruck, was bei klarem Verstand für jedermann einsichtig war. Auch mit und nach der Veröffentlichung des *Ombre*, als die Demoiselle bereits alt ist, denkt sie noch immer anders als andere. Abweichend von Pindar, Calderón oder Pascal redet Marie de Gournay nicht vom Leben als Traum eines Schattens, sondern vom Leben als Schatten eines Traums (»l'ombre d'un songe«). Das Epitaph des *Ombre* dreht Subjekt und Prädikat der antiken Versweisheit um. Gewiss, die Metaphorik von Traum und Schatten ist derart bedeutungsverwandt, dass gar nicht sicher ist, ob ein Austausch der beiden Begriffe den Sinngehalt des Satzes verändert. Wir haben es also mit genau solchen Begriffen zu tun, die nach Descartes den menschlichen Geist nur verwirren. Schattenbilder sind wie Träume Schimären der Wirklichkeit. »Tous songes sont mensonges« (Träume sind Schäume) heißt es in einem alten französischen Sprichwort. Könnte das heißen, dass Marie de Gournay mit dem Sinnspruch gar mitteilen wollte und eingestand, dass sich ihr Leben und Werk einer Lebenslüge verdankten?

Kehren wir noch einmal zur Frage des rätselhaften Leitspruchs zurück, den Marie de Gournay der Lektüre des Buches vorausschickt. Wenn schon zeitgenössischen Lesern das Motto fremd blieb, scheint es für eine Interpretation nach Jahrhunderten schier unmöglich zu sein, herauszubekommen, welches Traumgesicht die Autorin vor Augen hatte, als sie daraus das Subjekt ihres Lebenswerks machte. Einen Hinweis erhalten wir dennoch durch das Frontispiz des *Ombre* von 1626, wo das von Ronsard übernommene Emblem einer Pinie künftigen Generationen, also den Enkeln, wie das Spruchband unter dem Baum erläutert, seine Schatten voraus wirft (factura nepotibus umbram). Das Werk Marie de Gournays steht nicht nur im Schatten Montaignes und damit eines zu ihren Lebzeiten bereits vergangenen Jahrhunderts. Der Schatten des Lebensbaumes weist klar in die Zukunft. Schon in alten Zeiten kam dem Traum eine visionäre Bedeutung zu. Der Sinn des Orakels war freilich stets der, dass der Handelnde selbst die Verheißung erfüllt, auch wenn er sie flieht. Die verworrene Botschaft der Träume ist ihre irreale Beharrlichkeit. Der Schatten des Traums, nämlich das Leben, ist zwar wirklich, aber vergänglich und ein bloß verzerrtes Abbild des Traums. Ausgerechnet dieser vergeht nicht zugleich mit dem Schattendasein. Das ist die berühmte Lehre von Platons Höhlengleichnis. Die Ideen bleiben. Erst wenn die Menschen erkennen, dass das, was sie zunächst für die Wirklichkeit hielten, bloß ein Schattenbild war, treten sie über die Schwelle der Daseinstäuschung. Lügen können zur Wahrheit werden, Träume können in Wirklichkeit übergehen. Dieses Jahrhundert, weiß Marie de Gournay, ist für ihr Buch nicht reif.[89] Darum gleicht das Leben dieser Frau auch einer Tragikomödie. Für ihre Zeitgenossen führt sie ein skurriles Schattendasein, für ihre Nachwelt steht sie im Schatten Montaignes, in ihren eigenen Träumen wirft sie Schatten in die ferne Zukunft einer auch im kommenden Jahrhundert allenfalls dämmernden Aufklärungszeit.

*

Es gibt keine geschlossene Lesart des Lebens von Marie de Gournay. Aber es gibt Auffälligkeiten, die zu Deutungen Anlass geben. Ihr erstes Werk, der Roman *Le Proumenoir de Monsieur de Montaigne* mit den eigenartigen, in die Erzählhandlung eingestreuten Diskurselementen, begann mit einer Epistel an den großen geistigen Vater, die diesen womöglich niemals erreichte. Das letzte Werk Marie de Gournays in der Ausgabe der *Advis* von 1641 beginnt mit einem »Discours sur ce livre«, einer Vorrede zum Buch, die an die berühmte Sophrosine gerichtet ist. Als Grund für diese Zueignung führt Marie de Gournay an, dass Sophrosine den Interessen des weiblichen Geschlechts und insbesondere denen Marie de Gournays stets freundlich gesinnt war. Jetzt wendet die Autorin sich an die berühmte Gebieterin Sophrosine so wie einst an den namhaften geistigen Vater.

Wer ist Sophrosine? Die Identität der Dame, an die sich Marie de Gournay wendet, sei uns unbekannt, behauptet eine Anmerkung im ersten Band der Amsterdamer Neuausgabe der *Advis* von 1997.[90] Das stimmt aber nicht. So wie das Leitmotiv vom Schatten eines Traums schon auf Platons Höhlengleichnis weist, können wir auch Sophrosine als ideelle Hauptfigur eines platonischen Gleichnisses finden. Platon widmet Sophrosine im *Charmides* einen eigenen Dialog, den Sokrates mit Chairephon, Kritias und Charmides führt; in der Lehre vom Staat, dem Werk der *Politeia*, kehrt die Gestalt der Sophrosine im vierten Buch vor der Begründung einer Gleichheit von Männern und Frauen im fünften Buch wieder.[91]

Sophrosine ist also bei Platon keineswegs nebensächlich, sondern eine der vier Kardinaltugenden, die im *Charmides* im Bild vom Viergespann eingeführt wird. Gemeinhin wird Sophrosine, die lateinisch zu *temperantia* mutiert, mit Besonnenheit übersetzt. Aber was ist Besonnenheit? Sokrates sucht nach der richtigen Antwort. Ist Besonnenheit eine gewisse Bedächtigkeit? Ist sie ein Schamgefühl oder verlangt sie, das seine zu tun? Schließlich kommt man überein, unter Besonnenheit eine Art der Selbsterkenntnis zu verstehen, von der im Verlauf des weiteren Gesprächs ergänzend hinzugefügt wird, dass der Besonnene bei sich und anderen vor allem beurteilen kann, was einer weiß und was nicht. Besonnenheit ist mehr als Wissen, weil sie nicht nur die Erkenntnis des Wissens, sondern mehr noch und vor allem des Nichtwissens ist. Nur wenn ich weiß, was ich nicht weiß, bin ich besonnen, halte ich Maß und achte darauf, dass alles zusammenstimmt.[92] Das war Montaignes Devise in unübersichtlichen Zeiten. Sein Wahlspruch mit der Frage »Was weiß ich?« macht das Wissen des Nichtwissens zum Gradmesser einer Zeit in der Schwebe. Ist das, was einer für wahr hält, bloß durch Brauchtum verbürgt und damit allenfalls relativ wahr? Wenn einer sich seines Wissens nicht sicher ist, kann er dann weitermachen, so als wäre er seiner Sache gewiss? Die große Philosophie des Abendlandes begann mit dem Eingeständnis der Unwissenheit. Marie de Gournays letzte Erkenntnis mündet im Bekenntnis zur Lehrmeisterin der Besonnenheit. Man muss sich immer bewusst machen, sagt sie gleich zu Beginn ihrer Rede an Sophrosine, dass das Auge alles Mögliche sieht, nur sich selbst eben nicht. Darum erfolgt der Diskurs der Vernunft in aller Bescheidenheit und ist doch niemals so einfach, klar und gar allgemein, wie sich Descartes diesen *discours* und eine davon abhängige Sprache vorstellte, weil in einer gesprächsweise fortgesetzten offenen Rede bei wechselndem Stand des Lichts das, was Vernunft genannt wird, stets oszilliert.

Zuweilen versteckt sich die Vernunft bei Marie de Gournay gar in der offenen Form einer schelmischen Poesie. Auch wenn sie betonte, sie schreibe Gedichte bloß zum Zeitvertreib, zeugen sie doch vom lebendigen Schalk und der frechen Feinsinnigkeit einer Frau, die ihre Welt aus der Perspektive der Schwachen und Ausgegrenzten beschrieb. Die harmlose Sprache der Dichtkunst bot für Marie de Gournay eine weitere Möglichkeit, ihre Pointen anzubringen. In dem Gedicht vom kultivierten Leckermaul (*La sublime friandise*) heißt es über Donzelle, die gefräßige Katze, sie schlecke, wenn sie bei ihrer Suche nach Leckereien einen leeren Teller vorfinde, dann eben das Fett vom Mäulchen der ihr zuvorgekommenen Schwester Minette, was Donzelle an Intelligenz und Noblesse über alle anderen Katzen erhebe. Mit noch größerem Raffinement würde die schlaue Donzelle mit ihren scharfen Krallen sogar den erhabenen Pindus besteigen, falls es daselbst ein Truthähnchen gäbe, das für den blasierten Dichter Albert viel zu hart sei, weshalb er den Pindus auch niemals erreichen werde, spottet Marie de Gournay im Gedicht vom »Truthahn beim Diner eines Dichters«.[93] In dem Epigramm für ein Mädchen, das einer gebildeten Dame dient, erklärt das Mädchen belustigt, niemand müsse sich wundern, wenn es schön schreiben könne, da es seine Feder an den Handschuhen seiner Herrin rieb. Das Epigramm spielt zweifellos auf Jamin, Marie de Gournays langjährige Dienerin, an. Warum solle sie bloß, fragt sie mit gespielter Naivität, unter dem Schutz ihrer Herrin keine geistliche (geistreiche) Frau werden können, wo sogar der Esel eines Klosters schon halbwegs ein Geistlicher sei?[94]

V. Lange Schatten als dauerndes Vermächtnis
Marie de Gournay im Gespräch der Zeiten

1. Erbschaft jener Zeit

Einen letzten Beleg für die eigentümlichen Listen ihrer sozialen Vernunft finden wir schließlich in den testamentarischen Verfügungen Marie de Gournays, die sie, schon bettlägerig, aber bei vollem Bewusstsein, wenige Monate vor ihrem Tod aufsetzen lässt. Die alte Dame lebt zu diesem Zeitpunkt seit sechzehn Jahren mit ihrer Dienerin Nicole Jamin und den diversen Katzen und Kätzchen im Quartier St. Honoré, einer guten Pariser Adresse unweit vom Louvre. Sie hat sich dort nicht nur Feinde gemacht, sondern auch einen Kreis guter Freunde gefunden. Die beiden Akademiemitglieder François de La Mothe Le Vayer und Claude de L'Estoile, die Marie de Gournay im Testament ausdrücklich nennt und bedenkt, gehören ganz offensichtlich dazu.

Die Demoiselle bestimmt zunächst, wo und wie sie beerdigt werden möchte. Sie wünscht sich ein Begräbnis ohne Pomp und zu den geringsten Kosten, möchte jedoch, dass den Armen, die von sich aus am Gottesdienst teilnehmen, dreißig Pfund aus der Erbschaft zufließen. Nach dieser Weisung bittet Marie de Gournay ihre Nichte und beiden Neffen, das bescheidene Erbteil nicht zu verachten und nachzuvollziehen, wie es zur Armut der Tante kam, weshalb die Lektüre der *Apologie* gleichsam zum Pflichtteil des Erbes gehört. Alle materiellen Dinge, die Marie de Gournay hinterlässt, wie Möbel, Wäsche, Kleider, Geschirr, das Bett und Bücher, bis auf die Liebhaberstücke, die am Ende des Testaments eigens aufgezählt werden, gehen an Nicole Jamin (sofern, wie die Testamentarin nicht hinzuzufügen versäumt, diese den Dienst nicht vorzeitig quittiert). Zusammen mit dem Nachlass erhält sie den Auftrag, für die Bestattungskosten und den Gottesdienst aufzukommen und allen im Haus beschäftigten Domestiken nach dem Ableben der Demoiselle den Lohn einen Monat lang weiter zu zahlen, so dass sie Zeit haben, sich eine neue Arbeit zu suchen.[1]

Im folgenden enthält die Verfügung dann ein Verzeichnis der

Personen, die nach dem Tod von Marie de Gournay mit Summen von 20 bis maximal 300 Pfund bedacht werden sollen, wenn die Herren Lumagne oder andere (»les sieurs Lumagne ou autres«) ihre unter dem Namen anderer gegebene Zusage einlösen, 1530 Pfund bei der Erstabfassung des Testaments bzw. 3800 Pfund bei dem drei Monate später erfolgenden Nachtrag für die Bücher zu zahlen. Die Passage im Testament ist weder sprachlich ganz klar, noch lässt sie erkennen, wie es zu diesem Wertzuwachs kommt. Deutlich wird nur, dass die Pfunde der alten Dame durch das ominöse Versprechen der Herren zu wuchern beginnen und Marie de Gournay die Gelegenheit geben, zur Wohltäterin für die Armen zu werden. Den Tod vor Augen verfügt die Erblasserin, wenn auch nur virtuell und in weiser Voraussicht, erstmals über eine hübsche kleine Summe an Geld, das den Armen und Ärmsten zufließen kann.

Wie kann jemand Geld verteilen, das er selbst gar nicht hat? Juristisch betrachtet ist es natürlich möglich, auch ein bloß versprochenes Vermögen weiterzureichen. Die detaillierten Regelungen des Testaments erwecken aber den Eindruck, dass Marie de Gournay sich mit diesem Vermächtnis auf der Basis eines Versprechens wenigstens einmal in ihrem Leben die Genugtuung verschafft, anderen etwas geben zu können. Bis hin zu der Möglichkeit, dass einer der festgesetzten Erben vorzeitig stirbt und dann der Betrag einem anderen zukommen könnte, kostet die arme Demoiselle die Erwartung aus, die Armen postum mit dem versprochenen Geld zu beglücken. Gewiss hatte Marie de Gournay aufgrund der staatlichen Rente in den letzten Lebensjahren keine Existenzsorgen mehr. Wohlhabend ist sie niemals geworden. Aus dem Briefwechsel zwischen dem Dichter und Edelmann Vincent Voiture und dem literarischen Freigeist Pierre Costar geht hervor, dass Costar bei einem Besuch der schon ziemlich kranken und schwachen Dame erfährt, dass die zugesagte Pension zuletzt (und wahrscheinlich nicht zum ersten Mal) ausblieb, weshalb er Voiture in seiner Eigenschaft als Haushofmeister des Königs ersucht, die Überweisung des Geldes schnell in die Wege zu leiten. Der Anteilnahme bezeugende Brief gleicht bereits einem Nachruf, und Voiture bietet in seinem Antwortschreiben auch an, eigene Erinnerungen beisteuern zu wollen, falls Costar die Totenrede auf Marie de Gournay halten sollte. Sie sei trotz ihrer Schrulligkeit eine Person von seltenem Verdienst, versichert Costar, daher werde der von ihr in Frankreich eingenommene Platz lange Zeit unbesetzt bleiben. Costar räumt ein, es gäbe bei

Marie de Gournay gewisse Regelverstöße gegen die Mode und einen unangenehmen Tonfall ihrer Stimme, die er nicht verteidigen könne. Abgesehen von diesen kleinen Fehlern zeichne sie sich jedoch nicht nur durch eine außergewöhnliche geistige Größe und Schönheit aus, sondern übertreffe an Rechtschaffenheit, Aufrichtigkeit, Menschlichkeit, Gerechtigkeit und wahrhafter Großmut selbst noch die griechische Sappho und die römische Sulpicia. Er wisse von Taten Marie de Gournays, denen er fast genauso viel Wert beimesse wie ihrem literarischen Werk und die bei einer Person von höherem Rang und mit mehr Vermögen gewiss viele Bewunderer gefunden hätten.[2] Costar spricht von Marie de Gournay nicht nur mit seltener Wärme, sondern nimmt wie sie auch kein Blatt vor den Mund. Die höfische Gesellschaft definiert sich nicht über den Adel des Geistes, sondern über den Reichtum und die Rangordnung der Adelsgeschlechter. Dennoch gibt es in dieser Gesellschaft kritische Geister. Was der Schreiber nicht eigens bedenkt oder offen bemerkt, ist, dass Marie de Gournay auch bloß mit vertauschtem Geschlecht (»le sexe simplement changé«) größere Erfolge hätte erwarten können.

Nichtsdestotrotz ergänzt und bestätigt der Brief an Voiture den Eindruck fortbestehender finanzieller Schwierigkeiten, den auch das Vermächtnis Marie de Gournays, aller Freigebigkeit zum Trotz, nicht ausräumen kann. Denn dem Testament ist zu entnehmen, dass der Dienerin Jamin nicht nur ein Großteil der Möbel in Marie de Gournays Wohnung gehört, sondern auch seit fünf oder sechs Jahren der Lohn nicht mehr ausgezahlt wurde. Auch die Dienstmagd Marguerite Neurier wird, was allerdings üblich war, ihren Lohn erst am Ende des Jahres erhalten, weshalb das Testament Sorge trägt, dass das Mädchen nicht leer ausgeht. Darüber hinaus möchte Marie de Gournay den Bettvorhang und das Bett der Dienstmagd erneuern, während die zweihundert Pfund für den Lakaien einer guten Ausbildung zufließen sollen.

Marie de Gournay, körperlich schwach, aber bei wachem Verstand, mit praktischem Sinn für das Lebensnotwendige und einer gewissen Schläue in ihrer sozialer Vernunft, diktiert der Nachwelt das Dokument ihres letzten Willens, in dem die Armut eine Art Schlüsselwort ist. Man muss die Armut beim Namen nennen, statt sie zu verschweigen, so als schäme man sich ihres unwürdigen Daseins (»Ah! que le nom du pauvre aisément on opprime!«).[3] Daher bittet Marie de Gournay die Verwandten, auf besagte *Armut* der Tante (sa dite pauvreté) nicht herabzusehen. Den Herrn La Mothe

Le Vayer ersucht Marie de Gournay, sich ihrer *armen* Bediensteten anzunehmen. Vierzig Pfund bekommt die *arme* alte Demoiselle Denise Gueret, zwanzig Pfund erhält die *arme* Witwe Hanequin, weitere zwanzig Pfund soll der Bruder Dominique an der Pforte der Kirche vom Oratorium den *Armen* verteilen. Um zu ermessen, wie viel oder wenig diese Beträge sind, brauchen wir uns nur vor Augen zu führen, dass sich die von den Herren Lumagne und anderen versprochene Gesamtsumme bei der ersten Abfassung des Testaments auf 1530 Pfund beläuft und eine Jahresgage von Nicole Jamin bei 90 Pfund liegt, während Marguerite Neurier gerade einmal 36 Pfund im Jahr verdient. Marie de Gournay hatte nicht nur selbst in Bescheidenheit gelebt, sondern musste mit ihrer Armut gegen die Vorurteile einer höfischen Gesellschaft ankämpfen, die sich dem Luxus verschrieben hatte. Umso dankbarer war die alte Dame über Hilfe und Dienste, die ihr selbst arme Menschen erwiesen. Der absehbare Tod ist der letztmögliche Zeitpunkt, um sich erkenntlich zu zeigen. Bei manchen Erben weiß Marie de Gournay nicht genau, wo sie wohnen, aber immer, wo ihre Adresse erfragt werden kann. Eine Genrewelt der kleinen Leute im Windschatten der überladenen Pracht, in der gleich nebenan die höfische Gesellschaft schwelgt und brilliert, wird von der *femme savante* der Nachwelt ins Gedächtnis gerufen und damit dauerhaft sichtbar gemacht.

Die Niederschrift des Testaments ergänzt die schon 1616 verfasste und in die letzte Ausgabe der *Advis* aufgenommene »Kopie des Lebens«, die Selbstverteidigungsschrift »Apologie« und das in Versform gesetzte »Sittengemälde« (*Peinture de mœurs*), mit denen Marie de Gournay sich wiederholt selbst porträtierte, nunmehr um eine Illustration des Inventars ihrer kleinen Welt einschließlich des Personals, das der alten Dame zu Diensten ist. Außer der selbst schon betagten Nicole Jamin gehören dazu das junge Mädchen und der halbwüchsige Lakai, dem Marie de Gournay in der zweiten Fassung des Testaments die vorgesehene Ausbildungsförderung streicht. Hat er sich ungeschickt angestellt? Es lässt sich gut denken, dass es für einen jungen Burschen nicht ganz einfach war, es der eigenwilligen und leicht zu echauffierenden Patronin jederzeit recht zu machen. Madame *la femme savante* führt auch in hohem Alter in ihrem kleinen Haushalt ein einfaches, aber festes Regime. Gerade wo die Räume eng sind, bedarf es einer festen Ordnung. Zur Straßenseite hin, direkt gegenüber der Kirche der Väter des Oratoriums (*Pères de l'Oratoire*), pflegt Marie de Gournay ihre

Gäste zu empfangen. Im zweiten rückwärtigen Raum stehen ein hoher Nussbaumholzschrank und die große Truhe, in denen die Frau des Hauses ihr Briefe, Papiere und besonders kostbaren Bücher verstaut. Man hat Marie de Gournay wiederholt vorgeworfen, auch in der Kleidung nicht mit der Mode zu gehen, was schon aus finanziellen Gründen schwer möglich war.[4] Normalerweise trägt das Fräulein einen schweren, einfachen Rock, in dessen Tasche die Schlüssel für Schubladen, Schränke und Truhen verwahrt sind, in denen das geistige Eigentum ruht. Beschrieben werden die genauen Fundstellen sowie die Farbe der Verpackung der Hefte und Bücher, die Marie de Gournay für besonders wertvoll erachtet. Es handelt sich um eine fünfbändige Werkausgabe ihres geliebten Dichters Ronsard, um ein Exemplar der *Essais* von 1635 nebst einer älteren Ausgabe, die Marie de Gournay für den Druck benutzte, sowie um die Druckvorlage für *Les Advis* in der Fassung von 1641. An alles hat das betagte Fräulein in weiser Voraussicht gedacht, selbst daran – und an dieser Stelle horchen wir auf –, dass Aufzeichnungen aus ihrer Jugend nach ihrem Tod verbrannt werden sollen.[5]

Plötzlich erscheint in diesem Testament also ein Posten, den die freigebige Dame der Nachwelt *nicht* überlassen will. Genauestens werden die äußerlichen Details dieser ungewöhnlichen Sache benannt, damit nur keine Verwechslung entsteht. Es handelt sich um drei mit einem Pappdeckel versehene Hefte, umwickelt mit grauem Papier, die sich in der verschlossenen Holztruhe von Marie de Gournays hinterem Zimmer, unzugänglich für andere, befinden. Sie sollen verbrannt werden und zwar sofort, wünscht die Testamentarin, weil es sich bloß um Erinnerungen, eine unvollkommene Sammlung von Übungen aus ihrer Jugendzeit handele (»parce que ce ne sont que mémoires, recueils imparfaits des études de sa jeunesse«). Sehr überzeugend klingt diese Begründung eigentlich nicht. Warum will sich Marie de Gournay von derart wertlosen Aufzeichnungen bis zu ihrem Tod nicht trennen? Selbst für eine kranke alte Dame wäre es wohl ein Leichtes gewesen, die paar Hefte aus ihrer Jugend mit eigener Hand zu vernichten. Wir können daraus nur schließen, dass die erklärtermaßen unbedeutenden alten Papiere für Marie de Gournay ganz besonders kostbar und heilig waren. Aus welchem Grund ordnet sie dann aber eine umgehende Vernichtung der Erinnerungsstücke an? Gewiss gibt es Dinge, die andere nichts angehen. Konnte Marie de Gournay aber wirklich sicher sein, dass Monsieur Le Pailleur den Auftrag ausführen würde?[6] Andererseits müssen wir auch Marie de Gournays Schalk in Rechnung stellen. Könnte es sein, dass die gute Dame der Nachwelt gar einen Fingerzeig gab, wo nach ihrem Tod ein Geheimnis zu lüften war? Weder können wir ausschließen, dass die alten Papiere etwas mit den angekündigten, aber nie erschienenen Briefen Montaignes zu tun hatten, noch dass Marie de Gournay den Hinterbliebenen eine Spur hinterlassen wollte. Vielleicht interessierten die alten Geschichten die jüngeren Zeitgenossen und Freunde von Marie de Gournay aber einfach nicht mehr. Denn leider müssen wir davon ausgehen, dass der gute Monsieur Le Pailleur den an ihn gerichteten Wunsch ernst nahm und das Mysterium der alten Dame in einem Häufchen Asche aufgehen ließ. Bis heute wissen wir nicht, welche Wahrheit er damit zunichte machte und ob Marie de Gournays letzter Wille mehrdeutig war.

Als größte Sorge vor ihrem Tod bleibt der Testamentarin, dass sie ihr Buch als arme Waise (pauvre orphelin) zurücklassen muss, weshalb sie ein ungebundenes, aus sechs Heften bestehendes Exemplar der dritten (und letzten) Auflage der *Advis* François de La Mothe Le Vayer zu treuen Händen empfiehlt, um es bei etwaigen Druckfehlern konsultieren zu können. Nichts wünscht sich die alte Dame vor ihrem Ende mehr, als dass ihr Werk einen Treuhänder finde, der es unter seine Fittiche nimmt und dadurch am Leben hält. All ihr Trachten hat Marie de Gournay bis zuletzt auf ihr Œuvre gerichtet. Wieder befällt sie ihre alte Trauer: Wie schrecklich ist es, Waise zu sein. Nur hat sich die Perspektive gewandelt: Nicht Marie de Gournay wird verlassen, sondern sie selbst verlässt als sterbende Mutter ihr Lebenswerk. Wer wird sich seiner annehmen, klagt die Autorin, so wie sie sich einst nach dem Tod Montaignes der Versuche ihres geistigen Vaters annahm?[7] Ist ihr Werk so vergänglich wie das Leben, dessen Ende nun naht, oder wird dieses Werk seinen Traum in der Zukunft entfalten? Erst nach dem Tod wird sich erweisen, welche Wahrheit im Leitspruch des Buches steckte: Der Mensch ist der Schatten eines Traums und sein Werk ist sein Schatten. Über alles Vergängliche hinaus bleibt als entscheidende Frage, ob in den längst vergilbten Seiten des Buchs noch die Lichtquelle jener Gedanken erkennbar sein wird, denen die Demoiselle ihr erstaunliches Durchhaltevermögen verdankte. Zumindest auf dem Grabstein der Verstorbenen bekennt sich La Mothe Le Vayer zum Erbe als einer Verpflichtung für die weitere Zukunft, wenn er den

Besuchern zuruft: »Halte hier im Vorübergehen an, bewundere das Grab, es enthält keine gewöhnliche Asche, hier hat ein außergewöhnlicher Vater aus seinem weisen Haupt eine neue Pallas hervorgehen lassen. Sie liebte die Tugend, hielt nichts vom Reichtum und dem übertriebenen Glanz, der sich vor unseren Augen ausbreitet, stattdessen häufte sie geistige Reichtümer an«. In einem weiteren Sonett heißt es: »Sie besiegte ihr Geschlecht, ihr Geist glich dem der größten Gelehrten: Ihr Tod hat uns lebendige Wunderwerke hinterlassen, die seit langem dem Tempel der Erinnerung geweiht sind. Das Jahrhundert, das sie kannte, konnte es kaum glauben und auch für die folgenden Zeiten ist es erstaunlich, niemals werden ihre berühmten Bücher mit dem Rost der Jahre an Glanz und Ruhm verlieren«.[8]

*

Indessen war es weniger der viel beschäftigte La Mothe Le Vayer, der dafür sorgte, dass die alte Dame im Bewusstsein der Nachwelt erhalten blieb, als vielmehr Hilarion de Coste, der als erster nach dem Tod Marie de Gournays in die dritte Auflage seiner *Eloges* von 1647 (Lobpreisungen und Lebensberichte von Königinnen, Prinzessinnen und berühmten Damen) eine Vita der kürzlich Verstorbenen aufnahm und dabei auch die Nachrufe und Gedichte unter anderem von François und Felix de La Mothe Le Vayer, Du Pelletier und Guillaume Colletet einer späteren Leserschaft zugänglich machte. Auch mit heftiger Schelte an den Zeitgenossen wird dabei nicht gespart: »Ungerechter Kritiker, eitler Pedant, infames Monster, der du glaubst, um Mann (Mensch) zu sein, müsstest du mehr sein als eine Frau, mäßige deinen Stolz, höre auf die Ratschläge, die Marie de Gournay erteilt (Critique injurieux, vain pédant, monstre infâme/ Toi qui crois pour être homme, être plus qu'une femme,/ Abaisse ton orgueil, écoute ses Advis)«.[9] Die Zusammenstellung der Nachreden durch Hilarion de Coste unter Nennung der Namen von etlichen Geistesgrößen, die Marie de Gournay kannten, schätzten und mit ihr brieflich verkehrten, allen voran natürlich Montaigne und Lipsius, gefolgt von geistlichen und politischen Würdenträgern, Gelehrten und Literaten des siebzehnten Jahrhunderts wie Guez de Balzac, Gilles Ménage, Adrien Valois, Guillaume Colletet, François de la Mothe Le Vayer und Nicolas Heinsius sowie, besonders bemerkenswert, von den schon damals als klug und belesen geltenden Damen Des Loges und Anne Marie Schurmann, wird eine der wichtigen Quellen für die Erwähnung Marie de Gournays im späteren siebzehnten Jahrhundert. Die Folgen sind indes ambivalent. Zum einen ist diese Vita keineswegs überall zuverlässig und trägt auch falsches Lob und schlecht geprüfte Informationen weiter.[10] Zum anderen lässt sich aus den späteren Nennungen schließen, dass das verwaiste Buch Marie de Gournays, das in den Grabsprüchen noch wortreich gewürdigt wird, kaum noch Leserinnen und Leser findet.

Besonders enttäuschend ist, dass sogar die wenigen anderen Autorinnen dieses Jahrhunderts, die Marie de Gournay erwähnen, deren Werk nicht kennen. Eine Ausnahme macht Anna Maria Schurmann, die junge Gelehrte aus Holland, über deren Zustimmung zur Schrift über die Gleichheit Marie de Gournay hocherfreut war. Noch in der Ausgabe der *Advis* von 1641 lobt sie die Sappho aus Holland, auch wenn sich diese viel gemäßigter gab als die vierzig Jahre ältere französische Feministin.[11] Schurmanns Korrespondenz erscheint 1646 unter dem Titel einer berühmten Frage als *Question célèbre. S'il est nécessaire ou non, que les filles soient savantes* (Berühmte Frage, ob es nötig ist, dass Mädchen ein Wissen haben) in Paris sogar zweisprachig. Gleichwohl wird der darin enthaltene Hinweis auf die Schrift von der *Égalité* von anderen Frauen nicht explizit aufgegriffen. Madeleine de Scudéry beschränkt sich in ihrem 1642 unter dem Namen ihres Bruders herausgegebenen Buch über die berühmten Frauen (*Les femmes illustres ou les Harangues héroïques*) ohnehin auf Lobreden über Frauen der Antike. Marguerite Buffet nimmt im zweiten Teil ihrer neuen Beobachtungen über die französische Sprache aus dem Jahr 1668 (*Nouvelles observations sur la langue française. Avec des éloges des illustres Savantes anciennes et modernes*) die Argumentation von Marie de Gournay aus dem Traktat über die Gleichheit von Mann und Frau zwar implizit auf, dass die Verschiedenheit zwischen den Geschlechtern oft nicht größer sei als die Verschiedenheit zwischen den Individuen desselben Geschlechts; in ihren knappen Ausführungen zu Marie de Gournay im Teil über die gebildeten Frauen der neuesten Zeit bezieht sich Marguerite Buffet aber lediglich auf einige biographische Angaben, die sie von Hilarion de Coste übernommen haben dürfte.[12] Marie de Gournays Sprachkonzeption, deren Erörterung sich im Rahmen eines Buches über die französische Sprache ja durchaus angeboten hätte, wird vollständig ignoriert; die Autorin, erheblich jünger als Marie de Gournay, scheint die entsprechenden Schriften ihrer verstorbenen Geschlechtsgenossin nicht gekannt zu haben.[13]

Jacquette Guillaume, eine weitere Autorin dieser Zeit, die nach ihrem ersten Buch aus dem Jahr 1643 mit dem pompösen Titel »Die hochherzige Frau, die zeigt, dass ihr Geschlecht edler ist, bessere Politik macht, wachsamer, gebildeter, tugendhafter und haushälterischer ist als der Mann« drei Jahre vor Marguerite Buffet ein zweites Werk, ebenfalls über berühmte Frauen (*Les Dames illustres*), veröffentlicht, treibt ihre Lobpreisungen zwar bis in die Gegenwart, greift bei der Erwähnung Marie de Gournays jedoch auf die uralte Ruhmesrede von Lipsius zurück, die dieser nach einem ersten Brief der jungen Montaigneverehrerin geschrieben und prompt in eine erste Sammlung seiner Briefe im Jahr 1590 aufgenommen hatte.[14] Diese erste rühmende Nennung Marie de Gournays, Montaignes bekanntes Lob sowie der anschließende Beifall des Italieners Messemé zum Vorwort von 1595 beeindrucken die Nachwelt offenbar mehr als das eigene Lebenswerk dieser Dame.[15] Marie de Gournay hat die von Lipsius verteilten und von anderen später aufgegriffenen Vorschusslorbeeren zu ihrer Ehrenrettung übrigens selbst gern zitiert. Mehr geschmäht als gelobt wusste sie ganz genau, dass eine Frau ihres Jahrhunderts sich nur mit dem Beistand männlicher Geistesgrößen behaupten konnte. Faktisch bleibt das Verhältnis zu den Lobrednern dennoch widersprüchlich. Der Name der eigenwilligen Frau überlebt zwar im Schatten von namhaften Männern, aber ausgerechnet deren unvergessenes Lob gibt das Werk Marie de Gournays dem Vergessen preis. Zitiert wird nicht das, was die Verstorbene dachte und schrieb, sondern das, was berühmte Gewährsleute über Marie de Gournay sagten und publizierten. Die Verehrer und Verehrerinnen von gebildeten Frauen begnügen sich damit, die Damen zu rühmen, ohne sich selber ein Urteil gebildet zu haben. Jedenfalls widerlegen die Bücher von Marguerite Buffet und Jacquette Guillaume die von Jean de La Forge im »Kreis der gebildeten Frauen« (*Le cercle des femmes savantes*) aufgestellte Behauptung, dass es keine Person gäbe, die das schöne Buch der *Advis* von Marie de Gournay nicht gelesen habe.[16]

Erst am Ende des Jahrhunderts erscheint in dem neuen großen historischen Nachschlagewerk (*Dictionnaire historique et critique*) von Pierre Bayle, das weit über Frankreich hinaus rasch großen Anklang findet, eine ausführliche Darstellung von Leben und Werk der Dame Gournay.[17] Obwohl sich der mit vielen Randbemerkungen versehene Artikel um eine umfassende, auf die diversen Berichte und Anekdoten von Zeitgenossen gestützte, wohlgesonnene Berichterstattung bemüht, kann er sich nicht enthalten, Personen des weiblichen Geschlechts zu ermahnen, jede Art des öffentlichen Streits zu vermeiden, da die Satiriker nun einmal nicht Maß halten könnten und Frauen an den empfindlichsten Stellen angreifen würden. Auch Marie de Gournay, die sich dem Streit nicht entzog, sei älter gemacht worden, als sie in Wirklichkeit war, und sogar als ein Mädchen mit schlechtem Lebenswandel dargestellt worden.[18] Auf den Beitrag von Bayle folgt drei Jahrzehnte später Jean-Pierre Niceron, der in seinen *Mémoires pour servir à l'Histoire des Hommes illustres dans la république des lettres avec un catalogue raisonné de leurs Ouvrages* neben biographischen und anekdotischen Angaben über Marie de Gournay auch bibliographische Hinweise zu ihrem Werk aufnimmt.[19] Das Buch wird unter dem langen Titel *Nachrichten von den Begebenheiten und Schriften berühmter Gelehrter mit einigen Zusätzen herausgegeben* bald ins Deutsche übersetzt. Die Abhandlung über Marie de Gournay auf der Basis ihrer Lebensbeschreibung, des Berichts von Hilarion de Coste sowie gängiger Anekdoten erscheint 1755, ein Jahr nachdem Montaignes *Versuche* in der Übersetzung von Johann Daniel Tietz in Leipzig veröffentlicht wurden. Enthalten ist in dieser deutschen Erstausgabe der *Essais* die lange Vorrede Marie de Gournays zur Edition von 1635, die an das zurückgenommene Vorwort von 1595 wieder anknüpft, sowie die in der französischen Vorlage von Pierre Coste geschriebene Einleitung mit einer kritischen Würdigung der editorischen Arbeit der »Jungfer Gournay«.[20] Hier wie dort fehlt der Hinweis auf die feministischen Passagen. Niceron gibt zwar ein Verzeichnis von Marie de Gournays diversen Schriften, das mit dem *Proumenoir*, übersetzt als *Spazierort des Herrn von Montagne*, anfängt und mit *Die Nachrichten oder Geschenke der Jungfer von Gournay* aufhört. Aber so wie in der Vorrede zu den *Essais* von 1635 die berühmte Geschlechterklage der Demoiselle ausgespart ist, da sie inzwischen längst zum Traktat von der Klage der Damen erweitert war, verzichtet auch Niceron auf eine ausdrückliche Erwähnung der ersten feministischen Schrift über die Gleichheit, obwohl sie bereits vier Jahre vor dem Sammelband vom *Schatten der Jungfer von Gournay* erschien.[21] Es fällt den Herren der Aufklärung offenbar leichter, gebildete Frauen anzuerkennen und den Umgang mit ihnen zu pflegen, als sich dem politischen Anspruch zu stellen, dass Bildung ein Rechtsgut von Frauen sein müsste.

Immerhin stimmt es nicht ganz, wenn Marie de Gournays Biographin Marjorie Ilsley behauptet, gerade das achtzehnte Jahrhundert sei mit Marie de Gournay wenig freundlich umgegangen.[22] Die Freundlichkeit des siebzehnten Jahrhunderts war aufs Ganze gesehen durchaus nicht größer. Deutlich werden jetzt vielmehr stärkere Bemühungen zu einer biographischen und bibliographischen Gesamtdarstellung, die sich von den Anekdotensammlungen der Zeitgenossen von Marie de Gournay, den *Historiettes* von Tallemant des Réaux aus dem Jahr 1657, den gleichzeitig erschienenen *Mémoires* des Abbé de Marolles oder den *Menagiana* des Monsieur Gilles Ménage aus dem Jahr 1649 im Duktus deutlich unterscheiden. Dennoch gerät Marie de Gournay ausgerechnet in den Zeiten der Spätaufklärung fast vollständig in Vergessenheit. Antoine-Léonard Thomas, der als Mitglied der *Académie française* 1772 ein zweihundert Seiten starkes Buch über den Charakter, die Sitten und den Geist der Frauen in den verschiedenen Jahrhunderten verfasst (*Essai sur le caractère, les mœurs et l'esprit des femmes dans les différents siècles*), berichtet zwar, dass Marie de Gournay von Montaigne adoptiert worden sei und sich für das weibliche Geschlecht sehr eingesetzt habe, bemängelt aber, sie habe aus Bescheidenheit oder fehlender Kühnheit ihr Ziel nicht weit genug gesteckt und sich mit der Gleichheit der Geschlechter begnügt.[23] Wie schon zu Beginn des siebzehnten Jahrhunderts stellt sich ein Mann auf den Standpunkt, man(n) müsse die Frauen über die Männer stellen, da Gleichheit bloß etwas für Männer sein könne. Gerade die Radikalität der Forderung Marie de Gournays, Frauen *wie* Männern eine vernünftige Ausbildung und Rechte zu geben, verstand der neue Frauenfreund auch anderthalb Jahrhunderte nach dem Tod Marie de Gournays offenbar nicht.

2. Das zweite Leben der Marie de Gournay

Lediglich Charles Sorel, ein jüngerer Zeitgenosse der Demoiselle und wie sie ein seine Unabhängigkeit wahrender Geist, hat Zeit seines Lebens über die alte Dame fair geschrieben und auch Jahre nach ihrem Tod über ihr Werk berichtet. Noch in den beiden Alterswerken *De la connoissance des bons livres, ou examen de plusieurs autheurs* (Von der Kenntnis guter Bücher oder Untersuchung mehrerer Autoren) aus dem Jahr 1671 und *La Bibliothèque françoise* (Die französische Bibliothek) von 1664 nimmt Sorel, und zwar weitgehend zustimmend, auf Marie de Gournays theoretische Arbeit Bezug. Beide Werke geben eine Einführung in die Gattungen und in die Geschichte vor allem der neueren Literatur, so dass wir über Themen und Werke in der ersten Hälfte des siebzehnten Jahrhunderts in Frankreich informiert sind. Neben Debatten über Philosophie und Wissenschaften oder Erörterungen über die christliche Erziehung, die Sitten und Politik geht es um Fragen der französischen Sprache und um die diversen Genres der Literatur, in denen zeitgenössische Autoren bevorzugt schrieben: Dialoge und Reden, Briefe, Reiseberichte und Übersetzungen, Fabeln, Romane, Poesie und Theaterstücke. Marie de Gournay verdient in dieser Zusammenstellung nicht bloß Erwähnung, sondern auch Lob.

Abweichend von anderen Zeitgenossen, die sich zwar respektvoll, aber eben bloß auf die persönlichen Qualitäten der Dame beziehen, beruft sich Sorel ausdrücklich auf ihre sprachkritischen und literaturtheoretischen Traktate. Marie de Gournay habe sich, urteilt der Autor, mit Recht gegen die Wortführer der »neuen Bande« gewandt, die ihr zum Teil ziemlich übel mitgespielt hätten, indem sie in den eigenen Abhandlungen über die französische Sprache die einschlägigen Passagen der Demoiselle schlicht ignorierten.[24] Dergleichen lässt sich von Sorel nicht behaupten. Schon in seiner Rede über die französische Akademie (*Discours sur l'Académie françoise*) hatte er die Standfestigkeit der gebildeten Dame gelobt, die sich gewissen engstirnigen Sprachlehrern heftig widersetzte, die, offenbar in Ermangelung anderer Fähigkeiten, an der Sprache herumkratzten und sie dabei doch nicht aufpolierten, sondern zerstörten. Zurecht habe sich Marie de Gournay gegen Leute gewandt, welche die Sprache durch den Ausschluss rauer, alter oder aus dem Lateinischen kommender Worte so armselig hinterließen, dass sie einem richtig Leid tun konnte. Man könne dies alles noch immer in ihrem Buch nachlesen; nur diejenigen, die Marie de Gournay in Gesprächen aber noch selbst erlebt hätten, wüssten, mit welcher Leidenschaft sie ihre Argumente immer in der Hoffnung vortrug, von anderen unterstützt zu werden. Für ein verbanntes Wort habe sie sich wie für einen unschuldig des Landes Verwiesenen eingesetzt und heftig für die Bereicherung der Sprache gestritten, weshalb sie auch neue Worte habe zulassen wollen.[25]

Es wäre falsch zu behaupten, dass Charles Sorel dem Eifer der engagierten Dame überall folgte. Da er sich gegen eine Reglementierung der Sprache von oben wandte, hielt er es auch für falsch, längst aus der Mode gekommene alte Wörter wieder künstlich zu reaktivieren. Sorel verwahrte sich so oder so dagegen, die Sprache als Kunstform etablieren zu wollen und ihr dadurch ihre natürliche Freiheit und Grazie zu nehmen. Für Sorel besaß die Natur andere und freiere Regeln als die menschliche Kunst. Sein eigenständiges Urteil – so etwa hielt er mehr von armen als von reichen Autoren[26] – führte Sorel nicht nur in Konflikte mit literarischen Zeitgenossen, sondern auch in ein gespanntes Verhältnis zum Hof. Zehn Jahre vor seinem Tod verlor Sorel seine Position als Historiograph des Königs.

Charles Sorel war nicht nur ein unabhängiger und aufrechter, sondern auch ein äußerst produktiver Mensch, der sich im Verlauf seines Lebens als Romancier, Philosoph, Kritiker und Geschichtsschreiber durch ebenso zahlreiche wie vielseitige Publikationen hervortat. In ihnen findet sich neben der Würdigung des Werks von Marie de Gournay auch ein nettes literarisches Porträt, das letztendlich mehr zum Andenken an die Dame beitrug als der akademiekritische Essay oder Sorels Literaturgeschichten. Von der satirischen Darbietung von Gesuchen zur Reform der französischen Sprache aus »den großen Tagen der französischen Eloquenz« vom Jahr 1634 haben wir schon im vorigen Kapitel gehört. Wie die anderen Satiren, die im Zusammenhang mit der Akademiegründung entstehen, ist auch sie in der von Pellisson Fontanier 1653 begonnenen und von Pierre Joseph d'Olivet 1730 vervollständigten und fortgesetzten Geschichte der französischen Akademie (*Histoire de l'Académie française*) überliefert. Bereits hier ist erkennbar, dass Sorel das Werk von Marie de Gournay sorgfältig studierte.[27] Nun hatte Sorel mit sicherem Talent für Komik und entsprechend großem Erfolg schon ein Jahrzehnt vor der Abfassung seiner akademiekritischen Satire die komische Geschichte von Francion (*L'histoire comique de Francion*) verfasst. Das Buch, das im Jahr 1623 anonym erschien und allein im siebzehnten Jahrhundert dreißig Auflagen erreichte, ist in der ersten Hälfte dieses Jahrhunderts eines der großen Beispiele einer humoristischen Zeitkritik. Erst viel später wurde Sorel, der bei der Erstveröffentlichung zwanzig Jahre alt war, als Autor des Erfolgsbuches identifiziert, in dessen zweiter, erweiterter Auflage von 1626, noch unter anderem Namen und mit einem die Realität verfremdenden Handlungsverlauf, sich die Anekdote von Marie de Gournay und den drei Racans befindet. Die Geschichte gefiel und war derart gelungen, dass sie in den folgenden Jahrzehnten von mehreren Autoren aufgegriffen und abgewandelt wurde.[28]

Am schönsten ist sie in den *Historiettes* von Tallemant des Réaux verfasst, der das Histörchen aus einem Abstand von dreißig Jahren unter voller Namensnennung der Beteiligten als Erstbegegnung zwischen Marie de Gournay und dem Malherbe-Schüler Racan zum besten gibt. Marie de Gournay hatte ihr gerade erschienenes Sammelwerk *Ombre*, so erzählt Tallemant die Geschichte, ihrem literarischen Gegner Malherbe und dessen Schüler Racan übersandt. Dieser will der Demoiselle, die ihn von Gesicht nicht kennt, seinen persönlichen Dank abstatten, was zwei junge Witzbolde, die von dem Vorhaben hören, auf die Idee bringt, dem Dichter zuvorzukommen und sich nacheinander selbst als Racan vorzustellen. Marie de Gournay empfängt den ersten falschen Racan und ist von seinem höflichen und geschliffenen Auftreten entzückt; sie hört sich nach seinem Abgang verwundert die Dankesrede des nächsten Falschmünzers an, ist aber auch ihm gegenüber noch freundlich und gut gelaunt, da sie nicht zu entscheiden vermag, welcher der beiden der echte Racan ist. Schließlich trifft dieser tatsächlich ein, außer Atem vom Treppensteigen und darüber hinaus, da er einen Sprachfehler hat, auch noch stotternd und somit anders als seine Vorgänger wenig beredt. Jetzt ist dem Fräulein der Spaß eindeutig zu viel. Sie begreift, dass man ihr (wieder einmal) übel mitspielen will, und lässt ihrer Empörung freien Lauf, indem sie den verdutzten Dichter ziemlich unsanft von ihrer Dachwohnung aus die recht steile Treppe hinab befördert. Bis zu diesem Punkt steht Marie de Gournay als Düpierte wieder im Mittelpunkt des Gelächters. Dann aber wendet sich doch die Moral der Geschichte. Als das empörte Fräulein den wahren Sachverhalt nämlich erfährt, ist sie untröstlich und bittet den armen Racan postwendend um Verzeihung. Die verspottete *femme savante* und der belächelte Stotterer kommen in einer Allianz der Schwäche zusammen. Bei Tallemant werden Gournay und Racan trotz ihrer wenig erfreulichen Erstbegegnung und trotz ihrer fortbestehenden literarischen Differenzen beste Freunde.[29]

Sorel muss die Anekdote, kaum dass sie sich so oder ähnlich ereignet hatte, aufgegriffen und in seinen *Francion* eingearbeitet haben. Vielleicht wurde dadurch die Aufmerksamkeit des jungen Mannes für Marie de Gournay und ihr Buch geweckt, dessen Sprachtheorie Sorel von nun an über Jahrzehnte hinweg regelmäßig erwähnt. Kein anderer Zeitgenosse hat Marie de Gournay derart viel Aufmerksamkeit und Anerkennung geschenkt..

Lediglich der Dichter Louis Petit, ein enger Freund von Corneille, wird in satirischen und moralischen Streitgesprächen, die 1686 als *Dialogues satyriques et moraux* erscheinen, noch einmal wohlwollend an Marie de Gournays sprachtheoretische und moralische Positionen erinnern. Wir kennen bereits die Anekdote, wie das Wörtchen *raffinage* in die französische Sprache eingeführt wird.[30] Die kulturkritische Übereinstimmung von Petit mit Marie de Gournay geht indes weiter. Wie die verstorbene Dame plädiert auch Petit für den Erhalt des historischen Reichtums der Sprache, deren natürliche Schönheit dem Wandel und den Differenzen der Sitten entsprechend immer relativ sei. Mit seiner Auffassung steht Petit, dem sechzehnten Jahrhundert folgend und dem achtzehnten vorauseilend, auf Kriegsfuß mit einer um ihre Vorbildlichkeit bemühte und sich damit zur Klassik herausbildenden neuen Epoche. In der Unterredung zwischen einem Sprachpuristen und einem burlesken Dichter vertritt der Purist die Position der Sprachrationalisten, auch die Sprache müsse (wie die Philosophie) *more geometrico* sein, während für den Burlesken die Sprache gerade durch ihren natürlichen Abwechslungsreichtum Kraft und Schönheit besitzt. Aber Petit nimmt seine Zeit nicht nur wegen der rigiden, zentral gesteuerten Sprachreglementierung scharf unter die Lupe. So wie Marie de Gournay und Sorel verurteilt auch Petit das gekünstelte und unfreie Leben am Hof. In der Unterredung zwischen dem freigelassenen Sklaven und einem Höfling nimmt der Sklave die Gesellschaftskritik von Jean-Jacques Rousseau vorweg. Während der Höfling aus der elitären Position der Moderne die Befreiung des Sklaven als Fortschritt begrüßt, ist der einstige Sklave entsetzt, nun auf Menschen zu treffen, die noch nicht einmal im Bewusstsein ihrer mondänen Ketten sind. Der frühere Sklave stellt der höfischen Gesellschaft ein vernichtendes Urteil aus: Weder besitze sie einen gesunden Menschenverstand, noch habe sie einen Sinn für Freiheit, Gerechtigkeit und das rechte Maß.[31]

*

Eine weitere Würdigung des Werks und der Person von Marie de Gournay lässt lange auf sich warten. Wenn sie zitiert wird, ist die Aufmerksamkeit für die Dame fast immer geteilt. Wo die Sprachwissenschaftlerin genannt wird, wird ihr Feminismus verschwiegen, sobald die Feministin in den Vordergrund tritt, interessieren ihre linguistischen Abhandlungen wenig. Dass die *fille d'alliance* und Herausgeberin der Schriften Montaignes nie ganz ignoriert werden konnte, hinderte nicht daran, Werk und Person Marie de Gournays immer nur bruchstückhaft anzuerkennen. Immerhin erblickte die längst verstorbene Dame im Schatten ihres geistigen Vaters und im Zuge des neu entstehenden historischen Interesses im neunzehnten Jahrhundert doch wieder das Licht der Öffentlichkeit. Jean-François Payen, dessen archivarischem Eifer die Nationalbibliothek in Paris eine umfangreiche Sammlung zu Montaigne verdankt, veröffentlicht 1847 unter bislang nicht publizierten oder wenig bekannten Dokumenten zu Montaigne auch das Faksimile eines Briefs von Marie de Gournay an den flämischen Gelehrten Puteanus.[32] Dem Inventar der Sammlung Payen sind darüber hinaus die Titel der Abhandlungen und Ausgaben der Bücher Marie de Gournays zu entnehmen, die sich in der *Bibliothèque nationale* als Originale befinden.[33] Sechs Jahre später widmet Léon Feugère in seinem Buch über Frauen als Dichterinnen im sechzehnten Jahrhundert (*Les femmes poètes au XVIe siècle*) Marie de Gournay eine hundertseitige Studie, an die 1859 Charles Louis Livet mit seiner Arbeit über die Preziösen im siebzehnten Jahrhundert (*Précieuses et Précieux, caractères et mœurs littéraires du XVIIe siècle*) anknüpfen kann.[34] Livet ist auch derjenige, der die von Pellisson Fontanier in der Mitte des sechzehnten Jahrhunderts begonnene und von Pierre Joseph d'Olivet im siebzehnten Jahrhundert fortgesetzte Geschichte der französischen Akademie 1858 in überarbeiteter und ergänzter Form neu herausbringt und damit die Grundlage für weitere Forschungen zur Entwicklung des klassischen Zeitalters schafft. Mit Paul Stapfers Studie von 1896 über die Familie und Freunde von Montaigne (*La famille et les amis de Montaigne*) und der ein Jahr später erscheinenden, fast gleichlautenden Arbeit von Paul Bonnefon über Montaigne und seine Freunde (*Montaigne et ses amis*) ist am Ende des neunzehnten Jahrhunderts die Dame Gournay im Geist der forschenden Nachwelt wieder zum Leben erwacht. Im Rahmen der französischen Sprach- und Literaturwissenschaft hebt Ferdinand Brunot in seiner Arbeit über die Lehre von Malherbe (*La Doctrine de Malherbe d'après son »Commentaire sur Desportes«*) schon 1891 die Klarsicht Marie de Gournays hervor,[35] deren Bedeutung im Sprachenstreit des siebzehnten Jahrhunderts auch in Brunots grundlegendem Werk zur Geschichte der französischen Sprache (*Histoire de la langue française des origines à nos jours*) ausführlich belegt und gewürdigt wird.[36]

Es soll nicht vergessen werden, dass der Würdigung Marie de Gournays als Sprachwissenschaftlerin ihre Diffamierung als vorgeschichtliche Begründerin des Ordens der Blaustrümpfe postwendend folgt. Dennoch untermauert gerade Théodore Jorans Buch über die Feministen vor dem Feminismus (*Les féministes avant le féminisme*) Marie de Gournays Modernität. Der Feminismus beschwere sich über die unzureichende Bildung: Joran bestreitet nicht, dass die Bildung der Frauen weit hinter der von Männern zurücksteht. Warum entwenden Frauen, die dies als Mangel betrachten, dann aber nicht einfach die Bücher männlicher Anverwandter, fragt der Antifeminist allen Ernstes, um so wie die lieben Brüder oder Cousins auch etwas zu lernen? Ist es etwa unsere Schuld, fährt Joran fort, wenn eine Frau, die sich über ihr Schicksal empört, als Frau zur Welt kam?[37] Wieder einmal avanciert Marie de Gournay zum Gegenstand wohlfeilen Spottes, mit dem der Gleichheitsanspruch der nunmehr bereits auf dem Vormarsch begriffenen Frauenbewegung erneut abgewehrt wird. Gerade im Duktus der Abwehr bleibt der Anspruch indes auf der Tagesordnung. Im selben Jahr, in dem Théodore Joran die Ahnherrin des Feminismus ausfindig macht, veröffentlicht Mario Schiff unter dem Titel *La fille d'alliance de Montaigne* eine erste, noch knappe Monographie, die im Anhang neben Teilen der Korrespondenz und dem in Verse gefassten Selbstporträt *Peinture de mœurs* Marie de Gournays Schrift über die *Égalité des hommes et des femmes* einem sich für Fragen des Feminismus nun verstärkt interessierenden Publikum zugänglich macht.[38]

Das war noch vor dem Ersten Weltkrieg im Jahr 1910. Siebzehn Jahre später legt der Romanist und Lehrer Joseph Dappen eine deutschsprachige Dissertation über *Marie Le Jars de Gournay, die »Wahltochter« Montaignes* vor. Auch in ihren kühnsten Träumen hätte die *femme savante* wohl kaum zu hoffen gewagt, von Wissenschaftlern und – was sie besonders gefreut haben würde – schließlich auch Wissenschaftlerinnen des zwanzigsten Jahrhunderts gelesen zu werden. Oder war genau dies der Traum ihres Lebens? In den späten dreißiger Jahren beginnt die Amerikanerin Marjorie Henry Ilsley mit einer umfangreichen Untersuchung zu Leben und Werk von Marie de Gournay, die Ilsley als »Tochter der Renaissance« (*A Daughther of the Renaissance: Marie Le Jars de Gournay: Her Life and Works*) porträtiert. Infolge des Zweiten Weltkriegs wird diese Biographie freilich erst fünfundzwanzig Jahre später fertig gestellt

Abb. 9: Marie de Gournay mit den Augen des 19. Jahrhunderts gesehen
Lithographie von Nicolas-Henri Jacob nach Jean Matheus

und schließlich, leider erst nach dem Tod von Ilsley, 1963 auch publiziert. Marie de Gournays letzter Wunsch, dass sich jemand ihres verwaisten Werkes annehme, geht dreihundert Jahre nach ihrem Tod in Erfüllung. Bis heute ist die Biographie von Ilsley die ausführlichste und umfangreichste Arbeit zu Marie de Gournay geblieben, die für zahlreiche weitere Studien eine wichtige Grundlage bildet.

Außer in Frankreich und den USA haben sich inzwischen Forscher und Forscherinnen auch aus anderen Ländern, besonders aus Kanada, Holland, Italien und Deutschland mit der über lange Zeit fast vergessenen Autorin befasst. Nach der erstmaligen Neuveröffentlichung der Schrift über die Gleichheit und anderer kleinerer Dokumente durch Mario Schiff ermöglichte die Abschrift der sprachtheoretischen und literarischen Abhandlungen des *Ombre* durch Anne Uildriks im Anhang ihrer 1962 in Holland erschienenen Dissertation über die literarischen Ideen von Mademoiselle de Gournay (*Les idées littéraires de Mlle de Gournay*) eine breitere Auseinandersetzung mit der Bedeutung Marie de Gournays als Sprachtheoretikerin. Gleichwohl dauerte es weitere zwanzig Jahre, bis in einer von der amerikanischen Romanistin Elyane Dezon-Jones besorgten Paperback-Ausgabe unter dem Titel *Marie de Gournay. Fragments d'un discours féminin* (Marie de Gournay – Fragmente eines feministischen Diskurses) neben den explizit feministischen auch die biographischen Texte aus dem Werk Marie de Gournays zugänglich wurden.[39] Eine weitere Beschäftigung mit diesem Werk, dessen Lektüre bis dato meist längere Reisen ins Heiligtum der französischen Nationalbibliothek für besonders kostbare Bücher erforderlich machte, lag nun in der Luft.[40] Fast gleichzeitig mit der Publikation von Dezon-Jones kam eine zweite handliche und leicht erschwingliche Neuausgabe der feministischen Texte, herausgegeben von der Anthropologin Milagros Palma, in Buchhandlungen und Bibliotheken.

Inzwischen entstanden fortlaufend nicht nur etliche Studien zu verschiedenen thematischen Aspekten in Leben und Werk Marie de Gournays, sondern auch mehrere Teilveröffentlichungen und selbst Teilübersetzungen ihres Œuvres. Für diese Zunahme der Publikationen gibt es eine Reihe von Gründen. Ein Grund ist zweifellos, dass in einer Wissensgesellschaft sich die Forschungsthemen nicht nur mit Blick auf die Zukunft, sondern auch im Rückgang auf ihre eigene Geschichte ständig erweitern. Runde Jubiläen sind für die Durchführung und nachfolgende Publikation wissenschaftlicher

Kolloquien stets willkommene Anlässe, wie sich am vierhundertsten Todestag von Michel de Montaigne und der drei Jahre später folgenden vierhundertsten Jährung des Erscheinens der *Essais*-Ausgabe von 1595 zeigte. Obzwar noch im Schatten Montaignes erstreckte sich das wissenschaftliche Interesse nun schon wie selbstverständlich auf Marie de Gournays eigene publizistische Tätigkeit. Der Kanadier Constant Venesoen veröffentlichte 1993 eine weitere kommentierte Fassung der beiden Abhandlungen über die »Gleichheit von Männern und Frauen« und die »Klage der Damen«, gefolgt von der Jugendschrift vom *Proumenoir*. 1995 erscheint in Paris, herausgegeben von Olivier Millet, ein Band mit Beiträgen über die erste Rezeption der *Essais* von Montaigne (*La première réception des Essais de Montaigne*). Zahlreiche Beiträge dieses Bandes beziehen sich auf Marie de Gournay, deren Vorwort von 1595 hier erstmals neu veröffentlicht wird. Ebenfalls 1995 finden in Paris und Duke zwei internationale Tagungen statt, die sich mit Marie de Gournay auseinander setzen. Unter der Leitung von Jean-Claude Arnould veranstaltet die internationale Vereinigung der Freunde Montaignes (Société Internationale des Amis de Montaigne) an der Sorbonne eine Konferenz, die der Editorin Gournay im Titel »Marie de Gournay et l'édition de 1595 des *Essais* de Montaigne« an erster Stelle Rechnung trägt. Zwei Monate zuvor hatte die Universität Duke zum selben Thema ein erstes internationales Symposium durchgeführt.[41]

Über das internationale Forschungsinteresse an der Rolle Marie de Gournays als *fille d'alliance* schiebt sich die Person und das eigene Werk der Editorin immer weiter in den Vordergrund. 1995 erscheint in Italien eine kritische Ausgabe von Marie de Gournays poetischem Werk *Bouquet de Pinde composé de fleurs diverses*. (Bouquet des Pindus, aus verschiedenen Blumen zusammengestellt); 1996 bringt Jean-Claude Arnould Marie de Gournays Frühschrift über ihre Spaziergänge mit Montaigne (*Le Promenoir de Monsieur de Montaigne*) zum zweiten Mal in einer textkritischen Ausgabe heraus. Wieder ein Jahr später erscheint in Amsterdam der bislang erste Band einer kritischen Ausgabe von Marie de Gournays letzter Fassung der *Advis* von 1641 mit dem ersten Viertel dieses Werkes.[42] 1998 publiziert Constant Venesoen eine Sammlung von bis zu diesem Zeitpunkt besonders schwer zugänglichen, im Raritätensaal der *Bibliothèque nationale* aufbewahrten Traktaten von und zu Marie de Gournays politischer Intervention anlässlich der Ermordung von Heinrich IV. im Jahr 1610.[43] Sicher wären diese Publikationen ohne die neuen Verfahren zur technischen Reproduktion, die eine Vervielfältigung alter Texte und ihre Lektüre am Bildschirm überall und jederzeit möglich machen, kaum erfolgt. Auch das ist ein nicht zu vergessender äußerer Faktor in der Rezeptionsgeschichte eines nicht nur der Vergessenheit ausgelieferten, sondern auch vor dem Verderb seiner materiellen Seite nicht geschützten Werkes. Umso erstaunlicher ist aber, dass das französische Buch unter dem Titel *Marie de Gournay. Textes relatifs à la calomnie* jetzt sogar in einem Tübinger Verlag erscheint, was immerhin darauf hinweist, dass auch in Deutschland, wo Marie de Gournay bis dato relativ wenig Beachtung fand, ein Interesse an der Widerständlerin des siebzehnten Jahrhunderts erwächst.

Nach einer von Elisabeth Gössmann im ersten Band des Archivs für philosophie- und theologiegeschichtliche Frauenforschung veröffentlichten Zusammenfassung der Schrift über die Gleichheit[44] erscheint 1997 eine von Florence Hervé und Ingeborg Nödinger übersetzte zweisprachige Fassung der beiden feministischen Schriften Marie de Gournays und nur wenige Monate später im Rahmen eines von Ruth Hagengruber herausgegebenen Taschenbuchs mit klassischen philosophischen Texten von Frauen sogar eine weitere Übersetzung der Abhandlung über die Geschlechtergleichheit. Etwas Bemerkenswertes hat sich ereignet: Marie de Gournay hat sich nach Jahrhunderten der relativen Missachtung einen Namen gemacht. In einer im Kleinformat erschienenen Sammlung von zehn beispielhaften Streitschriften der Weltliteratur (*Dix textes contre*) führt die energische alte Dame gar die illustre Reihe der ansonsten männlichen Oppositionsgeister an.[45]

Marie de Gournay ist aus dem Schatten Montaignes getreten. Montaigne war gleichsam der Vermittler und Rahmen, um die *femme savante* überhaupt wahrzunehmen. Das weitere Interesse an ihrem Leben und Werk lässt sich aber so wenig auf den geistigen Vater reduzieren, wie die erneute Beschäftigung mit dessen *Essais* bloß mit der Wiederkehr von Jubiläumsdaten erklärt werden kann. Kein Verleger hätte sich in den vergangenen Jahren wohl auf das Unternehmen der großen und teuren Montaigneausgaben eingelassen, wenn es nicht eine Leserschaft gäbe, der die *Essais* noch immer oder wieder etwas bedeuten. Ein Buch, das nichts mehr zu sagen hat, verkauft sich nicht. Insofern liefern Jubiläen allenfalls einen äußeren Anlass und nicht schon den inneren Grund für die anhal-

Abb. 10: Der unvergessene Streit der Demoiselle de Gournay mit Racan
Lithographie des 19. Jahrhunderts von Jacques-Etienne Pannier

tende oder sogar zunehmende Beschäftigung mit Texten und Personen der frühen Neuzeit. Das gilt auch für die Schriften und die Persönlichkeit von Marie de Gournay.

Dennoch scheint es nicht ganz einfach, über die genannten Gründe hinaus Motive zu erkennen, die das neuerliche Interesse an weit zurückliegenden Texten bewirken. Der Philosoph Hans-Georg Gadamer hat vor dreißig Jahren als eine der wesentlichen Grundlagen für das Verständnis von Texten eine Art »Zugehörigkeit des Augenpunktes« genannt, von dem aus ein Text sich überhaupt erst zeigt, zum Sprechen gebracht und verstanden wird.[46] Wir haben inzwischen zur Genüge beobachten können, dass Marie de Gournay, die alte Jungfer des siebzehnten Jahrhunderts, ihrer eigenen Zeit weitgehend unverständlich blieb. Sie kam für die im Vormarsch begriffenen Neuerer an der Schwelle der Aufklärungszeit schon um Jahrzehnte zu spät und für ein Verständnis ihrer eigenen an Vielfalt statt Eindeutigkeit und Gleichstellung statt Geschlechterhierarchie orientierten humanistischen Ideen viel zu früh. Es gab am Beginn der klassischen Ära also recht besehen keinen Blickwinkel, der sich mit dem, was die ungewöhnliche Frau Gournay über die gewöhnliche Stellung der Frau dachte und schrieb, ohne weiteres hätte verknüpfen lassen. Ein Diskurs über Geschlechtergleichheit, mit deutlichen Sympathien für die Schwachen und Armen, widersprach einer auf Rangordnungen bestehenden Gesellschaft, was nicht ausschloss, dass es immer wieder Außenseiter gab, die mit ihrer Kritik am Hof nicht zurückhielten. Indes ist die Frage an dieser Stelle nicht mehr, warum Marie de Gournay in ihrer eigenen Zeit wenig Rückhalt fand, sondern was die heutige Zeit mit ihr noch anfangen kann.

3. Korrespondenzen im Übergang

Gibt es Anhaltspunkte, Perspektiven oder Blickkontakte, die ein Publikum trotz einer Distanz von vierhundert Jahren mit der alten Dame verbinden? Als eine erste Antwort auf diese Frage drängt sich die Annahme fast unweigerlich auf, der feministische Blickwinkel der neuen Frauenbewegung müsse es sein, der unsere Epoche an Marie de Gournay heranrücken ließ. Folglich wäre es die Geschlechterperspektive, aus der sich unerwartete Korrespondenzen ableiten.[47] Wir verstünden uns gleichsam jenseits des Grabens der

Zeit von Frau zu Frau. Indessen lässt sich mit gutem Grund zweifeln, dass die Zugehörigkeit zu demselben Geschlecht Verständnis und Einverständnis hervorrufen *muss*. Erstens ist wenig plausibel, warum die Unterstellung nicht für Männer unter sich ebenfalls gelten sollte, was der Erfahrung jedoch widerspricht. Zweitens kann auch innerhalb der Frauenbewegung kaum noch geleugnet werden, dass die Lebenssituation von Frauen je nach ökonomischer Lage, Bildungsstand, kulturellem Milieu und Alter ganz erheblich differiert. Drittens zeigt schon die Geschichte des Feminismus, dass die These empirisch unhaltbar ist, Frauen seien Marie de Gournay stets mit offenen Armen und Augen begegnet. Von Marie de Gournays Zeitgenossinnen muss hier keine weitere Rede sein. Selbst Simone de Beauvoir hat Marie de Gournay aber nahezu ignoriert und zwar nicht etwa, weil die Wegbereiterin der neueren Frauenbewegung den Namen der Demoiselle nicht kannte oder weil deren Werk nicht oder schwer zugänglich war. Gerade Simone de Beauvoir arbeitete bei ihren Recherchen für *Das andere Geschlecht* just an dem Ort, wo Marie de Gournays *Schatten* am ehesten greifbar war, und immerhin erwähnt das Startbuch der neuen Frauenbewegung auch die Schrift über die Gleichheit samt ihrer Autorin. Fest steht jedoch, dass Simone de Beauvoir bei ihrer Lektüre von Texten des siebzehnten Jahrhunderts wie selbstverständlich der systematisch verfassten späteren Schrift von François Poullain de La Barre zur Geschlechtergleichheit den Vorzug gab und damit ihn zum Pionier und Gewährsmann des Feminismus machte, während Marie de Gournay unter all den Salondamen läuft, welche die Muße zur Aneignung von Kenntnissen besitzen, »die denen ihrer Ehegatten überlegen sind«.[48] Angesichts der Lebenssituation von Marie de Gournay ist diese Bemerkung unangemessen und absolut irreführend.

Die weitere Frauengeschichtsschreibung ist bis in die jüngste Gegenwart dennoch den Spuren dieser Missdeutung gefolgt. Auch Geneviève Fraisse widmet in ihrer Eigenschaft als Historikerin und Philosophin das erste Kapitel ihres 1998 in überarbeiteter Form erschienenen Buches über die Frauen und ihre Geschichte (*Les femmes et leur histoire*) dem Cartesianer und Vorläufer des modernen Gleichheitsgedankens Poullain de La Barre, während die Vorläuferin des Vorläufers nur eine Fußnote verdient.[49] In dieser kommt Marie de Gournay als Figur des Übergangs (*figure de transition*) vor, die noch nicht auf dem Niveau des vernünftigen Argumentierens angelangt ist.[50] An sich ist dies ein interessantes Urteil, das dennoch den Eindruck einer Ausrede macht, sich um die alte Dame so wenig gekümmert zu haben, während es indirekt den Vorwurf der Rückständigkeit von neuem bedient. Frau Gournay ist in der Geschichte der Frauen zwar nicht untergegangen, aber doch nur eine kleine Fußnote wert. Auch im dritten Band der von George Duby und Michelle Perrot herausgegebenen großen *Geschichte der Frauen* verdient Marie de Gournay im Abschnitt über die Salonkultur nur wenige, allerdings durchaus bemerkenswerte Zeilen. Sie besagen, dass die randständige Person Marie de Gournay, anders als die Damen des hohen Adels, »nichts zu verlieren hatte« als die Fesseln ihres Geschlechts.[51] Gerade wegen dieser ihrer Randständigkeit hat Marie de Gournay in der Geschichte indes keinen richtigen Platz. Sie sitzt zwischen den Stühlen.

Aus demselben Grund scheint mir die Bezeichnung als Figur des Übergangs, recht besehen, allerdings überaus treffend gewählt. Marie de Gournay, geboren im Jahr 1565, gestorben im Jahr 1645, lebte an ihren Lebensdaten gemessen in einer Übergangszeit. Nichts war in der Epoche um 1600 schon für die Zukunft entschieden. Nur aus einer viel späteren Warte werden die Fäden und Knotenpunkte erkennbar, die in die Moderne weisen. Gerade aus dieser Warte des späteren Wissens verschließt sich indessen der unstete Augenpunkt jener Menschen, die nirgendwo wirklich zu Hause sind. Simone de Beauvoir suchte für Frauen den Anschluss an die Moderne und deren konkretes Versprechen der Gleichheit. Inzwischen sind die Ziele dieses Anschlusses weniger evident. Nicht bloß der Feminismus ist durcheinander geraten. Es fehlt an der Schwelle des neuen Jahrtausends das klassische, aus Wirren hervorgegangene gefestigte Wissen, wie es weiter gehen soll. »Die Zeit ist aus den Fugen« entsetzte sich Hamlet im Wendejahr 1600. Heute ist es, als habe sich der Geist dieses Satzes wie ein Menetekel dem Übergang eingeschrieben, der vom zweiten zum dritten Jahrtausend führte.[52] Die Grunderfahrung einer nicht mehr gültigen und noch nicht gefundenen Ordnung der Welt ist vierhundert Jahre nach Hamlet so bestimmend und durchdringend wie im damaligen Umbruch der Zeiten. Wo auch immer wir hinschauen, ist auf die klassischen Muster und Schneisen zur Orientierung kein rechter Verlass mehr. Religionen mit ehernen Glaubenssätzen so wie das konsensuale Prinzip der Vernunft, staatlich verbürgte Rechtsgrundsätze so wie die Ausrichtung der eigenen Lebenspläne an Erfordernissen und Perspektiven einer her- und auskömmlichen Arbeit geraten in den

Strudel von Dissens, Deregulierung und brutaler Gewalt. Selbst das Menschenbild mitsamt dem Begriff der Geschlechter scheint sich in der Virtualität einer biotechnologisch ermöglichten Transgression aufzulösen.

Besinnt sich eine derart lebenspraktisch um die Fassung gebrachte Gesellschaft auf Montaignes Versuche, weil sich diese im schaukelnden Innehalten mit Erfahrungen des Umbruchs besser vertragen als die sichere Methode des Rationalismus? Schauen wir auf Marie de Gournay, Montaignes Tochter im Geiste, weil sie die Erfahrung des Übergangs exemplarisch verkörpert? Marie de Gournay ist mit Leib und Seele zwischen die Zeiten und darüber hinaus noch zwischen die Geschlechter geraten. Für ihre Bewunderer aus dem sechzehnten Jahrhundert war sie unvorstellbar jung, den Verächtern des siebzehnten Jahrhunderts erschien sie zu alt und aus der Mode gekommen. Konnten es die einen kaum glauben, dass sie als Frau so gebildet und verständig war, erboste es die anderen, dass sich dieses Mädchen zu sehr nach der Art eines Mannes gab (»cette fille se donne-t-elle assez l'air d'un homme!«).[53]

Nun hat uns die Wissenschaftsgeschichte seit langem darüber belehrt, dass die Wahrnehmung so wie das Wahrgenommene in Zeiten des Übergangs mehrdeutig sind. Mal erscheint die Sache in diesem, bald in jenem Licht. Die Psychologie stellt für dieses Phänomen den Begriff des Gestaltwandels bereit. Sehen die Probanden im aufgeschlagenen Buch der Geschichte noch ein Kaninchen oder schon eine Ente? Beides ist möglich, bloß niemals beides zugleich. Es gibt keinen Übergang zwischen den Figuren an sich, sondern nur die zeitlich gestreckte Überführung des Blicks in die neue Warte und Augenstellung. Gleichwohl ist der Gestaltwandel kein bloß subjektives Konstrukt und mitnichten beliebig. Nicht jede Figur hat das Format für die Zweideutigkeit. Es lässt sich vielmehr plausibel erklären, warum Kaninchen und Ente Gebilde sind, die anders als andere von sich aus für den Gestaltwandel taugen. Die Verwechselbarkeit ist ihrer Form eingeschrieben, die ihrerseits auf den Blickwechsel harrt.

Hier liegt nun aber der eigentlich interessante Punkt bei der Frage nach den geistigen Korrespondenzen zwischen verschiedenen Zeiten. Einerseits scheint es offensichtlich, dass es von der Warte des Beobachtungspostens abhängt, ob sich Marie le Jars de Gournay als altvordere oder moderne Gestalt, als eine unglaubliche Frau oder als ein ungehöriger Mann präsentiert. Das Bild von Marie de Gournay gehört schon zu ihren Lebenszeiten immer auch zu dem

Blick, der das Bild hervorbrachte. Andererseits ist doch unverkennbar, dass die Figur Marie de Gournays für einen Gestaltwandel wie von Natur aus geschaffen war. Es gehört gleichsam zum Wesen ihres historischen Originals, Identitätszuweisungen, woher sie auch stammen mögen, in ihrer Person und in ihrem Werk zu konterkarieren. Ist sie eine »Tochter der Renaissance« oder eine Dame des siebzehnten Jahrhunderts? Ist sie überhaupt eine »Tochter« oder können es sich die Männer bloß nicht vorstellen, wie es in der Gleichheitsschrift heißt, dass eine große Frau von sich sagen könnte, sie sei ein großer Mann/Mensch, bloß mit vertauschtem Geschlecht (»qu'une grande femme se peut dire grand homme, le sexe simplement changé«)?[54] Marie de Gournay überschreitet als Figur des Übergangs immer wieder die Grenze der Eindeutigkeit, die man(n) ihr zuweisen möchte und an der man(n) sie misst. Sie selbst weiß und spricht es aus, am augenfälligsten vielleicht in einem Gedicht mit dem Titel »Hermaphrodite«, in der die Autorin in der Ich-Form bekennt: Weiblich, männlich, geschlechtslos, das durchzog meine Tage (»male, femelle, neutre, ayant roulé mes jours«)?[55] Gewiss, Marie de Gournay bezieht sich in diesem Gedicht auf die antike Mythologie, als deren Übersetzerin sie in Erscheinung tritt.[56] Selbst das ist aber bezeichnend und wegweisend für die Mehrdeutigkeit. Denn der Geist hat kein Geschlecht, nicht etwa, weil die Leibgestalt für den Geist bedeutungslos wäre, sondern weil und wenn er sich in Korrespondenzen zwischen Frauen und Männern verschiedener Epochen und Räume entwickelt. Potentiell ist dem so verstandenen Geist nicht nur *ein* Geschlecht eigen. Wie hätte Marie de Gournay sonst ihrem geistigen Vater so ähnlich sein können? Die Naht, die in der Freundschaft zwischen zwei Menschen verschwindet, verwischte in der Allianz der beiden, so wie Marie de Gournay sie verstand, die Grenze zwischen den beiden Geschlechtern. Marie de Gournay hielt es denn auch für völlig abgeschmackt, sich Gott, der doch Geist ist, als Mann oder Frau vorzustellen.[57] Das Bilderverbot erhält hier einen sehr spezifischen feministischen Hintersinn. Eben darum wird die Figur des Zwitters zum irdischen Sinnbild der Gleichheit und Einheit beider Geschlechter, das eine Zeit, die an der Erkenntnis der Sinne ansetzt, zum Begreifen des Übergangs braucht.

Tatsächlich klinkt sich Marie de Gournay mit dem Gedicht über Hermaphrodit in einen sexuellen Diskurs ein, der Mediziner, Juristen und Theologen der frühen Neuzeit intensiv beschäftigt.[58] Auch

Montaigne berichtet im Tagebuch seiner Reise nach Italien von absonderlichen Dingen, die man ihm mitgeteilt habe, wonach sich sieben oder acht Mädchen verabredet hätten, als Männer verkleidet in die Welt zu gehen. Eine von ihnen lebte später als ordentlicher und verheirateter Weber, sei dann aber in ihrer wahren Identität erkannt und zum Tode verurteilt worden. Sie wolle, habe die Person vor ihrem Tod gestanden, lieber sterben, berichtet Montaigne, als wieder ein Mädchen werden.[59] Sehen wir von der bei Marie de Gournay vielfach geschmähten Verweiblichung der Höflinge ab, dann bestätigt diese Geschichte vom Geschlechtertausch, dass immer nur Frauen zu Männern, nicht aber Männer zu Frauen werden. Die einseitige Metamorphose dürfte weniger in biologischen Hindernissen als in den kulturellen Fesseln der Frauenrolle ihre Ursache haben. Das zeigt sich nicht zuletzt bei der Inszenierung des Geschlechterwandels in einigen Komödien Shakespeares. Shakespeares Frauencharaktere erreichen, so formuliert es der Literaturhistoriker Stephen Greenblatt, »ihre Identität durch Transvestismus« und sind daher in ihrer Entwicklung Wesen mit zweierlei Identität, freilich, was nicht zu übersehen ist, nur auf der Ebene des Spiels. Denn die Damen, die ohnehin von jungen Männern dargestellt werden, wechseln ja lediglich ihre Kostüme, und nachdem sich das Publikum über die gelungene Verwandlung ausgelacht hat, gerät am Ende wieder alles ins richtige Lot.[60] Dennoch ist sich die Shakespeare-Forschung längst darüber einig, dass Shakespeares Frauencharaktere nicht bloß vorübergehend ein Stadium des Mannseins durchlaufen, um vom Mädchen zur Frau werden zu können, sondern dauerhaft Stärke verkörpern. Neben dem zeitweilig übergeworfenen Männergewand besitzen erstaunlich viele seiner Frauengestalten auch dauerhaft männliche Eigenschaften, was allerdings nie tragisch, sondern allenfalls komisch wirkt, wohingegen Hamlet, der zwischen Sein und Nichtsein, Handeln und Leiden, männlichen und weiblichen Verhaltenszuschreibungen hin und her schwankt, eine tragische Zeitgestalt ist.

Nun gilt so wie bei Marie de Gournay auch im Hinblick auf Shakespeares Figuren, dass die Lesart den Blickpunkt dessen, der liest, hervortreten lässt. Wenn Greenblatt den transsexuellen Diskurs in den »Innenansichten der englischen Renaissance« entdeckt, spiegeln sich darin schon Innenansichten einer diesen Diskurs erneut führenden, weil von neuem unsicher gewordenen Zeit. Spätestens seit den Arbeiten Judith Butlers ist das Thema der Geschlechterverwirrung und das Faszinosum eines Spiels mit den Grenzen der Geschlechter zu einem hervorstechenden Merkmal aktueller Geschlechterdebatten geworden. Die Grenzen der Geschlechter werden in Zeiten des Übergangs versuchsweise neu definiert, überspielt und überschritten und zwar so offenkundig, dass die Analogien zwischen den Innenansichten einer aus den Fugen geratenen Zeit um 1600 und den postmodern geführten Geschlechterdiskursen unübersehbar sind.[61] Gleichwohl ist die Lage damals und heute unumkehrbar anders. Nur *wir* können auf die Geschichte der Neuzeit zurückblicken und aus dem Rückblick Schlüsse ziehen. Die Frage ist, welche Haltung wir bei diesem Rückblick einnehmen. Rekonstruieren wir Geschichte aus der sicheren Warte der späten Neuzeit, die ihrem Anfang längst den Platz anwies, oder beziehen wir den unsicheren Posten einer Ära im Umbruch, die den festen Knoten verbindlicher Daten aufschnürt und das Buch der Geschichte im Bewusstsein ihrer ursprünglichen Offenheit liest?

*

Von Montaigne stammt der Satz: »Mais il pouvait autrement advenir«.[62] Es hätte durchaus auch anders kommen können, sagt einer, der an der Schwelle der Neuzeit steht. Schneller noch als die Beweise der Fakten ging dieser erstaunliche Sinn für die Zeit vor den Fakten, eine kommende Zeit, eine Zeit *à venir*, verloren. Marie de Gournay, deren biographische Aussagen ohnehin jeden Respekt vor genauen Daten vermissen lassen, so als käme es auf ein paar Jährchen mehr oder weniger einfach nicht an, treibt den Zweifel an der historischen Eindeutigkeit ihrerseits auf die Spitze, wenn sie weiter fragt: *Si Socrates eut été femme* ... Beide Sätze sind Beweisstücke einer Zeit im Umbruch. Montaigne wie Marie de Gournay erinnern an eine Geschichte, die es nie gab und die deshalb auch keinen Anspruch auf Wahrheit besitzt. Montaigne erinnert daran, dass die Geschichte kontingent ist. Sie folgt keinem Plan. Marie de Gournays Gedankenspiel, scheinbar im Widerspruch zu Montaigne, besagt, dass die bittere Wahrheit zwar am Ende beweist, dass es nach den gegebenen Umständen anders nicht kommen konnte. Dennoch ist es, als fange der Boden der Tatsachen in der Allianz beider Sätze zu beben an und als träten winzige Risse und Ritzen im Weltgefüge hervor, sobald man die beiden Sätze nur recht überdenkt.

Überdenken braucht Zeit. Das historische Kalendarium war inzwischen schon auf das Jahr 1928 vorgerückt. Ein Epoche machendes Datum in der Geschlechtergeschichte war erreicht, da Frauen seit dem Ende des Ersten Weltkriegs zumindest in einigen Ländern das Wahlrecht besaßen. Würde sich jetzt die Geschichte zum Besseren wenden? 1928 ließ sich diese Frage noch stellen. Es hätte auch anders kommen können. Heute wissen wir, dass die Zeit zwischen den Zeiten auf einen Zivilisationsbruch hinauslief, an dem Frauen erstmals in der Geschichte als ein Teil des herrschenden Demos beteiligt waren. Die Ankunft der Frauen in der Politik hat den moralischen Ruin nicht verhindert.

Als Virginia Woolf im Jahr 1928 einen Essay mit dem Titel »Ein Zimmer für sich allein« (*A Room of One's Own*) verfasst, kann sie dies noch nicht wissen. Sie sieht nur, dass die lange gehegte Hoffnung auf eine schnelle Veränderung der Geschlechterverhältnisse nicht in Erfüllung geht. Kann sich Virginia Woolf damit trösten, dass diese vom Gewicht der Geschichte beschwerte Zeit »vielleicht ein Übergangsstadium ist«, in dem es für die einen zu schnell und für die anderen zu langsam geht, so wie auch das, was sie sagt, den einen veraltet, anderen aber ganz unverständlich erscheint, weil (oder solange) jemand nicht das entsprechende Alter hat? Müssen wir akzeptieren, fragt Virginia Woolf, dass in Zeiten des Übergangs einfach alles im Fluss ist?

Virginia Woolfs Essay handelt vom Verhältnis von Frauen und Fiktion. Ein einfaches Thema, würden wir heute vermuten, solange es dabei nur um die Frage geht, dass und inwieweit Frauen sich mit der Dichtkunst befassten. Virginia Woolf indessen kommt zu dem Schluss, dass eine literaturwissenschaftliche Betrachtungsweise dem gestellten Thema nicht gerecht werden kann. Zudem stößt eine Bearbeitung des Themas auf Komplikationen. Denn erstens fehlt in den altehrwürdigen Bibliotheken der renommierten Universitäten, zu denen Frauen lange Zeit keinen Zugang hatten, das entsprechende Material. Schon in der Zeit vor dem achtzehnten Jahrhundert stößt die Autorin in den Regalen bloß auf eine gähnende Leere, sobald es um Bücher von Frauen und über Frauen geht. Weibliche Wesen haben, als hätten sie nie existiert, bis in die Zeit der Moderne keine verfasste Geschichte. Kein Wunder, dass Marie de Gournay bloß Fußnoten bekommt und hinter spätere Männer zurückversetzt wird, die ihrerseits kaum in Versuchung kamen, der kleinen Vorgängerin Reverenz zu erweisen. Aber Virginia Woolf will nun zweitens genauer wissen, warum die Literaturgeschichten keine oder so wenige Frauen verzeichnen und stattdessen Männer den Raum der Geschichte besetzen. Die gefundene Antwort wird zum Titel des ganzen Essays: Frauen fehlte »ein Zimmer für sich allein«.

Die Grundthese der Abhandlung ist präzise und einfach: Wer kein eigenes Zimmer und damit keine räumliche Selbständigkeit hat, weil er kein eigenes Geld verdient und von Haus aus arm und von anderen abhängig ist, wird kaum in der Lage sein, Bücher zu schreiben, vielleicht auch noch nicht einmal, Bücher zu lesen. Wer schreiben will, braucht einen Raum für sich selbst, den früher nur sehr begüterte Damen ihr Eigen nannten. Wo hätten Frauen schreiben sollen? Es gibt eine Paradoxie im weiblichen Leben. Obwohl es sich im Bereich des Privaten bewegte, war dieser Bereich für Frauen kein Ort des Rückzugs. Zurückziehen kann sich nur der, der zuvor einen Zugang zur Öffentlichkeit hat, ohne den das Private nur ein dunkles Verlies ist. Es wäre wahrhaftig sehr seltsam gewesen, überlegt Virginia Woolf, »wenn eine von ihnen plötzlich Shakespeares Stücke geschrieben hätte«, es wäre einer Frau sogar »ganz und gar unmöglich gewesen, Shakespeares Stücke im Zeitalter Shakespeares zu schreiben«.[63]

In besagter Bibliothek, die Virginia Woolf bei ihren Forschungen über Frauen und Literatur zu Rate zog, stand Marie de Gournays Buch vom *Schatten* mit Sicherheit nicht. Virginia Woolf konnte nicht ahnen, dass diese unmögliche Frau zur Zeit von Shakespeare gelebt, sich ihre Unabhängigkeit erkämpft und dann noch ein Buch unter eigenem Namen veröffentlicht hatte. Wie hätte die englische Feministin des zwanzigsten Jahrhunderts dann wohl in Kenntnis jenes verrückten Satzes sein können: *Si Socrates eut été femme?* Virginia Woolf kennt diesen Satz nicht, also erfindet sie ihn. Es ist eine absurde Geschichte, die sie an einem goldenen Oktobertag bei einem Spaziergang am Fluss aus Mangel an Büchern und Daten ersinnt: Wenn Shakespeare eine Schwester gehabt hätte ...

Die Hypothese scheint überflüssig. Warum denkt jemand darüber nach, was, wenn Shakespeare eine wunderbar begabte und wissbegierige Schwester gehabt hätte, aus dieser Gestalt, die es nicht gab, hätte werden können? Warum will Virginia Woolf gar wissen, ob man es dieser Schwester erlaubt haben würde, wie ihr begabter Bruder eine Schule zu besuchen und zu Studienzwecken nach London zu gehen, wo die Antwort ohnehin bekannt ist? Dennoch beharrt Virginia Woolf auf ihren absurden Gedanken: Wenn diese Schwester nun doch den Mut aufgebracht hätte, auf eigene Faust und gegen den Willen der Eltern in die Stadt ihrer Träume zu ziehen? Hätte sie dort wie ihr großer Bruder die großen Erfolge erzielt, die unsere Welt bis heute in Atem halten? Oder wäre im Leib der jungen Frau statt ihrer Talente bald neues Leben gewachsen, das einzige, was hier gedeihen durfte, bloß dann nie und nimmer, wenn es ohne die heiligen Sakramente der Ehe geschah? Was wäre der wunderbar begabten, von einem der Herren des Theaters geschwängerten Schwester in der großen Stadt, wo einst alle Hoffnungen lagen, anderes übrig geblieben, mutmaßt Virginia Woolf, als ihrem jungen Leben nun voller Verzweiflung ein Ende zu setzen? Diese traurig wahre kurze Geschichte ist der Kern der Rede über Frauen und Fiktion. Wenn es die Geschichte der Frauen und ihrer Begabung nicht gibt, kann die unwirkliche Geschichte der Frauen nur eingebildet werden. Es ist die reine historische Wahrheit: Wenn Shakespeare eine Frau gewesen wäre, hätte es ihn, so traurig das wäre, niemals gegeben. Wir wüssten nichts von ihr. Wir wissen nichts über sie. Darum trauert auch niemand. Indes können wir wissen, dass eine Frau, die im sechzehnten Jahrhundert mit einer großen Begabung geboren wurde, an ihrer Begabung und Zeit verrückt geworden wäre. Man hätte sie verlacht, gefürchtet und ausgestoßen. Es ist nicht überflüssig, sich die Geschichte dieser Frau auszudenken. Selbst wenn es ihr doch noch gelungen wäre, ein Leben als Schriftstellerin zu führen, wäre alles, was sie geschrieben hätte, gegen die soziale Ordnung gewesen. Allenfalls unter dem Schutz der Anonymität hätte sie vielleicht etwas veröffentlichen können, aber sie wäre dabei niemals glücklich gewesen. Niemand ist glücklich, *bienheureux*, wenn er im Widerstreit mit der Gesellschaft und sich selbst leben muss. Diese Frau wäre nicht Frau gewesen und nicht Mann. Nichts wäre sie am Rand der Gesellschaft gewesen. Noch im neunzehnten Jahrhundert ist ein brüllendes Gelächter die schallende Antwort, die schreibende Frauen zu hören bekommen.[64]

Virginia Woolf kannte Marie de Gournay, wie gesagt, nicht. Gleichwohl gibt es eine Zugehörigkeit des Augenpunktes, die frappiert. Auch ohne Bezugnahme auf Shakespeares französische Zeitgenossin ist der Essay *Ein Zimmer für sich allein* einer der schönsten, dichtesten und authentischsten Nachrufe, die auf Marie de Gournay jemals verfasst worden sind. Nichts an der Schwester im Geiste ist Virginia Woolf unvertraut: weder ihre verfluchte Armut, die sie am Schreiben hinderte, noch die paradoxe Verteidigung der

Armut als einer bitteren Lehrmeisterin der Wahrheit und Tugend, weder das schallende Gelächter der Zeitgenossen noch die Verrücktheit, sich dem Gelächter zum Trotz doch nicht normal zu verhalten, sondern sich als Außenseiterin ihrer Gesellschaft zu bekennen, weder der lebenslange Kampf um Anerkennung noch das Unglück der Missachtung in einer verblendeten Zeit.[65] Eine virtuelle Allianz verbindet die beiden Frauen. Virginia Woolf weiß sogar, dass Marie de Gournay, die es nach der Ordnung der Zeit gar nicht geben durfte, überhaupt nur existieren konnte, weil sie als *fille d'alliance* »mit dem Mann in sich« Umgang pflegte, so wie es zu Shakespeares Größe gehört, dass ein weiblicher Teil in ihm wirksam war.[66] Ohne die geistige Kooperation zwischen Mann und Frau »kann die Kunst des Schöpferischen« nicht vollendet werden, schreibt Virginia Woolf am Ende ihres Essays: Es ist fatal, »einfach nur ein Mann zu sein oder eine Frau; man muss weib-männlich sein oder mann-weiblich«.[67] Aber ist es nicht ebenso fatal, ja katastrophal, wenn die Geistesgeschichte der Menschheit bloß als Geistesgeschichte der Mannheit verfasst worden ist?

Offene Fragen türmen sich auf, sobald wir die Daten der Menschheitsgeschichte unter dem Blickwinkel dieser Überlegung betrachten. Zunächst lässt sich fragen, ob Shakespeare etwa doch diese begabte Schwester hatte, die ihm seine Frauengestalten in die Feder diktierte, so wie Marie de Gournay in sich Montaigne und er sich in ihr wiederfand? Gäbe es in den Höhen und Tiefen der Geschichte etwa doch, glücklicherweise, Momente der geistigen Korrespondenz zwischen dem, was an Menschen in männliche und weibliche Eigenschaften zerrissen und dabei unendlich beschädigt und schädlich wurde? Denn Woolfs Behauptung, dass es fatal ist, nur Mann oder Frau zu sein, zielt in einem engeren Verständnis zwar auf die Frage des Schöpferischen in der Literatur, in letzter Konsequenz aber auf eine Fatalität in der Menschheitsgeschichte, die Virginia Woolf zehn Jahre später, ein Jahr vor Beginn des Zweiten Weltkriegs und drei Jahre vor ihrem Freitod, in ihrem letzten Buch ausdrücklich benennt und beschreibt.[68] Es ist, als wolle Virginia Woolf in allerletzter Minute das Blatt der Geschichte des Unheils wenden, käme man(n) nur zur Erkenntnis, dass eine destruktive Kultur mit der Geschlechtertrennung zusammenhängt.

Die Botschaft kam zu spät, obwohl Virginia Woolf geglaubt hatte, es gäbe kein zu spät. Am Schluss des Essays *Ein Zimmer für sich allein* behauptet die Autorin vielmehr, dass Shakespeares Schwester, die nie ein Wort schrieb und bloß die Ausgeburt der Phantasie einer Frau des zwanzigsten Jahrhunderts ist, in Wirklichkeit lebt und nur der Gelegenheit bedarf, »im Fleische unter uns zu wandeln«. Virginia Woolf beharrt auf der Möglichkeit einer Neugeburt der toten Dichterin, die Shakespeares Schwester war, wenn Frauen des zwanzigsten Jahrhunderts zu den armen Frauen früherer Zeiten eine Beziehung aufnähmen. Der Geist der Verstorbenen wird auferstehen, wann immer die Erben beginnen, »und sei es in Armut und Dunkelheit«, die Geschichte der Toten durchzuarbeiten. Große Dichter können nicht sterben, erläutert Virginia Woolf, weil sie in denen leben, die sie zum Leben erwecken.[69] Auch große Gedanken können nicht sterben. Würde Sokrates dann, neu ins Leben gerufen, doch eine Frau sein?

Was würde Sokrates sagen, wenn er als Frau wieder lebendig würde? Es ist augenscheinlich, dass sie nur an ihr männliches Ende anknüpfen könnte und mit einer Verteidigungsrede beginnen müsste. Sie würde erklären, warum sie überaus lange schwieg, so dass jeder dachte, sie sei an den Vorurteilen ihrer Zeit auf immer zugrunde gegangen. Sie würde uns in ihrer *Apologie* von einem verborgenen Kerker erzählen, in dem sie und andere Frauen, ohne Bewusstsein von Zeit und Geschichte, gefesselt hausten. Vor ihren Augen sahen sie an der von einem rückwärtigen Feuer beleuchteten Wand vielerlei Schatten, unbeweglich die einen, leichthin und geschäftig vorübereilend die anderen. Damals erfassten die Gefesselten weder den Unterschied in der Bewegung, noch konnten sie sich eine andere Wahrheit des Lebens vorstellen, als die, die ihnen die Schatten zuwarfen. Nur mit Schattenbildern vertraut ahnten die Frauen nicht, dass nur ein Teil der Menschheit in der dämmrigen Höhle hauste und der andere das wahre sonnige Leben genoss. Sie wussten nicht, dass sich die Menschheit in Gefangene und Freie, in Vernunftwesen im Licht der Öffentlichkeit und unwissend gehaltene Existenzen im Verborgenen schied. Sie konnten es nicht wissen, solange sie nicht über die Schwelle der Gewöhnung und Aufklärung traten. Aber selbst nachdem einige Frauen mit Hilfe einiger Männer aus dem Schattendasein in die Freiheit gelangten und das grelle Licht des Tages erblickten, waren sie bloß verwirrt und sehnten sich zurück ins dunkle Verlies. Sokrates, der Mann an der Schwelle der Philosophie, erzählt das Höhlengleichnis ausdrücklich, um die Schwierigkeiten einer Umgewöhnung in der Ordnung der Geschlechter deutlich zu machen.[70] Noch Platons Spätwerk der *Nomoi* (Gesetze) wiederholt die Klage über die eingefleischte freiwillige Knechtschaft der Frauen, die sich der Aufklärung vehement widersetzen. Das weibliche Geschlecht, sagt der Athener, ist »doch gewohnt, im Verborgenen und im Dunkeln zu leben; wenn man es aber mit Gewalt ans Licht zerrt, wird es daher allen möglichen Widerstand leisten und sich weitaus stärker als der Gesetzgeber erweisen«.[71]

Nun spricht der Philosoph überraschenderweise von einer gewaltsamen Befreiung der Frauen und nicht davon, dass sie überzeugt werden müssen. Marie de Gournay hat ihrerseits ganz ohne Gewalt mit einer Möglichkeitsform auf den Lippen angefangen, die Frau, die Sokrates nicht sein konnte, aus dem Reich der Schatten ins Leben zu rufen. An der Schwelle einer neuen Zeit erschließt sich mit dieser Möglichkeitsform ein anderer lebendiger Sinn der Vergangenheit. Tatsächlich ist Marie de Gournay Zeit ihres Lebens als Übersetzerin tätig gewesen. Wie hätte sie, ganz auf sich gestellt, und von den Zeitgenossen verspottet, mit dieser mühsamen Arbeit fertig werden sollen? Auch Virginia Woolf hat, als sie Shakespeares Schwester zum Leben erweckte, nicht alle Toten ans Licht führen können. Viel entscheidender ist, dass der lange verschüttete Eingang zur Höhle, der auch ihr Ausgang und Übergang ist, durch die Arbeit dieser Frauen endlich freigelegt wurde. Wie anders von Gestalt würden die Schatten der Vorwelt eines wunderschönen Tages im Licht der verwirklichten Träume erscheinen, wenn der Konjunktiv in der Geschichte eine Chance bekäme?

Anmerkungen

Anmerkungen zu Kapitel I

1 Erasmus v. Rotterdam wird 1466 in Rotterdam geboren, hält sich aber später längere Zeit in Basel, Italien, Paris und England auf. Machiavelli kommt 1469 in Florenz zur Welt, wo er 1527 auch stirbt; Kopernikus, 1473 geboren, lebt den größten Teil seines Lebens im heutigen Polen, verbringt seine Studienjahre aber in Italien. Morus und Castiglione sind beide Jahrgang 1478; Morus lebt bis zu seiner Hinrichtung 1535 fast ausschließlich in London und kommt nur bei einer diplomatischen Mission in die Niederlande, während der Italiener Castiglione in diplomatischen Diensten die Höfe Europas bereist und als Gesandter viele Jahre in Spanien weilt; die beiden Deutschen Luther und Agrippa von Nettesheim sind Jahrgang 1483 und 1486.
2 Burckhardt (1976): 368.
3 Burke (1997): 65.
4 Agrippa von Nettesheim (1987): 52. Ein weiterer Neudruck der Übersetzung von 1540 befindet sich im vierten Band des von Elisabeth Gössmann herausgegebenen Archivs für philosophie- und theologiegeschichtliche Frauenforschung.
5 Morus (1992): 156.
6 Platon (1990), Politeia, *Werke* 4: 452b.
7 Erasmus von Rotterdam (1995), Colloquia, *Werke* 6: 259 ff.
8 Ebd.: 263.
9 Erasmus von Rotterdam (1947), *Vertraute Gespräche*: 175.
10 Vgl. das Gedicht von Catherine des Roches (1578) »A ma quenouille: Quenouille mon souci, je vous promets et jure/ De vous aimer tousjours, et jamais ne changer/ Vostre honneur domestique pour un bien estranger…/ Mais quenouille ma mie, il ne faut pas pourtant/ Que pour vous estimer, et pour vous aymer tant/ Je delaisse du tout cest' honneste coustume/ D'escrire quelque fois: en escrivant ainsi,/ J'escris de vos valeurs, quenouille mon souci«, zitiert nach Dezon Jones (1988): 62.
11 Noch deutlicher wird im Gespräch über die glückliche Mutter, dass Erasmus von Frauen eine friedlichere Welt erwartet. Die »knechtische Zwangslage«, in die sich Männer freiwillig begeben, »entweder zu sterben oder zu töten«, ist nicht nur nichts wert, sondern wiegt auch die Gefahren nicht auf, die für Frauen bei der Geburt bestehen. Erasmus von Rotterdam (1947): 279.
12 Castiglione (1996): 94.
13 Ebd.: 95.
14 Ebd.: 99.

15 Ebd.: 139.
16 Eine Neuauflage des *Heptameron* erschien 1999 im Deutschen Taschenbuch Verlag.
17 Claude de Taillemont (1991): 119, 137. Claude de Taillemont war übrigens ein Schützling von Margarete von Navarras Tochter Jeanne d'Albret, der Mutter des späteren Königs von Frankreich Heinrich IV.
18 Louise Labé (1981): 9.
19 Agrippa d'Aubigné (1967) I: 449 f.
20 Katharina von Medici war eine Großnichte des von Castiglione in die Literatur als Frauenfreund eingeführten Magnifico Giuliano de Medici.
21 Ronsard (1952): 176.
22 Elias (1976) I: 230 ff.
23 Ebd.: 261.
24 Rabelais (1994) I: 372.
25 Vgl. Elias (1976) I: LXVIII.
26 Vgl. Zimmermann (1995); Bock/Zimmermann (1997); Bock (2000).
27 Vgl. Dezon-Jones (1988): 60.
28 Guillaume de Lorris und Jean de Meung (1978) II: 495, V. 8651 ff.
29 Ebd.: 499, V. 8721.
30 Ebd.: 533, V. 9407 ff.
31 Ebd.: 559, V. 9919.
32 Boccaccio (1995): 17.
33 Zitiert nach Pernoud (1994): 91.
34 Vgl. Zühlke (1994): 82 ff.
35 Christine de Pizan (1990); (1996).
36 Dies. (1990): 148.
37 Ebd.: 63.
38 Ebd.: 95.
39 Christine de Pizan (1978).
40 Zitiert nach Pernoud (1994): 106.
41 Fichte, Werke III (1971): 309.
42 Machiavelli (1990): 120.
43 Vgl. Rauschenbach 1998.
44 Vgl. Hansen (1963): 416.
45 King (1993): 72.
46 Becker u.a. (1977): 82.
47 Auszüge aus Weyers Schrift, in: Guillerm et al. (1983): 105 f.; ausführliche Erörterung in Becker u.a. (1977): 146 ff.
48 Bodin (1981), Buch I-III: 23.
49 Ausführlich: Rauschenbach (1998).
50 Bodin (1986), Buch IV-VI: 438.
51 Ascham wird in seinem späteren Buch *The Schoolmaster* (1570) humanistische Bildungsideen in der Tradition von Erasmus von Rotterdam weiterentwickeln; vgl. Margaret L. King (1993): 249 f.
52 Bodin (1986), Buch IV-VI: 449.
53 Ebd.: 459.
54 Vgl. dazu: Jordan (1986).
55 Auszüge der Schrift befinden sich ebenfalls in: Guillerm et al. (1983): 107 ff.

56 Jacques-Chaquin (1996): 44.
57 Merchant (1987): 142.
58 Villey (1908): I, 81 f.
59 Montaigne (DF, Tietz III): 257. Ich benutze verschiedene Ausgaben der *Essais*. Die von Thibaudet und Rat bei Gallimard herausgegebene französische Ausgabe wird zitiert als FF. Bei den deutschen Übersetzungen wird in der Regel aus der ältesten, von Johann, Daniel Tietz übersetzten dreibändigen Ausgabe (DF, Tietz) oder dem von Herbert Lüthy herausgegebenen Auswahlband der *Essais* (DF, Lüthy), seltener aus der modernsten Übersetzung von Stilett (DF, Stilett) zitiert.
60 *Essais* (DF) Tietz III: 260.
61 Ebd.: 351; (DF) Lüthy: 851.
62 *Essais* (DF) Tietz III: 28.
63 *Essais* (DF) Tietz II: 865; (DF) Lüthy: 684.
64 Insdorf (1977): 72.
65 *Essais* (DF) Tietz II: 871.
66 Ebd.: 882.
67 Ebd.: 873.
68 Ebd.: 958.

Anmerkungen zu Kapitel II

1 *Essais* (FF) 800; (DF) Lüthy: 648.
2 *Essais* (FF) 185; (DF) Lüthy: 224.
3 *Essais* (FF): 645 f.; eigene Übersetzung in Anlehnung an (DF) Tietz II: 499 f.; (DF) Stilett: 329.
4 *Essais* (FF): 185, (DF) Lüthy: 224 f.
5 Die Textstellen von Marie de Gournay werden, wo möglich, aus neueren und besser zugänglichen Teilausgaben zitiert und der modernen französischen Orthographie angepasst; hier: »Copie de la vie de la Damoiselle de Gournay« (1616), in: Dezon-Jones (1988): 137.
6 Marie de Gournay le Jars ist der Name, der in den *Essais* auftaucht. Als Autorin hat sich Marie de Gournay ab 1619 (*Versions de quelques pièces de Virgile, Tacite et Saluste* ... par la Damoiselle de Gournay) selbst als Marie de Gournay bezeichnet. In ihrem Erstlingswerk und der Vorrede zu den Essais von 1595 ersetzt sie den Namen noch durch den Ehrentitel der *fille d'alliance*. In den Schriften vor (Bienvenue de Monseigneur Le Duc d'Anjou ..., 1608) und anlässlich der Ermordung von Heinrich IV. (*Adieu de l'Ame du Roy de France et de Navarre Henry le Grand*, 1610) schreibt sie unter dem Kürzel Madamoiselle oder Damoiselle de G. Vgl. Tchemerzine (1991) III: 458-469.
7 *Essais* (DF) Tietz II: 499.
8 *Essais* (FF): 192.
9 *Essais* (DF) Tietz II: 494.
10 In ihrem Gedicht »A Monsieur de Montaigne sur les Essais« schreibt Marie de Gournay in der frühesten Fassung von 1594 »Toy qui par la beauté

des Essais admirables ... me ravis dès le bers l'ame et la volonté«; Gournay: *Le Proumenoir* (1996): 200.
11   *Essais* (DF) Lüthy: 225.
12   Vorwort von 1595, zit. nach Millet (1995): 120.
13   *Le Proumenoir* (1996): 78; einige Seiten zuvor (74) macht Marie de Gournay eine ähnliche Bemerkung, als sie sagt, es gäbe zweierlei Liebe, eine des Begehrens, die vom Körper ausgeht, und eine der Vernunft.
14   Ebd.: 47.
15   Ebd.: 31.
16   Marie de Gournay selbst sagt, der Name des Autors sei ihr entfallen; ebd.: 50.
17   Taillemont (1991).
18   Ebd.: 118 ff.
19   *Le Proumenoir* (1996), Einführung von Arnould: 9.
20   »Peinture de mœurs«, in: Dezon-Jones (1988): 143.
21   *Le Proumenoir* (1996), Einführung: 16.
22   Ebd.: 40.
23   *Essais* (FF): 806; (DF) Lüthy: 658.
24   »Copie de la Vie de la Damoiselle de Gournay«, in: Dezon-Jones (1988): 137.
25   Im Bürgermeisteramt von Gournay-sur-Aronde befindet sich die »von einem Bauern«, A. Camus, handgeschriebene Geschichte des Dorfes mit Hinweisen auf das ehemalige Besitztum der Familie Le Jars und, aus Lexika zusammengetragen, zu Marie de Gournay. Von dem einstigen Schloss existiert heute nichts mehr.
26   Marie de Gournays Biographin Ilsley hebt besonders den Bruder der Mutter hervor; Ilsley (1963): 39.
27   In ihrer autobiographischen Schrift »Apologie pour celle qui écrit« schreibt Marie de Gournay, sie könne überhaupt nicht nähen; Dezon-Jones (1988): 159.
28   »Copie de la Vie de la Damoiselle de Gournay«, in: Dezon-Jones (1988): 138.
29   Ebd.
30   Marie de Gournay verfasst ihre Vita im Jahr 1616 auf die erfundene Mitteilung hin, der englische König wünsche sie kennen zu lernen. Erst 1641 entschließt sie sich zur Veröffentlichung unter dem Titel »Copie de la vie ... « in der unter dem Titel *Advis* erscheinenden Neuauflage ihres Sammelbandes *Ombre*; Dezon-Jones (1988): 135-139.
31   Marie de Gournay an Justus Lipsius, in: Dezon-Jones (1988): 187.
32   *Essais*: I. Buch, Kap. XX, (DF) Lüthy: 121 ff.
33   Andere Berichte erzählen, Marie habe mit ihrer Mutter Montaigne aufgesucht. Vgl. den Brief des Zeitgenossen und früheren Freundes von Montaigne Etienne Pasquier an Pelgré Maistre des Comptes, in: Montaignes *Essais* (DF) Tietz III: 616.
34   »Copie de la Vie de la Damoiselle de Gournay«, in: Dezon-Jones (1988): 138.
35   Vgl. den Bericht von Pasquier in: *Essais* (DF) Tietz III: 612.
36   *Essais* (FF): 60; vgl. d. Anmerkung zur Ausgabe von 1595, ebd.: 1443.

37 Aus der Epistel des *Proumenoir* ergibt sich als Zeitpunkt der Abreise Montaignes der November 1588. Sollte dieser Termin korrekt sein, müsste Montaigne nach seiner Reise nach Blois noch einmal in Gournay gewesen sein. Den Zeitraum von zwei bis drei Monaten nennt Marie de Gournay in ihrem oben erwähnten Brief an Lipsius, als sie noch nichts vom Tod Montaignes weiß, wohingegen die *Vita* behauptet, Montaigne habe sich acht bis neun Monate in Gournay aufgehalten.
38 *Le Proumenoir* (1996): 48.
39 In späteren Auflagen des *Proumenoir* relativiert Marie de Gournay diese Kühnheit, indem sie eine Art Nottrauung einbaut. Vgl. Ilsley (1963): 53.
40 *Le Proumenoir* (1996): 116 f.
41 *Essais* (FF): 683; (DF) Lüthy: 550.
42 *Le Proumenoir* (1996): 144.
43 Ebd.: 60.
44 Ebd.: 64.
45 *Essais* (FF): 687.
46 *Le Proumenoir* (1996): 146.
47 Ebd.: 150.
48 Vorwort zur Ausgabe der *Essais* von 1595, in: Millet (1995): 120 ff.; vgl. 82, 105.
49 Ebd.: 122.
50 Ebd.: 125.
51 Ebd.: 99.
52 Ebd.: 87.
53 Ebd.: 88.
54 Ebd.: 87.
55 Ebd.: 105.
56 Der Brief in französischer Übersetzung befindet sich bei Paul Bonnefon II (1969): 334 ff.
57 Vorwort zur Ausgabe der *Essais* von 1595, in: Millet (1995): 126.
58 Vgl. *Essais. Reproduction en facsimilé de l'Exemplaire de Bordeaux* par René Bernoulli (1987) II: 592.
59 Vgl. die Beiträge auf dem Colloquium zur Edition von 1595: Arnould, Hg. (1996).
60 Vgl. das Vorwort zur Ausgabe der *Essais* von 1635, in: *Essais* (DF) Tietz III: 593; vgl. Desan (1990): 64.
61 Es handelt sich um eine Fälschung, die Marie de Gournay kurz nach der Veröffentlichung ihrer Schrift über die Gleichheit von Mann und Frau drucken ließ und alsbald zurücknehmen musste. Vgl. zu dieser Fälschung Bonnefon II (1969): 382 ff.; Ilsley (1963): 140; Dezon-Jones (1988): 76.
62 Vgl. Gournay im Vorwort zum *Ombre* und im Nachwort der *Advis*: »Wenn dies Buch mich überlebt, verbiete ich, wem auch immer, an den Wörtern oder am Inhalt irgendetwas hinzuzufügen oder wegzunehmen«.
63 Ähnlich wie Arnould bezüglich des *Proumenoir* bewertet auch Claude Blum die Tätigkeit von Marie de Gournay abwertend in dem Sinn, sie habe Montaigne benutzt, um sich einen Namen zu machen und »femme de Lettres« zu werden (Arnould, Hg. 1996: 33).
64 Vorwort zur Ausgabe der *Essais* von 1595, in: Millet (1995): 127.

65 Ebd.: 81 f.
66 Ebd.: 87.

Anmerkungen zu Kapitel III

1 Vgl. das Vorwort von 1635, *Essais* (DF) Tietz III: 591 ff.
2 Marie de Gournay schreibt vom Schloss Montaigne aus zweimal an Lipsius, einmal am 2. Mai, das zweite Mal am 15. November 1596; vgl. Millet (1995): 132; Dezon-Jones (1988): 191 ff.
3 Vgl. Ilsley (1963): 61.
4 Marie de Gournay entfernt aus der Ausgabe der *Essais* von 1635 den Satzteil » als einen der besten Teile meines eigenen Wesens in meine Zurückgezogenheit und Einsamkeit hinein nehme. Ich sehe in der Welt nur noch sie« und »und unter anderem zur Vollkommenheit der allerheiligsten Freundschaft fähig sein, obwohl bislang nirgends zu lesen war, dass ihr (weibliches) Geschlecht dergleichen schon erreichte. Die Aufrichtigkeit und Festigkeit ihrer Sitten sind schon jetzt derart zufriedenstellend, ihre Zuneigung zu mir ist so überströmend und voller Erfüllung, dass nichts weiter zu wünschen bleibt, als dass die Furcht, die sie vor meinem Ende hat, da ich bei unserer ersten Begegnung schon fünfundfünfzig Jahre alt war, sie weniger grausam heimsuchen möge«. *Essais* (FF): 645; vgl. 2. Kapitel, Anm. 3. Dem Passus fehlen also genau die Stellen, die einerseits von der Person Marie de Gournays auf Aussagen über das weibliche Geschlecht insgesamt schließen lassen und andererseits die Beziehung zu Marie de Gournay mit der älteren Erfahrung der heiligen Freundschaft verknüpfen. Marie de Gournay selbst erklärt die Veränderungen damit, dass sie den Neid, den man ihr entgegenbrachte, abwehren und für jetzt und alle Zukunft diejenigen widerlegen wolle, die der Auffassung seien, wenn das Buch sie weniger loben würde, würde sie es weniger geliebt und ihm weniger gedient haben. Vgl. Uildriks (1962): 7 und 25, Anm. 10; Venesoen (1990): 17; Vorwort der *Essais* von 1635 (DF) Tietz III: 593; vgl. auch Desan (1990): 64 f.; Desan (1995).
5 Dezon-Jones (1988): 191.
6 Tatsächlich verweist Marie de Gournay in ihrem Testament auf Aufzeichnungen aus ihrer Jugend, die sie zwar ihr Leben lang aufbewahrt hatte, aber nach ihrem Tod sofort verbrannt haben will. Vgl. Dezon-Jones (1988): 204; vgl. Kapitel V, S. 178 f.
7 Vgl. Bonnefon II (1969): 350; Abel (1973): 117-129; Ilsley (1963): 83.
8 Es handelt sich um drei Briefe Marie de Gournays und drei des Flamen. Die Briefe von Marie de Gournay an Lipsius sind im Anhang bei Dezon-Jones (1988) veröffentlicht. Die Briefe von Justus Lipsius werden ausführlich bei Bonnefon II (1969): 334-351 zitiert.
9 Zitiert nach Abel (1973): 129.
10 Ericius Puteanus an Henri Dupuy, zitiert nach Bonnefon II (1969): 364.
11 Ebd.
12 *Apologie*, in: Dezon-Jones (1988): 147.

13 *L'Ombre* (1626): 203.
14 Ebd.: 204.
15 »A Lentin« befindet sich in der Gedichtsammlung *Bouquet de Pinde*, deren kritische Ausgabe Maddalena Bertela besorgte (1995): 60 ff.
16 Dieselbe Weigerung, den Namen zu nennen, wiederholt sich in dem Text »Die Klage der Damen« *(Grief des Dames)*. Die Herausgeberinnen und Übersetzerinnen der Schrift gehen davon aus, dass Marie de Gournay sich dabei auf Voiture bezieht (Dezon-Jones, 1988: 132; Gournay: Zur Gleichheit von Frauen und Männern, 1997: 94). Dies scheint insofern wenig wahrscheinlich, als Voiture erst nach Marie de Gournay im Jahr 1648 stirbt und sich Marie de Gournay gegenüber auch wohlwollend verhält.
17 *Apologie*, in: Dezon-Jones (1988): 61.
18 Ebd.: 155.
19 Ebd.: 157.
20 Tatsächlich führen die beiden feministischen Texte *Grief des Dames* und *Égalité des hommes et des femmes* das zehnbändige Paket von literarischen Kampfschriften »Dix Textes Contre« (1996) im Verlauf der Jahrhunderte an.
21 *Apologie*, in: Dezon-Jones (1988): 181.
22 Ebd.: 159.
23 Ebd.: 158.
24 Ebd.; die Armut eines Schriftstellers ist für viele ein Zeichen, dass er bloß des Geldes wegen und nicht aus Begabung schreibt. Charles Sorel (1671: 41), ein viel gelesener Autor des sechzehnten Jahrhunderts, wird umgekehrt die These vertreten, dass einer, der mit Büchern Geld verdienen will, schon sehr begabt sein muss.
25 *Bouquet de Pinde* (1995): 112.
26 Ilsley (1963): 90.
27 Dezon-Jones (1988): 43.
28 Vgl. *Dictionnaire des Lettres françaises* (1996): 292; Tallemant des Réaux (o. J): 67.
29 *Apologie*, in: Dezon-Jones (1988): 175.
30 Ebd.: 159.
31 Ebd.: 163.
32 Ebd.: 161. Ganz ähnlich sagt Marie de Gournay in ihrem Sittengemälde *Peinture de mœurs* (Dezon-Jones, 1988: 144): »pour moi je fais raison, je la fais contre moi« (ich setze die Vernunft für mich und gegen mich ein).
33 *L'Ombre* (1626): 6.
34 *Bien-venue de Monseigneur le duc d'Anjou, desdié à la Sérénissimé République ou estat de Venise* (1608).
35 *Apologie*, in: Dezon-Jones (1988): 181.
36 Vgl. dazu neben den Ausführungen von Ilsley (1963: 116) den Beitrag von Claude-Gilbert Dubois (1995: 487), der von dem Text als einer theatralischen rhetorischen Maschine im Shakespeareschen Ton spricht.
37 Literarisch verarbeitet wurde diese Episode in Heinrich Manns großem Roman über Henri Quatre (1991).
38 *L'Ombre* (1626): 62.
39 Ebd.: 67.

40 Vgl. Ilsley (1963): 118. Eine Fülle von Pamphleten zur Frage der Ermordung Heinrichs IV. kursiert in dieser Zeit. 1611 erscheint eine Sammlung solcher Pamphlete unter dem Titel »Recueil de plusieurs escrits publiez touchant les jesuites depuis la mort de Henry le Grand jusques au premier jour de ceste année 1611«. Die Stoßrichtung dieser Schriften richtet sich dabei gegen den Jesuiten und Beichtvater von Heinrich IV. sowie gegen den Sieur de Courbouzon Montgommery. Eine ausführliche Darstellung der Situation nebst einem Neuabdruck der Texte verdanken wir Constant Venesoen (1998).
41 Vgl. Venesoen (1998): 86.
42 Vgl. Dezon-Jones (1988): 40; Ilsley (1963): 118.
43 Insofern führt die Beschreibung zum Bild in einem der jüngeren Aufsätze zu Marie de Gournay (Kroll, in: Zimmermann/Böhm 1999:127 ff.) leider (wie schon das Titelbild bei Ilsley) in die Irre, da es sich um eine Reproduktion des 19. Jahrhunderts handelt. In der Bibliothèque Nationale de Paris befinden sich die Druckausgaben der beiden Portraits: die Lithographie aus dem 19. Jahrhundert von Nicolas-Henri Jacob, der 1849 eine »Galerie des représentants du peuple« verfasste, und das Bild der Ausgabe der *Advis* von 1641 von dem Maler und Graveur Jean Matheus. Da das Portrait in der Ausgabe der *Advis* ein junges Mädchen zeigt, müsste es sich um die Nachbildung eines früheren Portraits oder eine Stilisierung handeln. Darüber hinaus gibt es im »Bulletin de la Société des Amis de Montaigne« (Montet, 1980: 103 f.) die Abbildung und den Bericht über ein unbekanntes, in Privatbesitz befindliches Portrait mit dem Datum von 1610, das als Abbildung von Marie de Gournay bezeichnet wird.
44 Tallemant des Réaux (1960) I: 379.
45 »Copie de la Vie de la Damoiselle de Gournay«, in: Dezon-Jones (1988): 139.
46 Ebd.: 136.
47 Vgl. Dezon-Jones (1983).
48 1608 veröffentlicht Marie de Gournay die Schrift »Bien-Venue de Monseigneur le Duc dAnjou«; Teile davon werden in die Publikation »Version de quelques pièces de Virgile, Tacite et Salluste avec L'Institution de Monseigneur, frère de Roy« (1619) eingearbeitet. 1620 erscheint eine weitere Schrift mit Übersetzungen von Virgil. Alle diese Texte gehen in das Sammelwerk vom *Schatten* ein.
49 Vgl. dazu ausführlich Ilsley, die auch eine Gegenüberstellung des Originals von Ronsard und der Fälschung durch Marie de Gournay vornimmt, Ilsley (1963): 136 ff., 291. Ebenfalls 1624 erscheint auch die Schrift »Le Prince de Corse«, die ebenfalls Marie de Gournay zugeschrieben wird; die Autorschaft ist aber umstritten, vgl. Dezon-Jones (1988): 212.
50 Ich zitiere nach der zweisprachigen Ausgabe der *Égalité des hommes et des femmes* von Hervé/Nödinger (1997): 30.
51 Eigene Übersetzung in Anlehnung an die Übersetzung von Eva-Maria Rüder in: Hagengruber (1998): 61 und Hervé/Nödinger (1997): 35.
52 Hagengruber (1998): 61; Hervé/Nödinger (1997): 36 f.
53 Vgl. Magne (1942).
54 Es dürfte kein Zufall sein, dass nach der Erhöhung der Frau in den Zeiten

der Minne im zweiten Teil des Rosenromans dann der frauenfeindlichste Text des Mittelalters folgte.
55 Gustave Reynier widmet der *Querelle* in seinem Buch über die Frau im 17. Jahrhundert (1929) das dritte Kapitel.
56 »Alphabet de l'Imperfection et malice des femmes«, Paris 1630; der Spruch entstammt dem 7. Buch des Kohelet, Vers 27.
57 Vigoureux (1617): 94.
58 Olivier (1617). Als weitere Antwort auf die Gegenschrift von Capitaine Vigoureux erscheint im selben Jahr das 317 Seiten starke Buch von Jean de La Bruyère, der den Verteidiger der Frauen als Nestbeschmutzer, Monster von Natur, Esel, Schwein und dergleichen bezeichnet.
59 L'Escale (1618): 3.
60 Robert Mandrou konstatiert in seiner Einführung in das moderne Frankreich (1998: 347) die Tendenz zur Verlagerung der religiös bestimmten Bürgerkriege der Jahre 1560 bis 1590 auf eine epidemisch um sich greifende Hexenjagd in den Jahren 1590 bis 1630. Trotz dieser Beobachtung bleibt die Frage nach der Geschlechterordnung völlig ausgeblendet. Das führt nicht nur zur Missachtung des entsprechenden Quellenmaterials, sondern auch zu einer Verkennung der wirklichen Tragweite der konstatierten Tendenz.
61 Der Autor bezeichnet sich als Sieur D. F. D. L.
62 Dydimus des Armosins (1620)
63 In seiner Rede zugunsten der Damen gegen ihre Verächter (*Discours en la faveur des Dames. Contre les médisans*) versucht der Autor Pont-Aimery diesen Widerspruch dadurch aufzulösen, dass er zwei Damen gesprächsweise zu Wort kommen lässt, denen ihr Gesprächspartner zugesteht, dass die natürliche Gerechtigkeit Frauen und Männer gleich gemacht habe, während die Männer faktisch über die Damen ihre Herrschaft ausübten. Die Schrift erscheint 1622, sei aber, so der Autor, einige Jahre zuvor entworfen worden.
64 L'Escale (1618): 27 ff.
65 Im Gegen-Alphabet steht diese Bemerkung unter O, weil die Frau vergesslich ist (oublieuse).
66 »Zur Gleichheit von Frauen und Männern« (1997): 37; (1998): 61.
67 L'Escale (1618): 190. Für L'Escale ist der Fleiß der Frau am Spinnrad ein weiterer Beweis ihrer Tüchtigkeit.
68 Ebd.: 73 ff.
69 Neudruck in: Conti Odorisio (1979); eine zusammenfassende Teilübersetzung des Textes befindet sich im zweiten Band der von Elisabeth Gössmann herausgegebenen Schriftenreihe »Archiv für philosophie- und theologiegeschichtliche Frauenforschung« (1985): 23-44.
70 Hervé/Nödinger (1997): 44 f.
71 Vgl. dazu ausführlich Rauschenbach (1998).
72 Das Todesurteil wurde zwar aufgehoben, Théophile de Viau stirbt aber wenige Jahre später sechsunddreißigjährig an den Folgen seiner Haft; vgl. *Dictionnaire des Lettres Françaises* (1996: 1252 f.).
73 Hervé/Nödinger (1997): 74.
74 Cioranescu (1966).

75 Eine neuere Präsentation der Stiche von Bosse findet sich in dem Buch von Nicole Villa (1967).
76 Fournier (1977): 88.
77 Ebd.: XXIV.
78 *L'Ombre* (1626): 227.

Anmerkungen zu Kapitel IV

1 Vgl. Brunot (1966); Fumaroli (1980).
2 Die zunächst in die *Menagiana* aufgenommene, dann in die *Malherbiana* übernommene Anekdote berichtet, dass Marie de Gournay Racan einige Epigramme zeigt, die Racan schlecht findet, weil sie keine Pointen besitzen. Marie de Gournay verteidigt sich, indem sie sagt, dies seien Epigramme auf griechische Art. Als die beiden wenig später zusammen zum Essen eingeladen sind, wo eine schlecht gewürzte Suppe aufgetischt wird, macht Marie de Gournay zu ihrem Nachbarn eine entsprechende Bemerkung. Racan erwidert, dies sei eben eine Suppe auf griechische Art. *Menagiana* (1693): 138 f.; *Malherbiana* (1811): 142 f.
3 »Du langage françois«, in: *Advis* (1997): 124 ff. Marie de Gournays sprachtheoretische Texte hat Anne Uildriks in ihrer Dissertation (1962) textkritisch ediert.
4 Aus verschiedenen Mitteilungen können wir schließen, dass Marie de Gournay schon früh in mehreren Diskussionszirkeln der Hauptstadt verkehrte. Hilarion de Coste weist in der dritten Auflage (1647) seiner Lobpreisungen und Lebensdarstellungen von Königinnen, Prinzessinnen und berühmten Damen darauf hin, dass Marie de Gournay Beziehungen zum berühmten Salon von Madame Des Loges pflegte, wo bis zu deren von Richelieu erzwungenem Weggang aus Paris im Jahr 1629 die literarischen Wortführer Malherbe und sein Schüler Racan, das Sprachtalent Guez de Balzac und der geistreiche Vincent Voiture, der wegen seiner Geselligkeit beliebte Antoine Godeau sowie Valentin Conrart, der spätere erste Sekretär der Académie française, zusammenkamen. Der Abbé Marolles berichtet in seinen Memoiren, bezogen auf das Jahr 1623, dass er ein besonderes Vergnügen an den Unterhaltungen mit Mademoiselle de Gournay hatte, die er bei seiner Schwester oder bei seiner Tante, Madame de Longueville, und bei der Gräfin Soissons regelmäßig traf. Nicht zuletzt war schon das Dachgeschoss in der Rue de l'arbre sec, das Marie de Gournay bis zum Ende der zwanziger Jahre bewohnte, und später die komfortablere Wohnung in der Rue Saint-Honoré ein Treffpunkt für zahlreiche Schriftsteller und Gelehrte wie die Brüder Ogier, Louis de Revol, Claude de L'Estoile, Guillaume Colletet, Claude Malleville und François de La Mothe Le Vayer.
5 *Grief des Dames*, deutsch-französische Fassung, in: Gournay, *Zur Gleichheit von Frauen und Männern*, hrsg. von Hervé/Nödinger (1997): 74 f.
6 Vgl. Trudeau (1992): 181.
7 »Des fausses Dévotions«, in: *L'Ombre* (1626): 277.

8 Mademoiselle de Scudery wird einen Großteil ihrer Bücher unter dem Namen ihres Bruders veröffentlichen. Auch der aufsehenerregende Roman der *Prinzessin von Clève* von Madame de La Fayette erscheint anonym.
9 Du Bosc (1633): 270, modernisierte Schreibweise.
10 François Villon hatte die Figur der Perrette mit dem Loch in seiner satirischen Dichtung *Les Testaments* bereits am Ende des 15. Jahrhunderts in deutlich obszöner Bedeutung in die Literatur eingeführt (Villon, Reprint 1967, Bd. I: 263; III: 533 ff.). Im 17. Jahrhundert wird bei Jean de La Fontaine die Gestalt der Perrette in der Fabel »Das Milchweib und der Milchtopf« (La laitière et le pot au lait) literarisch erneut aufgegriffen. Perrette erscheint nun als eine Tagträumerin, die, weil sie Chimären hinterherläuft, noch das wenige, was sie hat, verliert (einen irdenen Topf mit Milch auf dem Kopf, der, weil sie träumt, dann zu Boden fällt; Jean de La Fontaine, 1978: 500-503). Marie de Gournay als Perrette verkörpert in der Komödie vom Sudelversmacher beides. Sie ist ebenso obszön wie wirklichkeitsfremd; aber sie wird zu einer obszönen Figur, eben weil sie nicht mit der Zeit geht und der Wirklichkeit sich entfremdet.
11 Saint-Amant (1967): 32-70.
12 Gaillard (1634).
13 Zur Datierung und Autorschaft vgl. Paolo Carile, in: Saint-Evremont (1976): 15-27.
14 Saint-Evremont (1976): 194-218. Es handelt sich um Wörter wie *car* (denn), *pourquoi* (warum), *parce que* (weil), *parfois* (manchmal), *jadis* (einst) usw.
15 Ebd.: 195; 237.
16 Vgl. Chapelain (1968) I: 486.
17 Tallemant des Réaux (1960) I: 379.
18 Ebd.: 380; Magne (1909): 116.
19 Tallemant des Réaux (1960) I: 380. Richelieu habe sich nach dieser Antwort von Marie de Gournay entschuldigt und Boisrobert gegenüber erklärt, er wolle der armen Demoiselle zweihundert Ecu als Pension gewähren. Boisrobert, die Armut Maries besser kennend und zudem ein Schlaufuchs, habe eingewandt, das Fräulein beschäftige auch Mademoiselle Jamin als Dienerin. Richelieu war bereit, noch etwas zuzugeben. Es gäbe darüber hinaus noch das Liebchen Piaillon, die Katze im Hause, habe Boisrobert ergänzt. Auch für sie rückt der Kardinal zwanzig Pfund heraus. Die Katze hat gerade gejungt, wirft Boisrobert ein. Eine Pistole fügt der Kardinal noch dazu. Die Demoiselle bekommt nun eine staatliche Rente und ist damit am Abend ihres Lebens endlich ihre Existenzsorgen los. Das Motiv Richelieus ist aber nicht ganz klar: Respektiert er die alte Dame oder bleibt sie für ihn eine Belustigung? Die Geschichte fügt den Vorurteilen über die *femme savante* mit der Vorliebe für alte Wörter jedenfalls als weiteres Klischee das von der Katzenliebe alter Jungfern hinzu. Zum Topos von der armen hässlichen Frau und der skurrilen Alten passen die hungrigen Katzen und Kätzchen ebenso wie die Dienste der treuen Jamin. Von ihr behauptet Tallemant fälschlicherweise, es habe sich um die uneheliche Tochter eines Pagen von Ronsard, also dem von den Sprachreformern diskreditierten

Lieblingsdichter Marie de Gournays, gehandelt. Selbst die in Art einer Genremalerei liebenswert aufgemachte Szene verleiht Marie de Gournay kein Format, so wie die Gunst Richelieus die Dame auch keineswegs wohlhabend machte. Anders als andere steht das alte Mädchen jedoch zu ihrer Armut, zu ihrer Dienerin und zu ihren Katzen.

20 Vgl. außer Tallemant des Réaux die Kommentare zu Marie de Gournay von Sainte-Beuve in dessen *Tableau Historique* (1828): 205 ff.
21 Descartes verfasst 1628 eine Apologie für Balzac und wechselt mit Balzac zahlreiche Briefe; Descartes, *Correspondance* I: 5-16.
22 Balzac (1933): 249 ff.
23 Balzac (1971) I: 311 ff.
24 Dies jedenfalls lässt die Widmung erkennen, mit der Marie de Gournay die große Abhandlung über die Verteidigung der Dichtung und der Sprache der Dichter (»Deffence de la poésie, et du langage des poètes«) an Madame des Loges adressiert. Vgl. *L'Ombre* (1626): 564.
25 Balzac (1971) I: 320.
26 Brief vom 30. September 1638, ebd.: 777.
27 Brief vom 29. 12. 1639 an Chapelain, ebd.: 806; vgl. Chapelain (1968) I: 474.
28 Brief vom 7. 5. 1634 an Antoine Girard, in: Balzac (1971) I: 256 f.
29 Brief vom 7. 8. 1644. Lettres de Jean-Louis Guez de Balzac, publiées par M. Philippe Tamizey de Larroque (1873): 159.
30 »Elle m'eut fait très grand plaisir de se laisser mourir comme elle m'avait promis. Cette bonne action eut épargné un exemplaire à Rocolet, et à moi cinq ou six lignes qu'il faut que je lui écrive, puisqu'elle n'est pas mal avec vous pour m'obliger de rompre avec elle«, Brief v. 5. 9. 1644, ebd.: 171.
31 Brief vom 13. 4. 1646, ebd.: 369.
32 Chapelain (1968) I: 8.
33 Brief an Marie de Gournay vom 10. 12. 1632, ebd.: 17 ff. Einem Brief von Chapelain an Marie de Gournay sieben Jahre später entnehmen wir, dass diese ihm die Hand zum Frieden ausgestreckt hatte, die Chapelain zwar auf einer allgemeinen Ebene akzeptiert, hinsichtlich ihres Dissenses in literarischen Fragen aber zurückweist. Er werde mit ihr aber auf faire Weise streiten (»je traite bien avec vous et vous fais bonne guerre«); Brief vom 18. 9. 1639, ebd.: 498.
34 Chapelain (1936): 261-268.
35 Ménage (1649): »Requête présentée par les dictionnaires«, in: Pellisson/d'Olivet I (1989): 488.
36 Faret (1970): 173 ff.
37 Du Bosc (1633): 270; vgl. Anm. 9.
38 Du Bosc (1635): 181.
39 Ebd.: 186.
40 Hilarion de Coste (1647): 668-672.
41 Guillaume (1643).
42 Du Bosc (1645).
43 Chappuzeau (1983), Einführung, XV. Ein knapper Überblick über die Ansätze zu einem oppositionellen Frauenbegriff im 17. Jahrhundert findet sich in dem Artikel: »Femme« des Handbuchs politisch-sozialer Grundbegriffe in Frankreich 1680-1820 (Höfer/Keilhauer, 1996: 29 ff.).
44 Buffet (1668); auch Jacquette Guillaume erwähnt in ihrem zweiten Buch

von 1665 Marie de Gournay, stützt sich dabei aber lediglich auf das Lob von Lipsius und nicht auf das Leben und Werk Marie de Gournays.
45 Poullain de La Barre (1984 und 1675).
46 Die berühmte Stelle lautet: »Man kann leicht feststellen, dass die Verschiedenheit der Geschlechter nur den Körper betrifft: Nur dieser Teil dient der Reproduktion der Menschen; und da der Geist dazu und zwar überall gleichermaßen nur seine Zustimmung gibt, kann man folgern, dass er kein Geschlecht hat (qu'il n'a point de sexe)«; La Barre (1984): 59.
47 Popelar (1976): 204.
48 Pellisson/d'Olivet (1989) I: 456.
49 »Sur la version des poètes antiques, ou des metaphores«, in: Uildriks (1962): 64.
50 Pellisson/d'Olivet (1989) I: 461.
51 Corneille: Le Cid, Vers 1499; zahlreiche Untersuchungen halten die verworfenen niedrigen und vulgären Wörter fest; vgl. Brunot (1966): 151-179; Popelar (1976).
52 Uildriks (1962): 116; *Les Advis* (1634): 379.
53 Uildriks (1962): 56; *Les Advis (1997): 124/79*.
54 Ebd.: 116.
55 »Deffence de la poesie«, in: Uildriks (1962): 98; vgl. den Traktat »Sur la Version des Poètes antiques, ou des Métaphores«, in: Uildriks (1962): 59.
56 Ebd.: 119.
57 Ebd.: 115.
58 Ebd.: 133.
59 Ebd.: 98.
60 *Les Advis* (1634): 380.
61 Sorel in: Pellisson/d'Olivet (1989) I: 472.
62 Vaugelas (1934), Préface.
63 Vgl. »La grande Division arrivée ces derniers jours, entre les femmes et les filles de Montpellier. Avec le sujet de leurs querelles«, Paris 1622.
64 Vgl. Pellisson/d'Olivet (1989) I: 519.
65 Louis Petit (1687): 324.
66 Magne (1919): 215. Was Richelieu freilich bewegt, ist die Furcht vor einer möglichen Opposition der jungen Sprachmodernisierer zu seinem Regime. Die alte aufrechte Dame hielt der Kardinal trotz ihrer Eigenheiten und in ihrer Persistenz nicht für staatsgefährdend.
67 Vgl. Marolles (1656) I: 58. Eine Zusammenfassung vieler Texte aus dem Umfeld der Entstehung der Académie française verdanken wir Paul Pellisson Fontanier, der obwohl erst 1624 geboren, schon im Jahr 1652 eine Geschichte der Akademie vorlegt, die die Grundlage der im achtzehnten Jahrhundert durch den Abbé d'Olivet und im neunzehnten Jahrhundert von Charles Livet fortlaufend erweiterten zweibändigen Ausgabe bildet.
68 Faret (1983): 30-62.
69 Ménage, in: Pellisson/d'Olivet (1989) I: 488.
70 Chapelain, *Lettres* I (1968): 498.
71 Pellisson/d'Olivet I (1989): 499.
72 Als erste Frau wurde schließlich 1980 Marguerite Yourcenar in die Akademie française gewählt.

73 Vaugelas (1934), Vorrede.
74 Vgl. *Le Monde* vom 4. 12. 1998.
75 *L'Ombre* (1626): Vorwort iij.
76 *Les Advis* (1997): »Discours sur ce livre. Sophrosine«: 56.
77 Tallemant des Réaux (1960): 379.
78 In der zweiten Auflage des *Ombre* vom Jahr 1634 und der dritten Auflage von 1641 wurde der Titel in *Les Advis, ou, les Presens de la demoiselle de Gournay* abgeändert, der Leitspruch entfiel. Nur im Vorwort beharrt Marie de Gournay auf dem Sinnbild des Schattens.
79 *L'Ombre* (1626): 67; *Les Advis* (1997): 98/45.
80 Pindar: *Pythische Oden* VIII (1986): 153 ff.
81 Tasso: *Befreites Jerusalem* (1822) Bd. 2, 14. Gesang, 63. Stanze: 142.
82 Montaigne: *Essais* (FF): 1424.
83 Montaigne: *Essais* (FF): 581; (DF) Tietz II: 369, (DF) Stilett: 299. Bei Pascal heißt es: »La vie n'est-elle même qu'un songe ..., dont nous nous éveillons à la mort, pendant laquelle nous avons aussi peu les principes du vrai et du bien que pendant le sommeil naturel; ces différentes pensées qui nous y agitent n'étant peut-être que des illusions, pareilles à l'écoulement du temps et aux vaines fantaisies de nos songes«; *Pensées* (1965) Bd. 2, VII: 343; deutsch (1992): 64, 131/434.
84 Calderón de la Barca (1995): 93.
85 »Discours de la méthode pour bien conduire sa raison, et chercher la verité dans les sciences / Von der Methode des richtigen Vernunftgebrauchs und der wissenschaftlichen Forschung«, in: Descartes (1996): 53, 63 sowie: »Meditationen über die Grundlagen der Philosophie«, ebd.: 161.
86 Pindars Vers wird sowohl mit *songe* (Traum/Gedanke) als auch mit *rêve* (Traum) übersetzt. Für Montaigne hingegen lassen sich die *songes* zwar auch träumen, verstanden werden sie aber im Sinn von Gedanken; *Essais* (FF): 806.
87 Descartes an Mersenne, Brief vom 20. 11. 1629, in : Descartes, *Correspondance* I (1974): 498-502, modernisierte Orthographie; deutsche Übersetzung in Anlehnung an: Descartes: Briefe 1629-1650 (1949): 29.
88 Vorwort an Sophrosine, *Les Advis* (1997): 51, 54.
89 Auch hier gibt es eine Anknüpfung an Claude de Taillemont, der sein Engagement für die Frauen als aktuelle Klage und Teil einer künftigen Wahrheit verstand. Taillemont (1991): 109.
90 *Les Advis* (1997): 48.
91 Platon, Politeia, *Werke* 4: 313 ff., 430b ff.
92 Charmides, in: Platon, *Werke* I: 288-349, 153a-176c.
93 *Bouquet des Pinde*, Gournay (1995): 94.
94 Ebd.: 96.

Anmerkungen zu Kapitel V

1 Das handschriftliche Testament, das sich in den *Archives nationales* in Paris befindet, ist bei Dezon-Jones (1988: 198-209) bis auf eine kleine Passage transkribiert.

2 Costar an Voiture in: Voiture (1972): 487 ff.
3 »Peinture de mœurs«, in: Dezon-Jones (1988): 143.
4 Costar vermerkt in seinem Brief an Voiture (vgl. Anm. 2), Marie de Gournay trage »patins«, das sind Schuhe mit einer dicken, bäurisch wirkenden Sohle.
5 Marie de Gournay vermacht dem Herrn Le Pailleur einerseits drei Karten, davon zwei seltene aus dem alten Rom und dem alten Griechenland und übergibt ihm andererseits die drei, mit einem Pappdeckel versehene Hefte, auf denen der Name des Herrn Le Pailleur steht (Dezon-Jones, 1988: 204).
6 Ich habe nur sehr spärliche Informationen zu Monsieur Le Pailleur gefunden. Dass Marie de Gournay ihm die alten Karten vererbt, deutet darauf hin, dass es sich um den Autor des Manuskriptes handelt, das in der Bibliothèque nationale unter dem Titel »Abriss der Chronologie des Herrn Le Pailleur« (Abrégé de chronologie de M. le Pailleur) aufbewahrt ist und sich auf Mutmaßungen über die Weltgeschichte vor unserer Zeit bezieht. (BN, ancien fond FR-19144, Fol. 75). Tallemant des Réaux weist in den *Historiettes* Le Pailleur als einen Freigeist aus, der kenntnisreich und begabt, sich mit Musik, Tanz und Versen vergnügte.
7 Auch die *Essais* waren für Marie de Gournay eine Art Waisenkind, vgl. Desan (1990).
8 Hilarion de Coste (1647) II: 671.
9 Ebd.
10 So behauptet de Coste, Marie de Gournay habe François de La Mothe Le Vayer ihre Bibliothek vermacht, was im Testament zumindest nicht vermerkt ist, und schreibt das obige Sonett Felix de La Mothe Le Vayer zu, der als Vater von François zu diesem Zeitpunkt längst tot war. Wie zweifelhaft das Lob von Balzac war, haben wir bereits im letzten Kapitel gesehen.
11 Gournay: Zur Gleichheit ... (1997): 40 f.; Textauszüge aus dem Briefwechsel finden sich im Anhang bei Schiff (1978): 117-121 und in dem von Elisabeth Gössmann herausgegebenen Archiv f. philosophie- u. theologiegeschichtliche Frauenforschung 1 (1984): 40-52.
12 Buffet (1668): 223 und 291 ff.; Ulrike Sparr (1995) geht in ihrem Vergleich zwischen Marie de Gournay und Marguerite Buffet auf diese Unterlassung gerade nicht ein.
13 Es sei denn, Marguerite de Buffet hätte aus Höflichkeit geschwiegen, da ihr eigenes Sprachverständnis sich im Einklang mit den Reformern befand und sich von dem Marie de Gournays strikt unterschied. Vgl. Sparr (1995): 35-44.
14 Guillaume (1643) und (1665), Dezon-Jones (1988): 186.
15 Vgl. Schiff (1978): 125 f.
16 La Forge (1663): D.
17 Auch in dem großen historischen Lexikon von Louis Moreri (Grand Dictionnaire historique) wird seit der 2. Auflage von 1681 über Marie le Jars de Gournay berichtet.
18 Bayle (1730): 1371.
19 Niceron, *Mémoires* Bd. XVI (1731): 227-236, deutsch (1755): 211-218.
20 *Essais* (DF) Tietz I: XXI, XXIX; III: 555-598.

21 Zum Vergleich der beiden Vorreden von 1595 und 1635 vgl. Millet (1995): 87 ff. und *Essais* (DF) Tietz III: 560 f.
22 Ilsley (1963): 269.
23 Thomas (1792): 106.
24 Sorel (1671): 329 f.; (1667): 21.
25 Sorel (1654): 44 ff.
26 Sorel (1671): 39 ff.
27 Sorel in: Pellisson/d'Olivet (1989) I: 456 ff. Aus den Textstellen, die sich auf Marie de Gournay beziehen, lässt sich entnehmen, dass diese Schrift nach dem Jahr 1645 fertig gestellt wurde, da Sorel von der verstorbenen Marie de Gournay spricht.
28 Nach Sorel (1965: 300 ff.) wird das Motiv von Boisrobert in der Komödie »Les trois Orontes« (1653: 413-492) aufgegriffen; ihm folgen 1657 Tallemant des Réaux (1960 I: 382 ff.) und 1692 François Callières (1971: 382 ff.); vgl. auch Arnould (1901): 312 ff.
29 Sorel (1965): 400 ff.; Tallemant (1960) I: 382 ff.
30 Petit (1687): 324, vgl. 4. Kapitel Anm. 55.
31 Petit (1687).
32 Payen (1847).
33 Es handelt sich um die Titel 537-680 des Inventars der von Payen/Bastide (1972) herausgegebenen Sammlung über Werke und Dokumente zu Montaigne.
34 Die vollständigen Titel sind im Literaturverzeichnis aufgeführt.
35 Brunot (1891): 336 u.a.
36 Brunot (1966) III: 11, hebt explizit hervor, dass der einzige Gegner von Malherbe eine Frau, nämlich Marie de Gournay war.
37 Joran (1910): 92-100.
38 Schiff (1910); die genaueren Angaben der weiteren Titel sind in der Bibliographie aufgeführt.
39 Es ist dies nach Ilsley wohl die verdienstvollste Arbeit zu Marie de Gournay.
40 Zu den neueren sprachwissenschaftlichen Arbeiten, die sich mit Marie de Gournay ausführlich befassen, gehören die Bücher von Marc Fumaroli über das Zeitalter der Eloquenz (1980) und von Danielle Trudeau über die Erfinder des »bon usage« (1992).
41 Die von Arnould edierten Beiträge des 1995 an der Sorbonne durchgeführten Kolloquiums zu Marie de Gournay und der Edition von 1595 der *Essais* erscheinen gleichzeitig (1996) auch im *Bulletin de la Société des Amis de Montaigne* (BSAM); das *Journal of Medieval and Renaissance Studies* widmet Marie de Gournay und Montaigne 1995 das dritte Heft von Bd. 25, der textgleich mit den von Marcel Tetel (1997) herausgegebenen Beiträgen des internationalen Kolloquiums von Duke über Montaigne und Marie de Gournay (*Montaigne et Marie de Gournay*) ist; ebenfalls 1995 erscheint von Olivier Millet herausgegeben der Band »La première réception des *Essais* de Montaigne (1580-1640)« mit einer Neuveröffentlichung des langen Vorworts von Marie de Gournay von 1595.
42 Gournay (1997).
43 Venesoen (1998).

44 Gössmann (1984): 22-31.
45 Es handelt sich um die Sammlung *Dix Textes Contre*, erschienen 1996 im Verlag Mille et une nuits.
46 Gadamer (1965): 312.
47 Ein Großteil der neueren historischen Forschung zu Marie de Gournay und ihrer Zeit ist auf diesem Hintergrund entstanden. Vgl. neben den bereits genannten Arbeiten die von Renate Baader, Cathleen Bauschatz, Constance Jordan, Danielle Haase-Dubosc und Eliane Viennot sowie das materialreiche Werk von Linda Timmermans.
48 Beauvoir (1987): 114 ff.
49 Dezon-Jones (1988: 66) vertritt sogar die These, die Schrift von Poullain de La Barre habe die von Marie de Gournay geradezu verdunkelt und dazu beigetragen, dass die richtige Reihenfolge der beiden Schriften über die Gleichheit bis in unsere Tage unbeachtet blieb.
50 Fraisse (1998): 42.
51 Dulong, in: Duby/Perrot (1994), Bd. 3: 431.
52 Vgl. vor allem Derrida (1995).
53 Zitiert nach Bonnefon II (1969): 364; vgl. Kap. 3, Anm. 10.
54 Gournay: *Zur Gleichheit von Frauen und Männern* (1997): 36.
55 *Bouquet de Pinde* (1995): 97 f.
56 Ebd., vgl. die Erläuterungen des Herausgebers, 232 ff.
57 *Zur Gleichheit von Männern und Frauen* (1997): 67.
58 Dazu besonders Greenblatt (1993): 100.
59 Montaigne (1988):14.
60 Greenblatt (1993): 114 ff.
61 Vgl. Landwehr (1994), Bock/Alfermann (1999).
62 *Essais* (FF): 687.
63 Woolf (1999): 54.
64 Ebd.: 57 ff.
65 In dem Sittengemälde (Peinture de mœurs), das Marie de Gournay zeichnet, spricht sie von diesem zu verblendeten Zeitalter (le siècle trop aveugle) und ihrem seltsamen Unglück (et mon malheur étrange); Dezon-Jones (1988): 110.
66 Woolf (1999): 113.
67 Ebd.: 120.
68 Woolf (1987).
69 Woolf (1999): 129 f.
70 Vgl. ausführlich Rauschenbach (1998).
71 Platon, *Nomoi*, 8/1, VI, 781c.

Literaturverzeichnis

I. Quellentexte und Neudrucke von Marie de Gournay

1. *Le Proumenoir de Monsieur de Montaigne par sa fille d'alliance*, Paris 1594, Neudruck in:
Égalité des hommes et des femmes, Grief des Dames, suivis du Proumenoir de Monsieur de Montaigne, texte établi, annoté et commenté par Constant Venesoen, Genf 1993.
Le Promenoir de Monsieur de Montaigne. Texte de 1641, avec les variantes des éditions de 1594, 1595, 1598, 1599, 1607, 1623, 1626, 1627, 1634, édition établie et annotée par Jean-Claude Arnould, Paris 1996.

2. Vorworte von Marie de Gournay zu den *Essais* von 1595 mit den Varianten bis 1635:
Millet, Olivier (1995): *La Première Réception des Essais de Montaigne (1580-1640)*, Paris 1995, S. 79-128.
Vorwort zu den *Essais* von 1635 in der deutschen Übersetzung von Johann Daniel Tietz (1753/54), Bd. III, Neuausgabe, Zürich 1992, S. 557-598.

3. Feministische Texte: *Égalité des hommes et des femmes* (1622), *Grief des Dames* (1626):
L'égalité des hommes et des femmes, Grief des Dames, in: Schiff, Mario (1910): *La fille d'alliance de Montaigne. Marie de Gournay*. Essai suivi de »L'égalité des hommes et des femmes« et du »Grief des Dames« avec des variantes, des notes, des appendices et un portrait, Reprint, Genf 1978.
Égalité des hommes et des femmes, Grief des Dames, in: *Fragments d'un discours féminin*, textes établis, présentés et commentés par Elyane Dezon-Jones, Paris 1988, S. 111-133.
Égalité des hommes et des femmes, 1622, Vorwort von Milagros Palma, Paris 1989.
Zur Gleichheit von Frauen und Männern, zweisprachige Ausgabe, hg. und übersetzt von Florence Hervé/Ingeborg Nödinger, enthält die beiden Schriften: »Égalité des hommes et des femmes« (Über die Gleichheit von Männern und Frauen) und »Grief des Dames« (Beschwerde der Frauen), Aachen 1997.
Gleichheit von Männern und Frauen, in: Hagengruber, Ruth (Hg.): *Klassische philosophische Texte von Frauen*, München 1998, S. 61-72.

4. Hauptwerk der vermischten Schriften in den verschiedenen Ausgaben:
L'Ombre de la Damoiselle de Gournay. Œuvre composé de meslanges, Paris 1626.

Les Advis, ou, les Presens de la Demoiselle de Gournay, Paris 1634.
Les Advis, ou, les Presens de la Demoiselle de Gournay, Paris 1641.
Les Advis, ou, les Presens de la Demoiselle de Gournay 1641, édition critique établie et annotée par Jean-Philippe Beaulieu et Hannah Fournier, Bd. 1 (enthält ein Viertel des Werkes), Amsterdam 1997.

5. Thematisch geordnete Neudrucke aus dem Hauptwerk:
Bouquet de Pinde composé de fleurs diverses, édition établie, présentée et annotée par Maddalena Bertelà, Ravenna 1995.
Sprach- und literaturtheoretische Texte: »Du langage françois«, »Sur la version des poëtes antiques ou des métaphores«, »Des rymes«, »Des diminutifs françois«, »Deffence de la poësie et du langage des poëtes«, »De la façon d'escrire de Messieurs l'Eminentissime Cardinal du Perron, et Bertaut Illustrissime Evesque de Sées, in: Uildriks, Anne: *Les idées littéraires de Mlle Le Jars de Gournay*, Diss. Leiden 1962.
Autobiographische Texte aus: *Les Advis, ou, les Presens de la Demoiselle de Gournay*: »Copie de la vie de la Damoiselle de Gournay«, »Peinture de mœurs«, »Apologie pour celle qui écrit«, in: *Fragments d'un discours féminin*, textes établis, présentés et commentés par Elyane Dezon-Jones, Paris 1988, S. 137-183.
Politische Texte: »Adieu de l'ame du Roy de France et de Navarre Henry le Grand à la Royne. Avec la Defence des Peres Jesuistes« (1610), »De la Mesdisance et qu'elle est la principale Cause des Duels« (1634), »Considération sur quelques Contes de Cour« (1634), in: *Marie de Gournay. Textes relatifs à la calomnie*, textes établis, annotés et commentés par Constant Venesoen, Tübingen 1998.

6. Testament von Marie de Gournay, in: *Fragments d'un discours féminin*, textes établis, présentés et commentés par Elyane Dezon-Jones, Paris 1988, S. 197-209.

II. Quellentexte des sechzehnten und siebzehnten Jahrhunderts mit Sekundärliteratur
(Originaltexte des 17. Jahrhunderts befinden sich in der Bibliothèque nationale de Paris)

Abel, Günter (1973): Juste Lipse et Marie de Gournay. Autour de *l'exemplaire d'Anvers* des *Essais* de Montaigne, in: *Bibliothèque d'humanisme et renaissance*, Bd. XXXV, Genf, S. 117-129.
Agrippa von Nettesheim, Heinrich Cornelius (1987): *Von dem Vorzug und der Fürtrefflichkeit des weiblichen Geschlechts vor dem männlichen* (De nobilitate et praecellentia feminei sexus, geschrieben 1509, veröffentlicht 1529, Reprint, Tübingen.
Anonym (1611): *Recueil de plusieurs escrits publiez touchant les jesuites depuis la mort de Henry le Grand jusques au premier jour de ceste année*, Paris.

Anonym (1619): *La Mechanceté des Femmes avec leurs ruses & finesse*, par le Sieur D. F. D. L., Paris.

Anonym (1619): *Le purgatoire des hommes mariez. Avec les peines et les tourmens qu'ils endurent incessamment au subject de la malice et meschanceté des femmes. Qui le plus souvent leurs sont données comme pour pénitence en ce monde. Traicté non encore imprimé jusques à présent et adressé à ceux et celles qui ne se comportent en leur mesnage selon les loix de la raison*, Paris.

Anonym (1619): *L'alphabet de l'imperfection et malice des femmes, dédié à la plus mauvaise du monde* (1617, anonym, bis 1650 unter dem Namen Jacques Olivier), Paris.

Anonym (1623): *Le grand Procez et la Querelle des femmes du faux-bourg St. Germain, avec les filles du faux-bourg de Mont-martre sur l'arrivée de régiment des Gardes*, Paris.

Aubigné, Théodore Agrippa d' (1967): *Œuvres complètes*, hg. von Eugène Réaume u. F. de Caussade (1873), Bd. I, Reprint, Genf.

Albistur, Maïté/Armogathe, Daniel (1977): *Histoire du féminisme français du moyen âge à nos jours*, Paris.

Archiv für philosophie- und theologiegeschichtliche Frauenforschung, hg. von Elisabeth Gössmann, München 1984 ff.

Arnould, Jean Claude, Hg. (1996): *Marie de Gournay et L'Édition de 1595 des Essais de Montaigne. Actes du Colloque organisé par la Société Internationale des Amis de Montaigne les 9 et 10 juin 1995*, en Sorbonne, Paris (identisch mit BSAM (1996), 7ième série, Nr. 1-3).

Arnould, Jean-Claude, Hg. (1996): *Le Promenoir de Monsieur de Montaigne. Texte de 1641, avec des variantes des éditions de 1594, 1595, 1598, 1599, 1607, 1623, 1626, 1627, 1634*, Paris.

Arnould, Louis (1901): *Un Gentilhomme de Lettres au XVIIe siècle. Honorat de Bueil Seigneur de Racan*, Paris.

Ascham, Roger (1967): *The Schoolmaster* (1570), hg. v. Lawrence V. Ryan, Ithaca, New York.

Aubaud, Camille (1993): *Lire des Femmes de Lettres*, Paris.

Baader, Renate (1979): Streitbar und unzeitgemäß: die Moralistik der Marie de Gournay, in: *Die französische Autorin vom Mittelalter bis zur Gegenwart*, hg. von Renate Baader und Dietmar Fricke, Wiesbaden, S. 77-88.

Balzac, Jean Louis Guez de (1873): *Lettres de Jean-Louis Guez de Balzac*, hg. von M. Philippe Tamizey de Larroque, Paris.

Balzac, Jean-Louis Guez de (1933): *Les premières Lettres de Guez de Balzac, 1618-1627*, édition critique par H. Bibas et K.-T. Butler, Bd. I, II, Paris.

Balzac, Jean-Louis Guez de (1971): *Les œuvres de Monsieur de Balzac divisées en deux tomes*, Paris 1665, hg. von Valentin Conrart, Bd. 1,2, Reprint, Genf.

Bauschatz, Cathleen M. (1994): »Les Puissances de Vostre Empire«. Changing Power Relations in Marie de Gournay's *Le Proumenoir de Monsieur de Montaigne* from 1594 to 1626, in: *Renaissance Women Writers*, hg. von Anne R. Larsen und Colette H. Winn, Detroit.

Bauschatz, Cathleen M. (1995): Marie de Gournay's gendered images for language and poetry, in: *The Journal of Medieval and Renaissance Studies*, Bd. 25, Nr. 3, S. 489-500.

Bayle, Pierre (1720): *Dictionnaire historique et critique*, 3. Auflage, Bd. 2, Rotterdam.

Beauvoir, Simone de (1987): *Das andere Geschlecht. Sitte und Sexus der Frau* (1949), Reinbek b. Hamburg.

Becker, Gabriele u.a. (1977): *Aus der Zeit der Verzweiflung. Zur Genese und Aktualität des Hexenbildes*, Frankfurt am Main.

Bernoulli, René (1987): *Essais. Reproduction en facsimilé de l'Exemplaire de Bordeaux 1588 annoté de la main de Montaigne*, édition établie et représenté avec une introduction, Genf/Paris.

Berriot-Salvadore, Evelyne (1990): *Les Femmes dans la Société Française de la Renaissance*, Genf.

Blum, Claude (1996): Les principes et la pratique: Marie de Gournay éditrice des *Essais*, in: Arnould, Jean Claude, Hg.: *Marie de Gournay et L'Édition de 1595 des Essais de Montaigne. Acte du Colloque organisé par La Société Internationale des Amis de Montaigne les 9 et 10 juin 1995*, en Sorbonne, Paris, S. 25-37.

Boccaccio, Giovanni (1995): *De claris mulieribus. Die großen Frauen*, lateinisch-deutsche Ausgabe, Stuttgart.

Bock, Gisela (2000): *Frauen in der europäischen Geschichte. Vom Mittelalter bis zur Gegenwart*, München.

Bock, Gisela/Alfermann, Dorothee, Hg. (1999): Androgynie in der Diskussion: Auflösung der Geschlechterrollengrenzen oder Verschwinden der Geschlechter, in: *Querelles. Jahrbuch für Frauenforschung*, Bd. IV: Androgynie. Vielfalt der Möglichkeiten, S. 11-35.

Bock, Gisela/Zimmermann, Margarete (1997): Die Querelle des Femmes in Europa. Eine begriffs- und forschungsgeschichtliche Einführung, in: *Querelles. Jahrbuch für Frauenforschung*, Bd. 2: Die europäische Querelle des Femmes, S. 9-38.

Bodin, Jean (1973): *Vom aussgelasnen wütigen Teuffelsheer*, Nachdruck der Ausgabe Straßburg 1591, Graz.

Bodin, Jean (1981): *Sechs Bücher über den Staat*, Buch I-III, hg. v. Peter Cornelius Mayer-Tasch, München.

Bodin, Jean (1986): *Sechs Bücher über den Staat*, Buch IV-VI, hg. v. Peter Cornelius Mayer-Tasch, München.

Boisrobert, François Le Métel de (1737): Les trois Orontes (1653), comédie, in: *Théâtre français ou recueil des meilleures pièces de théâtre des anciens auteurs*, Bd. VI, Paris.

Bonnefon, Paul (1969): *Montaigne et ses Amis. La Boétie – Charron – Mlle de Gournay* (1898), Bd. I, II, photomechanischer Nachdruck, Genf.

Brunot, Ferdinand (1891): *La Doctrine de Malherbe d'après son »Commentaire sur Desportes«*, Paris.

Brunot, Ferdinand (1966): Histoire de la langue française des origines à nos jours, Bd. III: La formation de la langue classique 1600-1660 (1909), Reprint, Paris.

Buffet, Marguerite (1668): *Nouvelles observations sur la langue françoise. Avec les Éloges des illustres Scavantes tant anciennes que modernes*, Paris.

Bulletin de la Société des Amis de Montaigne, BSAM (1996), 7ᵉ série, Nr. 1-3.

Burckhardt, Jakob (1976): *Die Kultur der Renaissance in Italien. Ein Versuch*, Erstauflage 1860, Stuttgart.

Burke, Peter (1997): *Die Renaissance*, Frankfurt am Main.

Burke, Peter (1995): *The Fortunes of the Courtier. The European Reception of Castigliones Cortegiano*, Cambridge.

Calderón de la Barca, Pedro (1995): *Das Leben ist ein Traum* (1634/35), Stuttgart.

Callières, François de (1971): *Des Bons mots et des bons contes: de leur usage, de la raillerie des anciens, de la raillerie et de railleurs de notre temps* (1692), Reprint, Genf.

Camus, A.: *Gournay-sur-Aronde, Histoire d'un village par un paysan*, handschriftliches Manuskript im Bürgermeisteramt von Gournay-sur- Aronde.

Castiglione, Baldassare (1996): *Der Hofmann. Lebensart in der Renaissance* (1528), Berlin.

Chapelain, Jean (1936): *Opuscules critiques, publiés sous le patronage de la société des textes français modernes*, Paris.

Chapelain, Jean (1968): *Lettres de Jean Chapelain*, hg. von Jacques-Philippe Tamizey de Larroque (1880-1883), 2 Bände, Bd. 1, 1632-1640, Bd. 2, 1659-1672, reproduction en fac-similé, Paris.

Chappuzeau, Samuel (1983): *Le cercle des femmes, l'académie des femmes* (Paris 1661), kritische Ausgabe von Joan Crow, University of Exeter.

Cioranescu, Alexandre (1966): *Bibliographie de la littérature française du 17ᵉ siècle*, Bd. 1-3, Paris.

Conti Odorsisio, Ginevra (1979): *Donna e società nel seicento. Lucezia Marinelli e Arcangela Tarabotti*, Rom.

Coste, Hilarion de (1630): *Les Éloges et les vies des reynes, princesses, dames et damoiselles illustres en piété, courage et doctrine qui ont fleury de nostre temps et du temps de nos pères*, Paris.

Coste, Hilarion de (1647): *Les Éloges et les vies des reynes, des princesses et des dames illustres en piété, en courage et en doctrine, qui ont fleury de nostre temps et du temps de nos pères*, Bd. 1, 2, Paris.

Crenne, Helisenne de (1977): *Œuvres* (1560), Paris.

Dappen, Josef (1926): *Marie Le Jars de Gournay (1565-1645), die »Wahltochter« Montaignes*, Diss. Köln.

Das wohlgelahrte Frauenzimmer (1984), Archiv für philosophie- und theologiegeschichtliche Frauenforschung, hg. v. Elisabeth Gössmann, Bd. 1, München.

Derrida, Jacques (1995): *Marx Gespenster. Der verschuldete Staat, die Trauerarbeit und die neue Internationale*, Frankfurt am Main.

Desan, Philippe (1990): »Cet orphelin qui m'estoit commis«: la préface de Marie de Gournay à l'édition de 1635 des *Essais*, in: Montaigne Studies, Bd. II, Nr. 2, S. 58-67.

Desan, Philippe (1995): Marie de Gournay et le travail éditorial des *Essais* entre 1595 et 1635: idéologie et stratégies textuelles, in: *The Journal of Medieval and Renaissance Studies*, Bd. 25, S. 363-380.

Descartes, René (1949): *Briefe (1629-1650)*, hg. von Max Bense, Köln/Krefeld.

Descartes, René (1974): *Correspondance I* (1622-1638), œuvres de Descartes, publiées par Charles Adam et Paul Tannery, Paris.

Descartes, René (1996): *Philosophische Schriften in einem Band*, Hamburg.

Desplantes, F. J. B./Pouthier, Paul (1970): *Les Femmes de lettres en France* (1890), Reprint, Genf.

Dezon-Jones, Elyane (1983): Marie de Gournay: le je/u/ palimpseste, in: *L'Esprit Créateur*, Bd. XXIII, Nr. 2, S. 26-36.

Dezon-Jones, Elyane (1988): *Marie de Gournay: Fragments d'un discours féminin*. Textes établis, présentés et commentés, Paris.

Dictionnaire des Lettres françaises. Le XVIIe siècle (1996), ouvrage préparé par Albert Pauphilet, Louis Pichard et Robert Barroux, Paris.

Dix textes contre. La littérature de combat à travers les siècles (1996), Paris.

Du Bosc, Jacques (1633): *L'Honneste femme*, 2. Auflage, Paris.

Du Bosc, Jacques (1635/1642): *Nouveau recueil de lettres des dames de ce temps avec leurs responses*, Paris.

Du Bosc, Jacques (1644): *La femme héroïque ou les héroïnes comparées avec les héros en toute sorte de vertus*, Paris.

Dubois, Claude-Gilbert (1995): Autour de l'Adieu de l'Ame du Roy Henry de France (1610) de Marie de Gournay, in: *The Journal of Medieval and Renaissance Studies*, Bd. 25, S. 477-487.

Duby, Georges/Michelle Perrot (1994): *Geschichte der Frauen*, Bd. 3: Frühe Neuzeit, Frankfurt am Main.

Dulong, Claude (1994): Salonkultur und Literatur von Frauen, in: Duby, Georges/Michelle Perrot, S. 417-440.

Dydimus des Armosins (1620): Les Trophées célestes, ou se peuvent voir les Généreux et Immortels Faicts des Femmes Illustres. Ensembles de plusieurs autres beaux Discours Nouveaux de ce Temps recueillis à l'honneur des Dames, Lyon.

Elias, Norbert (1976): *Über den Prozess der Zivilisation. Soziogenetische und psychogenetische Untersuchungen*, 2 Bände, Frankfurt am Main.

Erasmus von Rotterdam (1947): *Vertraute Gespräche (Colloquia Familiaria)*, übertragen u. eingeleitet von Hubert Schiel, Köln.

Erasmus von Rotterdam (1995): Colloquia familiaria – Vertraute Gespräche, *Ausgewählte Schriften in acht Bänden*, lateinisch und deutsch, hg. v. Werner Welzig, Bd. 6, Darmstadt.

Faret, Nicolas (1932): *L'Art de plaire à la court* (1630). Neue Ausgabe, hg. von Maurice Magendie (Ausgabe von 1636: L'Honneste Homme ou l'Art de plaire à la court), Madrid/Paris.

Faret, Nicolas (1983): *Projet de l'Académie, pour servir de Préface à ses Statuts* (1634), hg. von Jean Rousselet, Saint-Étienne.

Feugère, Léon (1969): *Les femmes poètes au XVIe siècle. Étude suivie de Mademoiselle de Gournay. – D'Urfé. Le Maréchal de Montluc. – G. Bude. – Ramus* (1860), Reprint, Genf.

Fichte, Johann Gottlieb (1971): Grundlage des Naturrechts nach Principien der Wissenschaftslehre 1796, in: *Fichtes Werke*, hg. v. Immanuel Hermann Fichte, Bd. III, Berlin.

Fournier, Edouard, Hg. (1977): *Les Caquets de l'accouchée*. Nouvelle édition revue sur les pièces originales et annotée (1855), Reprint, Paris.

Fraisse, Geneviève (1998): *Les femmes et leur histoire*, Paris.

Fumaroli, Marc (1980): *L'Age de l'éloquence. Rhétorique et »res literaria« de la Renaissance au seuil de l'époque classique*, Genf.

Gadamer, Hans-Georg (1965): *Wahrheit und Methode. Grundzüge einer philosophischen Hermeneutik*, 2. Auflage, Tübingen.

Gaillard, Hector-Antoine, le Sieur de (1634): *La furieuse monomachie de Gaillard et Braquemart, œuvres meslées*, Paris.

Godard de Donville, Louise (1976): *Signification de la Mode sous Louis XIII*, Aix-en-Provence.

Gössmann, Elisabeth, Hg. (1984 ff.): *Archiv für philosophie- und theologiegeschichtliche Frauenforschung*, München.

Greenblatt, Stephen (1993): *Verhandlungen mit Shakespeare. Innenansichten der englischen Renaissance*, Frankfurt am Main.

Guillaume de Lorris/Jean de Meun(g) (1977-79): *Der Rosenroman*, Bd. I-III, zweisprachige Ausgabe, übersetzt von Karl August Ott, München.

Guillaume, Jacquette (1643): *La femme généreuse qui monstre que son sexe est plus noble, meilleur politique, plus vaillant, plus scavant, plus vertueux et plus économe que celuy des hommes*, Paris.

Guillaume, Jacquette (1665): *Les Dames illustres, où par bonnes et fortes raisons il se prouve que le sexe féminin surpasse en toutes sortes de genres le sexe masculin*, Paris.

Guillerm, Luce et Jean-Pierre/Hordoir, Laurence/Piéjus, Marie-Françoise (1983): *Le miroir des femmes, (I) Moralistes et polémistes au XVIe siècle*, Lille.

Haase-Dubosc, Danielle/Eliane Viennot, Hg. (1991): *Femmes et pouvoir sous l'Ancien Régime*, Paris.

Hagengruber, Ruth, Hg. (1998): *Klassische philosophische Texte von Frauen*, München.

Hansen, Joseph (1963): *Quellen und Untersuchungen zur Geschichte des Hexenwahns und der Hexenverfolgung im Mittelalter*, reprografischer Nachdruck der Ausgabe von 1901, Hildesheim.

Hervé, Florence/Nödinger, Ingeborg (1997): *Zur Gleichheit von Frauen und Männern*, Aachen.

Höfer, Anette/Keilhauer, Annette (1996): Femme, in: *Handbuch politisch-sozialer Grundbegriffe in Frankreich 1680-1820*, hg. von Rolf Reichardt u. Hans-Jürgen Lüsebrink, München, S. 3-84.

Ilsley, Marjorie H. (1963): *A Daughter of the Renaissance: Marie Le Jars de Gournay: Her life and Works*, The Hague.

Insdorf, Cecile (1977): *Montaigne and Feminism*, North Carolina.

Jacques-Chaquin, Nicole (1996): *La Démonomanie des sorciers: une lecture philosophique et politique de la sorcellerie*, in: Zarka, Yves Charles, Hg., S. 43-70.

Joran, Théodore (1910): *Les féministes avant le féminisme*, Paris.

Jordan, Constance (1986): Feminism and the Humanists: The Case of Sir Thomas Elyot's Defence of Good Women, in: Ferguson, Margaret W./Quilligan, Maureen/Vickers, Nancy J. (Hg.): *Rewriting the Renaissance. The Discourses of Sexual Differences in Early Modern Europe*, The University of Chicago, London, S. 242-258.

Jordan, Constance (1990): *Renaissance Feminism. Literary Texts and Political Models*, New York.

Journal of Medieval and Renaissance Studies, JMRS (1995), Bd. 25, Nr. 3 (Texte identisch mit Tétel, Marcel, Hg. (1997).

King, Margaret, L. (1993): *Frauen in der Renaissance*, München.

Kroll, Renate (1999): Marie de Gournay (1565-1645), in: Zimmermann/Böhm, Hg., S. 127-142.

L'Escale, Le Chevalier de, pseud. de Adam Scaliger (1618): *Le Champion des femmes, qui soustient qu'elles sont plus nobles, plus parfaites et en tout plus vertueuses que les hommes, contre un certain misogynés, anonyme auteur et inventeur de »l'imperfection et malice des femmes«*, Paris.

La Barre, François Poulain de (1675): *De l'excellence des hommes contre l'égalité des sexes*, Paris.

La Barre, François Poulain de (1984): *De l'égalité des deux sexes* (1673), Paris.

La Fontaine, Jean de (1989): *Sämtliche Fabeln*, illustriert von Grandville. Vollständige zweisprachige Ausgabe, Darmstadt.

La Forge, Jean de (1663): *Le Cercle des femmes sçavantes*, Paris.

La grande Division arrivée ces derniers jours, entre les femmes et les filles de Montpellier. Avec le sujet de leurs querelles (1622), Paris.

Labé, Louise (1981): *Sonette und Elegien*, französisch-deutsche Ausgabe, Tübingen.

La Bruyère, Jean de (1617): *Réplique à l'antimalice du défense des femmes du Sieur Vigoureux*, autrement dit Bruye-Comte-Robert, Paris.

Landweer, Hilge (1994): Jenseits des Geschlechts? Zum Phänomen der theoretischen und politischen Fehleinschätzung von Travestie und Transsexualität, in: *Geschlechterverhältnisse und Politik*, hg. vom Institut für Sozialforschung Frankfurt, Frankfurt, S. 139-167.

Lazard, Madeleine (1991): Femmes, littérature, culture au XVIe siècle en France, in: *Femmes et pouvoir sous l'Ancien Régime*, hg. von Danielle Haase-Dubosc/Eliane Viennot, Paris, S. 101-119.

Le Moyne, Pierre P. (1660): *La galerie des femmes fortes* (1647), Leiden/Paris.

Livet, Charles (1895^4): *Précieux et précieuses. Caractères et mœurs littéraires du XVIIe siècle* (1859), Aix les Bains.

Machiavelli, Niccolò (1990): Der Fürst (Il Principe, 1513-1516), in: *Politische Schriften*, hg. v. Herfried Münkler, Frankfurt am Main.

Maclean, Ian (1991): Marie de Gournay et la préhistoire du discours féminin, in: Haase-Dubosc, Danielle/Eliane Viennot, Hg.: *Femmes et pouvoir sous l'Ancien Régime*, Paris, S. 120-134.

Magne, Emile (1909^2): *Le plaisant Abbé de Boisrobert. Fondateur de l'Académie française, 1592-1662. Documents inédits*, Paris.

Magne, Emile (1942): *La vie quotidienne au temps de Louis XIII d'après des documents inédits*, Paris.

Malherbiana, ou Recueil d'anecdotes, bons mots, plaisanteries, originalités, épigrammes de Malherbe, précédé de sa vie, avec un choix de ses poésies, par Cousin d'Avalon (1811), Paris.

Mandrou, Robert (1998): *Introduction à la France moderne. Essai de psychologie historique 1500-1640*, première édition 1961, Paris.

Mann, Heinrich (1991): *Die Vollendung des Königs Henri Quatre* (1935), Frankfurt am Main.

Margarete von Navarra (1999): *Das Heptameron* (1558), München.

Marinelli, Lucrezia (1979): La nobiltà et l'eccelenza delle donne (1600), in: Conti Odorisio, Ginevra, Hg.: *Donna e societá nel seicento*, Rom; deutsche Teilübersetzung in: *Eva, Gottes Meisterwerk*, Archiv für philosophie- und theologiegeschichtliche Frauenforschung, hg. von Elisabeth Gössmann, Bd. 2, München 1985, S. 23-44.

Marolles, Michel de (1656): *Les Mémoires de Michel de Marolles*, abbé de Villeloin, avec des notes historiques et critiques, divisez en trois parties, Paris.

Ménage, Gilles (1693): *Menagiana ou les bons mots et rencontres agréables, pensées judicieuces, et observations curieuses de M. Menage* de l'Académie Française, suivant la copie de Paris à Amsterdam.

Ménage, Gilles (1989): Requête présentée par les dictionnaires à Messieurs de l'académie pour la réformation de la langue françoise, in: Pellisson/d'Olivet, S. 477-488.

Merchant, Carolyn (1987): *Der Tod der Natur. Ökologie, Frauen und neuzeitliche Naturwissenschaft*, München.

Millet, Olivier (1995): *La Première Réception des Essais de Montaigne (1580-1640)*, Paris.

Montaigne, Michel de (1962): Essais, in: *Œuvres complètes*, textes établis par Albert Thibaudet et Maurice Rat (nach der Ausgabe von 1595), Paris.

Montaigne, Michel de (1985): *Essais*, Auswahl und Übersetzung von Herbert Lüthy (1953), Zürich.

Montaigne, Michel de (1992): *Essais nebst des Verfassers Leben nach der Ausgabe von Pierre Coste ins Deutsche übersetzt von Johann Daniel Tietz* (1753/54), Neuausgabe, Zürich.

Montaigne, Michel de (1998): *Essais*, erste moderne Gesamtübersetzung von Hans Stilett, Frankfurt am Main 1998.

Montaigne, Michel de (1987): *Essais. Faksimilereproduktion des Exemplars von Bordeaux* von 1588, mit handschriftlichen Anmerkungen von Montaigne, hg. von René Bernoulli, Reprint, Genf.

Montaigne, Michel de (1988): Tagebuch einer Reise durch Italien, die Schweiz und Deutschland in den Jahren 1580 und 1581, Frankfurt am Main.

Montet, Gérald (1980): Un Portrait inconnu de Mademoiselle de Gournay, in: *Bulletin de la Société des Amis de Montaigne*, Bd. 16, H. 3-4, S. 103-104.

Morus, Thomas (1985): Briefe der Freundschaft mit Erasmus, *Werke*, Bd. 5, hg. v. Hubertus Schulte Herbrüggen, München.

Morus, Thomas (1992): *Utopia* (1517), übertragen von Hermann Kothe, hg. von Horst Günther, Frankfurt am Main.

Niceron, Johan Peter (1731): *Mémoires pour servir à l'Histoire des Hommes illustres dans la république des lettres avec un catalogue raisonné de leurs ouvrages*, Bd. XVI, Paris, deutsch als: *Johan Peter Nicerons Nachrichten von den Begebenheiten und Schriften berühmter Gelehrten* mit einigen Zusätzen herausgegeben von Siegm. Jacob Baumgarten, 12. Teil (1755), Halle.

Ob die Weiber Menschen seyn oder nicht? (1996): Archiv für philosophie- und theologiegeschichtliche Frauenforschung, hg. von Elisabeth Gössmann, München.

Oestreich, Ilona (2000): *Mode-Revolutionen im Mittelalter. Eine modetheoretische Sicht auf alt- und mittelfranzösische Texte*, Berlin.

Olivier, Jacques (1617): *Responce aux impertinences de l'aposte Capitaine Vigoureux sur la défense des femmes*, Paris.

Olivier, Jacques (1630): *L'alphabet de l'imperfection et malice des femmes, dédie à la plus mauvaise du monde* (Ersterscheinung: 1617, anonym), Paris.

Pascal, Blaise (1965): *Pensées*, nouvelle édition, hg. v. Léon Brunschvicg (1904), Paris, Reprint, deutsche Übersetzung: *Gedanken*, Leipzig 1992.

Payen, Jean-François (1970): *Documents inédits ou peu connus sur Montaigne* (1847), Nr. 1, Genf, Reprint.

Payen, Jean-François (1972): *Inventaire de la collection des œuvres et documents sur Michel de Montaigne* (1878), Reprint.

Pellison, Paul/d'Olivet, Pierre Joseph (1989): *Histoire de l'Académie française*, hg. von Charles Livet, 1858, 2 Bände, Genf-Paris, Reprint.

Pernoud, Régine (1994): *Christine de Pizan. Das Leben einer außergewöhnlichen Frau und Schriftstellerin im Mittelalter* (1982), München.

Petit, Louis (1687): *Dialogues satyriques et moraux*, Lyon.

Pindar (1986): *Pythische Oden*, Griechisch/Deutsch, Stuttgart.

Pizan, Christine de (1978): *Le Ditié de Jehanne d'Arc* (1429), edited by Angus J. Kennedy, Oxford.

Pizan, Christine de (1990): *Das Buch von der Stadt der Frauen* (1405), hg. v. Margarete Zimmermann, München.

Pizan, Christine de (1996): *Der Schatz der Stadt der Frauen. Weibliche Lebensklugheit in der Welt des Spätmittelalters* (1405), übersetzt von Claudia Probst, hg. von Claudia Opitz, Freiburg i. B.

Platon (1990): Charmides, in: *Werke in acht Bänden*, griechisch u. deutsch, hg. v. Gunther Eigler, Bd. 1, Darmstadt.

Platon (1990): Nomoi, *Werke in acht Bänden*, griechisch u. deutsch, hg. v. Gunther Eigler, Bd. 8/1, 8/2, Darmstadt.

Platon (1990): Politeia, in: *Werke in acht Bänden*, griechisch u. deutsch, hg. v. Gunther Eigler, Bd. 4, Darmstadt.

Pont-Aimery, Alexandre (1622): *Discours en la faveur des Dames, contre les médisans. Disputé entre deux Dames, Cleophile & Clorinde, & un Gentilhomme nommé le Sieur Cloridan*, Paris.

Popelar, Inge (1976): *Das Akademiewörterbuch von 1694 – das Wörterbuch des Honnête Homme?* Beihefte zur Zeitschrift für romanische Philologie, Bd. 152, Tübingen.

Rabelais, François (1994): *Gargantua und Pantagruel*, Bd. I, München.

Rauschenbach, Brigitte (1998): *Politische Philosophie und Geschlechterordnung. Eine Einführung*, Frankfurt am Main.

Reynier, Gustave (1929): *La femme au XVIIe siècle, ses ennemis et ses défenseurs*, Paris.

Rolet, Sieur (1623): *Tableau historique des ruses et subtilités des femmes, où sont naïvement représentées leurs mœurs, humeurs, tyrannies, cruautés, desseins, inventions, feintises, tromperies et généralement leurs artifices et pratiques. Le tout confirmé par histoires arrivées en France de nostre temps, non moins véritables que tragiques et prodigieuses*, Paris.

Ronsard, Pierre de (1952): La Franciade (1572), 2. Teil, *Œuvres complètes XVI*, édition critique, hg. v. Paul Laumonier, Paris.

Saint-Amant, Antoine Girard (1967): Le poète crotté (1631), in: *Œuvres*, hg. von Jean Lagny, Bd. II, Paris, S. 33-70.

Sainte-Beuve, Charles. A. (1828): *Tableau historique et critique de la poésie française et du théâtre français au seizième siècle*, Paris.

Saint-Evremond, Charles et comte d'Etelan (1976): *La Comédie des Académistes et Saint-Evremond: Les Académiciens*, édition critique par Paolo Carile, Mailand/Paris.

Saint-Gabriel (1660³): Le mérite des Dames (1641) Paris.

Schiff, Mario (1978): *La fille d'alliance de Montaigne. Marie de Gournay*. Essai suivi de »L'égalité des hommes et des femmes« et du »Grief des Dames« avec des variantes, des notes, des appendices et un portrait (1910), Reprint, Genf.

Scudéry, Madeleine de (1991): *Les Femmes illustres ou les Harangues héroiques* (1642), Paris.

Sorel, Charles (1654): *Discours sur l'Académie françoise, establie pour la correction et l'embellissement du langage, pour scavoir si elle est de quelque utilité aux particuliers et au public. Et où l'on void les raisons de part et d'autre sans desguisement*, Paris.

Sorel, Charles (1965): *Histoire comique de Francion* (1633), hg. v. Elisabeth Hausser, Paris.

Sorel, Charles (1970): *La Bibliothèque françoise*, (1667²) Reprint, Genf.

Sorel, Charles (1989): Rôle des présentations faites aux grands jours de l'éloquence françoise sur la réformation de notre langue (1634), in: Pellisson/d'Olivet, Bd. I, S. 455-467.

Sorel, Charles (1974): *De la connoissance des bons livres ou examen de plusieurs auteurs* (1671), neu herausgegeben von Lucia Moretti Cenerini, Rom.

Sparr, Ulrike (1995): Marie de Gournay und Marguerite Buffet – Sprache als strategische Waffe im feministischen Kampf?, in: *Feministische Studien* 1/1995, S. 35-45.

Stapfer, Paul (1896): *La famille et les amies de Montaigne. Causeries autour du sujet*, Paris.

Taillemont, Claude de (1991): *Discours des Champs faëz* (1553), édition critique par Jean-Claude Arnould, Genf.

Tallemant des Réaux, Gédéon (1960): *Historiettes* (1657), Bd. 1, 2, Paris deutsch: *Geschichten*, übersetzt v. Otto Flake, München 1913.

Tallemant des Réaux, Gédéon (o. J.): *Rois, grandes dames et beaux esprits d'autrefois* d'après Tallemant des Réaux avec appendices et notes par A. Meyrac, Bd. II, Paris.

Tasso, Torquato (1822): Befreites Jerusalem (La Gerusalemme liberata), ital. u. deutsch, 2 Bände, Leipzig.

Tétel, Marcel, Hg. (1997): *Montaigne et Marie de Gournay: Actes du colloque international de Duke (31 mars – 1er avril 1995)*, Paris (identisch mit The Journal of Medieval and Renaissance Studies (JMRS), Bd. 25, Nr. 3 (1995).

Thomas, Antoine-Léonard (1772): *Essai sur le caractère, les mœurs et l'esprit des femmes dans les différents siècles*, Paris.

Timmermans, Linda (1993): *L'accès des femmes à la culture (1598-1715)*, Paris.

Trudeau, Danielle (1992): *Les inventeurs du bon usage* (1529-1647), Paris.

Tchemerzine, Avenir et Stéphane (1991): *Bibliographie d'éditions originales et rares d'auteurs français des XV-XVIII siècles*, Bd. III: Répertoire de livres à figures rares et précieux édités en France au XVIIe siècle (1972), Reprint, Genf/Paris.

Uildriks, Anne (1962): *Les idées littéraires de Mlle Le Jars de Gournay*, Diss. Leiden.

Vaugelas, Claude Favre de (1934): Remarques sur la langue française (1647), in: *œuvres* I, fac-similé, Paris.

Venesoen, Constant (1990): *Etudes sur la littérature féminine au XVIIe siècle. Mademoiselle de Gournay, Mademoiselle de Scudéry, Madame de Villedieu, Madame de Lafayette*, Birmingham.

Venesoen, Constant (1991): Le Proumenoir de M. de Montaigne: de l'original (1594) à la refonte (1626), in: *XVIIe siècle*, 43. Jg. (1991), H. 172, S. 229-242.

Venesoen, Constant (1993): *Marie de Gournay: Égalité des Hommes et des Femmes. Grief des Dames, suivis du Proumenoir de Monsieur de Montaigne*, texte établi, annoté et commenté par C. Venesoen, Genf.

Venesoen, Constant (1998): *Marie de Gournay. Textes relatifs à la calomnie*, textes établis, annotés et commentés par Constant Venesoen, Tübingen.

Vigoureux, Capitaine du (1617): *La défense des femmes, contre l'alphabet de leur prétendu malice & imperfection*, Paris.

Villa, Nicole (1967): *Le XVII. siècle vu par Abraham Bosse. Graveur du Roy*. Texte de présentation par Nicole Villa, Paris.

Villey, Pierre (1908): *Les sources et l'évolution des Essais de Montaigne*, 3 Bände, Paris.

Villon, François (1967): *Œuvres*, Bd. I-III, Reprint, Genf.

Vives, Juan Louis (1970): *Livre de l'institution de la femme chréstienne* (1524), Reprint, Genf.

Voiture, Vincent (1972): *Les Entretiens de Monsieur de Voiture et de Monsieur Costar* (1655), Reprint, Paris.

Woolf, Virginia (1987): *Drei Guineen. Essay* (1938), München.

Woolf, Virginia (1999): *Ein Zimmer für sich allein* (1928), Frankfurt am Main.

Zarka, Yves Charles, Hg. (1996): *Jean Bodin. Nature, histoire, droit et politique*, Vendomes.

Zimmermann, Margarete (1995): Vom Streit der Geschlechter. Die französische und italienische Querelle des Femmes des 15. bis 17. Jahrhunderts. In: Baumgärtel, Bettina/Neysters, Silvia, Hg.: *Die Galerie der Starken Frauen. Regentinnen, Amazonen, Salondamen*, München, S. 14-33.

Zimmermann, Margarete/Roswitha Böhm, Hg. (1999): *Französische Frauen der frühen Neuzeit. Dichterinnen, Malerinnen, Mäzeninnen*, Darmstadt.

Zühlke, Bärbel (1994): *Christine de Pizan in Text und Bild. Zur Selbstdarstellung einer frühhumanistischen Intellektuellen*, Stuttgart/Weimar.

Personenregister

Abel, Günter 96
Agrippa von Nettesheim 17, 18, 19, 20, 22, 42, 43, 121, 153, 209
Anna von Österreich 113
Ariosto, Ludovico 16
Aristarch von Samos 15
Aristophanes 22
Aristoteles 20, 122
Arnould, Jean-Claude 66, 67, 68, 193
Ascham, Roger 46
Aubigné, Théodore Agrippa d' 30
Auchy, Charlotte des Ursins, vicomtesse de 145

Bacon, Francis 50
Balzac, Jean-Louis Guez de 141, 142, 143, 144, 145, 146, 147, 148, 149, 150, 152, 159, 160, 180, 218
Bayle, Pierre 182
Beauvoir, Simone de 55, 127, 197
Boccaccio, Giovanni 27, 35, 36, 37
Bodin, Jean 43, 44, 45, 46, 47, 48, 49, 50, 51, 53, 57, 58, 78
Boisrobert, François de 139, 159, 165, 219
Bonnefon, Paul 189
Bosse, Abraham 125
Brach, Pierre de 80
Brunot, Ferdinand 189
Buffet, Marguerite 154, 181, 182
Burckhardt, Jakob 17
Butler, Judith 201

Calderón de la Barca 167, 170
Castiglione, Baldassare 16, 17, 18, 24, 27, 28, 33, 34, 48, 133, 209
Chapelain, Jean 145, 146, 147, 148, 149, 150, 159, 162, 220

Chappuzeau, Samuel 153, 154
Colbert, Jean Baptiste 105
Colletet, Guillaume 160, 180, 218
Conrart, Valentin 148, 159, 218
Corneille, Pierre 156, 188
Costar, Pierre 175
Coste, Hilarion de 153, 180, 181, 183, 218, 223
Cotin, Charles 158
Crenne, Hélisenne de 166

Dappen, Joseph 190
Des Loges, Marie Bruneau 114, 144, 145, 149, 180, 218
Descartes, René 53, 83, 141, 160, 168, 169, 172
Dezon-Jones, Elyane 104, 192
Du Bellay, Joachim 131
Du Bosc, Jacques 135, 151, 153
Du Pelletier 180
Duby, George 198
Dydimus des Armosins 117

Elias, Norbert 31, 32, 33, 34
Elisabeth I. 46, 47, 48
Elyot, Thomas 49
Erasmus von Rotterdam 16, 17, 18, 21, 22, 23, 32, 34, 139, 151, 152, 153, 209

Faret, Nicolas 150, 151, 160, 163
Feugère, Léon 189
Fichte, Johann Gottlieb 38
Fournier, Edouard 125, 126
Fraisse, Geneviève 197
Franz I. 16, 28, 30
Franz II. 47

Galilei, Galileo 83

239

Gerson, Jean 38
Godeau, Antoine 147, 148, 218
Gössmann, Elisabeth 194
Gratian du Pont 34
Greenblatt, Stephen 201
Guillaume de Lorris 35
Guillaume, Jacquette 153, 154, 182

Hacqueville, Jeanne de 71
Hagengruber, Ruth 194
Hamlet 198
Heinrich II. 46
Heinrich III. 47, 75
Heinrich IV. 45, 47, 51, 99, 104, 105, 106, 112, 130, 161, 166, 210
Heinrich von Navarra 31, 45
Heinsius, Nicolas 147, 180
Hervé, Florence 194
Hobbes, Thomas 44, 45, 99, 122

Ilsley, Marjorie 104, 184, 190, 192
Innozenz VIII., Papst 41
Insdorf, Cécile 55
Institoris, Heinrich 41
Isabella von Kastilien 15

Jacob, Nicolas-Henri 110, 216
Jacques-Chaquin, Nicole 49
Jamin, Nicole 174, 177
Jars, Guillaume le 71
Jean de Meung 35, 36, 38, 154
Jeanne d'Albret 210
Jeanne d'Albret von Navarra 67
Jeanne d'Arc 37, 38, 40, 147
Joran, Théodore 190

Katharina von Medici 30, 210
Kolumbus, Christoph 15
Kopernikus, Nikolaus 16, 209

L'Escale, Chevalier de 116, 119
L'Estoile, Claude de 160, 174, 218
La Barre, François Poullain de (auch Poulain de) 154, 155, 197
La Boétie, Etienne de 63, 64, 65, 86

La Chassaigne, Françoise de 55
La Fayette, Marie Madeleine de 135, 219
La Fontaine, Jean de 219
La Forge, Jean de 154, 182
La Mothe Le Vayer, Felix de 180, 223
La Mothe Le Vayer, François de 158, 160, 174, 177, 179, 180, 218, 223
Labé, Louise 29, 30, 67
Larroque, Tamizey de 147
Le Moyne, Jean 153
Le Pailleur 178, 223
Lipsius, Justus 73, 84, 91, 92, 93, 94, 95, 96, 97, 98, 142, 180, 182, 214
Livet, Charles Louis 189, 221
Locke, John 122
Longueville, Madame de 218
Ludwig XIII. 102, 159
Ludwig XIV. 105
Luther, Martin 16
Lüthy, Herbert 51

Machiavelli, Niccolò 16, 40, 45, 50, 78, 209
Magne, Emile 159
Malherbe, François de 131, 132, 147, 160, 187, 189, 218
Malleville, Claude de 160, 218
Mandrou, Robert 217
Margarete von Navarra 28, 29, 33, 46, 77
Margarete von Valois 104
Maria von Medici 105, 113
Marinella, Lucretia 121
Marolles, Michel de 158, 184, 218
Marx, Karl 24
Matheus, Jean 109, 110, 216
Mayer-Tasch, Peter Cornelius 44, 49
Medici, Giuliano de 24, 26, 27, 34, 210
Ménage, Gilles 149, 150, 159, 161, 180, 184
Merchant, Carolyn 50

Mersenne, Marin 169
Messemé, Motto 182
Millet, Olivier 193
Molière, Jean Baptiste Poquelin, dit 132, 154, 155
Montaigne, Michel de 51, 52, 53, 54, 55, 56, 58, 59, 60, 62, 63, 64, 65, 66, 67, 68, 70, 72, 73, 74, 75, 76, 77, 78, 79, 80, 81, 82, 84, 85, 86, 87, 88, 89, 90, 91, 92, 93, 94, 95, 100, 101, 105, 111, 131, 132, 140, 142, 147, 167, 169, 172, 179, 180, 183, 184, 189, 190, 193, 194, 201, 202, 206, 211, 212, 213, 214, 216, 222, 224, 225
Moretus, Jean 96
Morus, Thomas 16, 17, 18, 20, 21, 22, 127, 209

Neuf-Germain, Louis de 137
Niceron, Jean-Pierre 183
Nödinger, Ingeborg 194

Ogier, François 158, 218
Olivet, Pierre Joseph d' 186, 189, 221
Olivet, Pierre Joseph de 221
Olivier, Jacques 116

Pascal, Blaise 167, 170, 222
Pasquier, Etienne 75
Paulus 80, 124
Payen, Jean-François 189
Pellisson Fontanier, Paul 186, 189
Perrot, Michelle 198
Petit, Louis 159, 188
Pindar 108, 165, 166, 170
Pizan, Christine de 27, 36, 37, 38, 40, 89
Pizan, Thomas 36
Platon 20, 21, 23, 27, 127, 170, 207
Puteanus, Erycius 98, 189

Rabelais, François 33, 139
Racan, Honorat de Bueil 132, 160, 187, 218

Rambouillet, Madame de 114
Reynier, Gustave 114
Richelieu, Armand-Jean du Plessis, duc de 139, 159, 218, 219, 221
Richelieu, le cardinal de 159
Roches, Catherine des 209
Ronsard, Pierre de 31, 48, 85, 112, 131, 170, 178, 216, 219
Rousseau, Jean-Jacques 22, 122, 143, 152, 188
Rubens, Peter Paul 113

Sablé, Madeleine de Souvré, marquise de 146
Saint-Amant, Antoine Girard de 137, 138, 148, 159
Saint-Evremont, Charles de 138
Sappho 176
Schiff, Mario 190
Schurmann, Anna Maria 180, 181
Scudéry, Madeleine de 135, 146, 153, 181, 219
Seguier, Pierre de 160
Serisai, Jacques de 158, 160
Shakespeare, William 50, 201, 204, 205, 206, 207
Sokrates 20, 70, 80, 82, 106, 109, 111, 124, 139, 171, 172, 207
Sophrosine 171
Sorel, Charles 155, 158, 162, 184, 185, 186, 187, 188
Sprenger, Jacob 41
Stapfer, Paul 189
Sulpicia 176

Taillemont, Claude de 29, 67, 210, 222
Tallemant des Réaux, Gédéon 110, 139, 165, 184, 187, 219
Tasso, Torquato 166
Thomas, Antoine-Léonard 184
Tietz, Johann Daniel 62

Uildriks, Anne 192

Valois, Adrien 180
Vaugelas, Claude de 158, 162
Venesoen, Constant 193
Vergil 54, 55, 58
Vespucci, Amerigo 15
Viau, Théophile de 123, 217
Vigoureux, Capitaine de 116, 119, 217
Villey, Pierre 51

Villon, François 219
Vivès, Juan Luis 33
Voiture, Vincent 175, 218

Weyer, Johann 42, 43
Woolf, Virginia 203, 204, 205, 206, 207, 208

Zeittafel

1562	Beginn der Glaubenskriege in Frankreich.
1565	Geburt von Marie le Jars de Gournay in Paris als erstes Kind von Jeanne d'Haqueville und Guillaume le Jars, Schatzmeister am königlichen Hof; es folgen drei Schwestern und zwei Brüder.
1568	Der Vater erwirbt das Schloss und die Herrenrechte von Gournay-sur-Aronde in der Picardie und wenig später Ländereien in der Nachbargemeinde Neufvy.
1577	Tod des Vaters. Die Mutter zieht sich mit den sechs Kindern von Paris nach Gournay zurück.
1580	Veröffentlichung der beiden ersten Bücher der *Essais* von Montaigne.
1582	Zweite Ausgabe der *Essais*.
1583 oder 1584	Marie de Gournay liest erstmals die *Essais*.
1588	Anlässlich des Aufenthalts von Montaigne in Paris zur Überwachung der Neuauflage der um ein drittes Buch erweiterten *Essais* kommt es zur persönlichen Begegnung von Marie de Gournay mit Montaigne. Marie de Gournay verwendet von jetzt an den Ehrentitel einer *fille d'alliance*. Zwischen Mai und November vermutlich zwei Aufenthalte von Montaigne in Gournay-sur-Aronde. Direkt nach Montaignes Abreise am 23. November beginnt Marie de Gournay (so ihre Auskunft) mit der Niederschrift des Romans *Le Proumenoir de Monsieur de Montaigne par sa fille d'alliance*.
1589	Beginn der Korrespondenz mit dem Gelehrten Justus Lipsius. Lipsius schreibt einen bewundernden Brief an Marie de Gournay, den er im folgenden Jahr (1590) in einer Sammlung seiner Briefe veröffentlicht. Ermordung von Heinrich III. Der Hugenottenführer Heinrich von Navarra wird als Heinrich IV. König von Frankreich.
1591	Tod der Mutter Jeanne d'Haqueville. Marie de Gournay zieht von Gournay nach Paris.
1592	Montaigne stirbt am 13. September.
1593	Heinrich IV. konvertiert zum Katholizismus. Ende der Glaubenskriege. Marie de Gournay erhält im Juni durch Lipsius die Nachricht vom Tod Montaignes.
1594	Veröffentlichung des Romans: *Le Proumenoir de Monsieur de Montaigne par sa fille d'alliance*. Im Anhang ein erster Teil von Gedichten, die, aus diversen Anlässen kontinuierlich fortgesetzt, später in das *Bouquet de Pinde* im Rahmen

	des Gesamtwerkes eingehen. Der Roman enthält erste feministische Passagen Marie de Gournays, die zum Teil später in die Schrift *Über die Gleichheit von Männern und Frauen* übernommen werden.
1595	Postume Ausgabe der von Montaigne noch vor seinem Tod überarbeiteten und um ein Drittel erweiterten *Essais* durch Marie de Gournay mit einem von ihr verfassten langen, später wieder zurückgenommenen Vorwort. Die feministischen Textstellen des Vorworts gehen 1626 fast wörtlich in die Schrift *Grief des Dames* in das Sammelwerk *L'Ombre* ein.
1595	Marie de Gournay verbringt auf Einladung von Montaignes Witwe und Tochter siebzehn Monate auf dem Schloss von Montaigne. Von dort aus zwei Briefe an Lipsius.
1597	Rückkehr nach Paris, Weiterreise nach Flandern. Marie de Gournays Bruder Charles übernimmt das Schloss von Gournay. Nach Marie de Gournays Rückkehr nach Paris letzter erhaltener Brief von Lipsius an Marie de Gournay vom Mai 1597.
1598	Edikt von Nantes für religiöse Toleranz. Neue Ausgabe des *Proumenoir* und der *Essais*. Marie de Gournay nimmt ihr langes Vorwort zurück.
1599	Dritte Ausgabe des *Proumenoir*.
1600	Anlässlich der Eheschließung von Heinrich IV. mit Maria von Medici verfasst Marie de Gournay den Erziehungsratgeber *De l'Éducation de Messeigneurs les Enfans de France*. Neuherausgabe der *Essais*.
1601	Tod der Schwester Marthe. Marie de Gournay hat die Vormundschaft für die minderjährigen Kinder. Justus Lipsius äußert sich in einem Brief an den Verleger Jean Moretus abfällig über ein französisches Fräulein, das er einmal gelobt habe (»das ist ein verlogenes Geschlecht«).
1602 und 1604	Weitere Auflagen der *Essais*.
1605	Der Dichter François de Malherbe begibt sich nach Paris und gewinnt rasch Anhänger seiner neuen Sprachdoktrin.
1606	Tod von Lipsius.
1607	Neuauflage des *Proumenoir*.
1608	Anlässlich der Geburt des dritten Kindes von Heinrich IV. und Maria von Medici Veröffentlichung der Erziehungsschrift *Bien-venu de Monsieur le duc d'Anjou. Dédié à la Serenissime République ou Estat de Venise*.
1610	Ermordung von Heinrich IV.; Ludwig XIII. König von Frankreich. Marie de Gournay veröffentlicht die Schrift *L'Adieu de l'âme du Roy de France et de Navarre Henry le Grand* mit einer Verteidigung der des Attentats verdächtigten Jesuiten. Als Antwort erscheint eine satirische Gegenschrift, auch »Anti-Gournay« genannt, in der Marie de Gournay als öffentliches Mädchen bezeichnet wird.

1611	Tod der Schwester Madeleine. Neuherausgabe der *Essais*, in der die von Montaigne verwendeten griechischen und lateinischen Zitate identifiziert sind.
1612	Tod des Bruders Augustin.
1616	Marie de Gournay wird durch eine Intrige dazu gebracht, für den englischen König Jakob I. ihren Lebenslauf zu schreiben, den sie 1641 unter dem Titel *Copie de la vie de la Damoiselle de Gournay* in die letzte Ausgabe ihrer gesammelten Schriften aufnimmt.
1617	Neue Ausgabe der *Essais* mit einer Übersetzung der griechischen und lateinischen Zitate. Anonyme Veröffentlichung der misogynen Schrift *Alphabet de l'imperfection et malice des femmes, dédié à la plus mauvaise du monde*. Beginn einer neuen *Querelle des femmes*.
1619/20	Marie de Gournay publiziert ihre Übersetzungen von Virgil, Tacitus und Sallust.
1622	Veröffentlichung des Traktats *Égalité des hommes et des femmes*.
1624	Kardinal Richelieu wird leitender Minister von Ludwig XIII. Förderung des Absolutismus. Im Rahmen eines dem König als Dankesschrift gewidmeten Sammelbandes fälscht Marie de Gournay ein Gedicht von Ronsard. Briefwechsel mit dem jungen Erfolgsautor Jean-Louis Guez de Balzac.
1625	Erneute Veröffentlichung der *Essais*.
1626	Veröffentlichung von Marie de Gournays vermischten Schriften unter dem Titel *L'Ombre de la Damoiselle de Gournay. Œuvre composé de meslanges*. (Schatten der Demoiselle von Gournay. Vermischte Schriften). Der Band enthält neben den bereits veröffentlichten Texten (*Proumenoir*, Erziehungsratgeber, Schriften anlässlich der Ermordung von Heinrich IV., Übersetzungen, Traktat über die Gleichheit, Gedichte) eine Reihe bislang nicht veröffentlichter Abhandlungen. Seit dem Ende der zwanziger Jahre erhält Marie de Gournay von Richelieu eine staatliche Pension. Ihre prekäre finanzielle Situation hat damit ein Ende. Umzug aus dem Dachgeschoss der *Rue de l'arbre sec* in die *Rue Saint-Honoré*.
1631	Der Dichter Saint-Amant veröffentlicht anonym die Verssatire *Le poète crotté*, in der Marie de Gournay unter dem Pseudonym Perrette als lächerliche Geliebte des Sudelversmachers erscheint. Es folgen in den nächsten Jahren weitere Komödien und Satiren, in denen Marie de Gournay die Rolle einer alten Jungfer innehat, die alte Wörter verteidigt.
1634	Neuveröffentlichung der vermischten Schriften unter dem vom Verleger gewünschten neuen Titel *Les Advis, ou, les Presens de la Demoiselle de Gournay* (Die Ansichten oder Geschenke der Demoiselle von Gournay).

1635	Letzte Ausgabe der *Essais* durch Marie de Gournay mit einer Widmung an Richelieu. Der Ausgabe wird, leicht verändert, wieder das lange Vorwort von 1595 vorangestellt. Nach jahrelangen Vorbereitungen offizielle Gründung der *Académie française* durch Richelieu. Marie de Gournay, die im Vorfeld der Akademie an den Diskussionen über die französische Sprache beteiligt war, erscheint in Briefen und Texten der Zeit als Gegnerin der Akademie.
1637	René Descartes veröffentlicht die *Abhandlung über die Methode des richtigen Vernunftgebrauchs*.
1641	Dritte, überarbeitete, ergänzte und mit einem Jugendbild versehene Auflage von Marie de Gournays vermischten Schriften unter dem Titel *Les Advis, ou, les Presens de la Demoiselle de Gournay*. Descartes veröffentlicht seine *Meditationen über die Grundlagen der Philosophie*.
1642	Tod von Richelieu.
1644	Erste Abfassung des Testaments am 21. Dezember; Ergänzungen im März 1645.
1645	Marie de Gournay stirbt am 13. Juli.
1647	Hilarion de Coste veröffentlicht in der zweiten Auflage seiner Lobpreisungen von Königinnen, Prinzessinnen und berühmten Damen auch biographische Angaben zu Marie de Gournay einschließlich verschiedener Nachrufe auf die Verstorbene.

Abbildungsnachweis

1. **Eine neue Zeit bricht an – Männer ergreifen für Frauen Partei**
   Erasmus von Rotterdam (Kupferstich von Albrecht Dürer, 1526), Baldassare Castiglione (Raffael, 1515), Thomas Morus (Hans Holbein, 1527), Agrippa von Nettesheim (Theodor de Bry)
2. **Eine neue Zeit bricht an – Frauen stehen ihren Mann**
   Jeanne d'Arc, Margarete von Navarra, Katharina von Medici, Elisabeth I. von England (aus: Eduard Fuchs/Alfred Kind: *Die Weiberherrschaft in der Geschichte der Menschheit*, Bd. I-III, München 1913)
3. **Michel de Montaigne – der geistige Vater von Marie de Gournay**
   Radierung von Thomas de Leu nach dem Gemälde eines unbekannten Meisters, 16. Jahrhundert
4. **Marie de Gournay als junge Frau**
   Stich von Jean Matheus, Frontispiz der 2. Auflage von *Les Advis* (1641). Cliché Bibliothèque nationale de France, Paris.
5. **Das Pariser Viertel, in dem Marie de Gournay zu Hause war**
   Ausschnitt des Plans von Paris von C. J. Visscher, Amsterdam 1618
6. **Alles Schlechte kommt von den Frauen: Der große Streit der Geschlechter**
   »L'homme fouré de malice«, Illustration aus dem *Tableau historique des ruses et subtilités des femmes* (1623). Bibliothèque de l'Arsenal, cliché Bibliothèque nationale de France, Paris.
7. **Perrette, die Verwegene – eine Karikatur auf Marie de Gournay?**
   »Perrette la Hazardeuse«, Aquarell aus der Sammlung: »Ballet des fées des forets de Saint Germain« (1625). Cliché Bibliothèque nationale de France, Paris.
8. **Weibergeschwätz bei der Wöchnerin**
   Kupferstich von Abraham Bosse, 17. Jahrhundert (aus: André Blum: *L'œuvre gravé d'Abraham Bosse*, 1924)
9. **Marie de Gournay mit den Augen des 19. Jahrhunderts gesehen**
   Lithographie von Nicolas-Henri Jacob nach Jean Matheus. Cliché Bibliothèque nationale de France, Paris.
10. **Der unvergessene Streit der Demoiselle de Gournay mit Racan**
    Lithographie des 19. Jahrhunderts von Jacques-Etienne Pannier (aus: Desplantes/Pouthier: *Les femmes de lettres en France*, 1890)